Coleção Espírito Crítico

FORMAÇÃO E DESCONSTRUÇÃO

Coleção Espírito Crítico

Conselho editorial:
Alfredo Bosi
Antonio Candido
Augusto Massi
Davi Arrigucci Jr.
Flora Süssekind
Gilda de Mello e Souza
Roberto Schwarz

Paulo Eduardo Arantes

FORMAÇÃO
E DESCONSTRUÇÃO
Uma visita ao
Museu da Ideologia Francesa

Posfácio
Giovanni Zanotti

Livraria
Duas Cidades

editora■34

Editora 34 Ltda.
Rua Hungria, 592 Jardim Europa CEP 01455-000
São Paulo - SP Brasil Tel/Fax (11) 3811-6777 www.editora34.com.br

Copyright © Editora 34 Ltda., 2021
Formação e desconstrução © Paulo Eduardo Arantes, 2021

A fotocópia de qualquer folha deste livro é ilegal e configura uma
apropriação indevida dos direitos intelectuais e patrimoniais do autor.

A Editora 34 agradece a Raquel Prado pela gentil cessão do ensaio
"O relativismo como contraponto", de Bento Prado Jr.

Capa, projeto gráfico e editoração eletrônica:
Franciosi & Malta Produção Gráfica

Revisão:
Milton Ohata, Beatriz de Freitas Moreira

1ª Edição - 2021

CIP - Brasil. Catalogação-na-Fonte
(Sindicato Nacional dos Editores de Livros, RJ, Brasil)

      Arantes, Paulo Eduardo
A241f   Formação e desconstrução:
      uma visita ao Museu da Ideologia Francesa /
      Paulo Eduardo Arantes; posfácio de Giovanni
      Zanotti — São Paulo: Duas Cidades; Editora 34,
      2021 (1ª Edição).
      336 p.   (Coleção Espírito Crítico)

      ISBN 978-65-5525-046-6

        1. Filosofia da cultura. 2. Ideologia.
      3. História das ideias. I. Zanotti, Giovanni.
      II. Título. III. Série.

CDD - 190

Índice

I

Tentativa de identificação da Ideologia Francesa:
uma introdução 9
Ideologia Francesa, opinião brasileira: um esquema 63
Filosofia francesa e tradição literária
no Brasil e nos Estados Unidos 85
A transformação da filosofia.. 131
O relativismo como contraponto, *Bento Prado Jr.* 137
Alta-costura parisiense: nem Apel nem Rorty 165

II

Ideias ao léu: uma digressão a propósito
de *O avesso da dialética* 181
Hegel, frente e verso: nota sobre achados e perdidos
em História da Filosofia... 205

III

Um Hegel errado mas vivo:
notícia sobre o Seminário de Kojève 223
Hegel no espelho do Dr. Lacan.................................... 241

Posfácio, *Giovanni Zanotti*... 279

Sobre os textos.. 331
Sobre o autor 333

I

Tentativa de identificação da Ideologia Francesa: uma introdução

1

Para variar, a literatura francesa de ideias está novamente mudando de pele. Só que desta vez não se trata de mais uma figura a se acrescentar ao habitual cortejo de novidades parisienses. Respira-se hoje em dia na França filosófica um clima de inegável restauração. Retorna-se aos Direitos do Homem e a tudo o mais que se insinua por essa brecha; redescobre-se a "liberdade luminosa do sujeito", como assegura um discípulo, comentando a última reviravolta de Foucault; retorna-se à Metafísica e aos valores da República; redescobre-se a Democracia, a Filosofia perene e as virtudes argumentativas do pensamento anglo-saxônico; pela enésima vez retorna-se a Kant e multiplicam-se as manifestações de adesão à irradiação cosmopolita da Europa ilustrada; após a suspeita hiperbólica que pairou durante um longo período sobre as noções de verdade, sentido, conhecimento etc., renasce a confiança na grande família dos universais e na vocação clássica do filósofo para o *droit de regard*, chamado a fundamentar — ou "problematizar", como preferem os veteranos mais escaldados — a Moral, o Direito, a Política etc.[1]

---

[1] Para uma breve recapitulação desses *revivals*, ver o livro de Peter Dews so-

Uma reconversão aparentemente tão rasa que até mesmo os mais alérgicos à fraseologia imperante nos últimos anos não podem deixar de constatar, e quase lastimar, uma queda evidente na voltagem da inteligência francesa. No centro, a reconstrução do Humanismo — filosófico, jurídico, antropológico etc. Entretanto, um observador menos paciente que, sobrevoando o tabuleiro parisiense bem rente à sua linha de flutuação doutrinária, julgasse estar assistindo à revanche do estilo de pensamento escarnecido e sepultado nos anos 1960 pela voga estruturalista, erraria o alvo. As oscilações do pêndulo francês não são assim tão simétricas. A atual querela do Humanismo não é de modo algum um *revival* do contencioso de trinta anos atrás, antes a expressão de um realinhamento ideológico geral. Simplesmente não dá para imaginar Sartre contrapondo à "morte do homem", proclamada por Foucault e Cia., os direitos humanos, a universalidade das normas jurídicas, as raízes éticas da verdade etc. — como, na primeira época do Existencialismo, a imortal Srta. Mercier lhe opusera o sorriso da criança. Nem o rosário de maiúsculas que fazem a hora parisiense do momento, muito devotada ao reino dos fins — Humanidade, Cultura, Razão etc. — nas páginas do *Temps Modernes*, que aliás nelas só compareciam quando se tratava de delimitar o campo adverso, onde brilhavam as "luzes" de antanho ao lado de outras efusões da vida do espírito sob a caquética ordem capitalista francesa. Como no entanto, nos tempos do existencialismo triunfante, Sartre empenhou-se em rebater a acusação de anti-humanista praticante,

---

bre o pós-estruturalismo, *Logics of Desintegration* (Londres: Verso, 1987), especialmente a introdução. Do lado francês, quanto à restauração em marcha, ver, por exemplo, Edgar Morin, "Ce qui a changé dans la vie intellectuelle française", *Le Débat*, nº 40, 1986; Joel Roman, "Une nouvelle querelle de l'humanisme?", *Esprit*, ago.-set. 1986.

Tentativa de identificação da Ideologia Francesa

chegou até a prometer os fundamentos de uma doutrina moral e denunciar em Lévi-Strauss o vírus do estetismo, por se referir à luta dos homens com a indiferença dos etólogos, não se pode excluir a possibilidade de que venha a ser vítima de uma reabilitação, como vem ocorrendo com Merleau-Ponty.

Em suma, uma reviravolta tão inapelável, uma revoada tão acintosa de valores — do *habeas corpus* aos cuidados da alma — que, observadas as coisas em retrospecto e a voo de pássaro, acaba se destacando na paisagem uma razoável continuidade entre a Era Sartre e os Anos Foucault, irmanados pelo menos no antagonismo de uma cultura em estado de secessão permanente. Embora polemizando exclusivamente com as ideias dominantes nesses anos em que a deriva de Foucault deu o tom, os novos humanistas — e a crônica perderia boa parte de sua graça se entre eles não se encontrassem inúmeros veteranos da estação anterior — estão na verdade rompendo com meio século de pensamento oposicionista francês, se lembrarmos que data dos anos 1920-30 a guinada radical *vers le concret*, como se dizia na época, que levou para longe da rota traçada por Brunschvicg, Bergson e demais pontífices da República dos Professores o melhor da inteligência filosófica do país. Hoje a fantasia conceitual francesa volta a sonhar com o conforto espiritual da assim chamada (a torto e a direito) Modernidade, claro que temperada pela luz negra da melancolia e outras elegâncias barrocas.

Um novo alinhamento, portanto. Mas sobretudo o fim de um ciclo de quase três décadas de hegemonia da Ideologia Francesa. Excelente ocasião para finalmente tentar reconhecer-lhe destino e caráter.

2

Até onde posso saber, foi Cornelius Castoriadis — não por acaso um *outsider* — o primeiro a chamar Ideologia Francesa o referido ciclo da cultura ensaística na França. Aliás um batismo tardio, quando já tinham ficado para trás o Estruturalismo, rescaldos libertários de Maio de 1968 e alastrava-se a Desconstrução, quando já haviam entrado em cena os Desejantes, o lacanismo apresentava os primeiros sinais de decomposição e, rompendo com a "hipótese repressiva" da opinião gauchista até então imperante, Foucault dava sua penúltima guinada — sem falar no surto espiritualista dos assim chamados Novos Filósofos, antigos maoistas em disponibilidade.[2] Embora no momento interesse mais a denominação do que as razões alegadas pelo Autor, observemos que a identificação se dá, muito rapidamente, pela função de desconversa e divisão do trabalho: enquanto a combalida "ideologia principal" do sistema dominante se encarregaria da tarefa rotineira, e hoje bastante desacreditada, de persuadir os indivíduos de que o problema da sociedade enquanto tal não tem cabimento ou está sendo resolvido pelo bloco hegemônico de plantão, o discurso desviante dos *maître-à-penser*, amplificado pela engrenagem educacional, mídia etc., assumiria proporções de verdadeira manobra diversionista, abortando a

---

[2] Cornelius Castoriadis, *Les carrefours du labyrinth*. Paris: Seuil, 1978, p. 118 [ed. bras.: *As encruzilhadas do labirinto*. Tradução de Carmen Silva Guedes e Rosa Maria Boaventura. São Paulo: Paz e Terra, 1987]. Ver também "Les divertisseurs", in Cornelius Castoriadis, *La société française*, col. 10/18. Paris: UGE, 1979, pp. 223-32.

Tentativa de identificação da Ideologia Francesa

gestação de ideias pertinentes sobre questões pertinentes. A cada nova figura, essa fraseologia de ponta retomaria seu papel exclusivo de "ideologia complementar". Noutras palavras, na ideologia de nosso tempo não se encontra refletida, por um sem-número de ideias truncadas, a falsa consciência das classes dominantes, mas o diagrama variável de uma pseudoalternativa de subversão global. Por isso é bem provável que na origem da "apelação" de Castoriadis também esteja o intuito de rimar com o similar alemão identificado por Marx nos anos 40 do século XIX. Neste caso, seria bom recordar que desde os tempos muito loquazes do *Vormärz* os "ideólogos alemães" também não tinham parte com o integrismo do país oficial, nem com a morna *Aufklärung* da boa vontade reformista: pelo contrário, alardeavam uma ruptura histórica iminente induzida por um rastilho de *putschs* discursivos. Se nos lembrarmos do que de fato se passava na Alemanha antes de 1848 (e sobretudo depois), não há dúvida de que os "ideólogos" alemães também falavam, como seus futuros confrades franceses, *pour que les gens pensent à côté*, como pretende Castoriadis.

Ainda quanto ao provável batismo por analogia, seria o caso de se observar de passagem que o enquadramento polêmico de Castoriadis não é inédito. Análises históricas à parte, está curiosamente próximo da maneira pela qual Lukács denominava "apologia indireta" a fronda intelectual alemã — que não se esgota na bravata acanhada de um pobre-diabo como Stirner mas se prolonga até o colapso final do "jargão da autenticidade" —, graças à qual, desde o fim do "período artístico" alivia-se a má consciência da *Bildungsbuergertum* diante dos malfeitos de uma classe dominante que passara de vez para a retaguarda sem nunca ter estado na ofensiva. Como a apologia ostensiva nunca esteve em alta, estaria aberto o campo para as manobras radicais dos verdadeiros ideólogos. Lukács evidentemente não se limitou a explorar as singularidades do caso alemão, até porque os descompassos característicos deste último antecipavam complicações contemporâneas. Tanto é assim que reencontraremos a bem dizer o mesmo raciocínio nas análises lukácsianas do modernismo literário europeu do primeiro Novecentos: onde esperávamos antagonismos, pois afinal vanguarda é secessão, voltamos a deparar conformismo na forma superlativa do irreconciliável. Até aí não vai Castoriadis, restrito ao confronto político direto, sem meias-palavras. Podemos contudo presumir que esse mesmo ar de família derive de afinidades objetivas que uma reconstituição comparativa da dissidência burguesa na França e na Alemanha certamente revelaria. Digamos enfim que uma longa temporada de imbróglios ideológicos está se encerrando pelo menos com o nome certo.

3

Mas uma temporada internacional e portanto com desenlace variado conforme a geografia cultural. Sirva de divisor de águas a fortaleza acadêmica americana.

Sartre atravessou inúmeras vezes o Atlântico. Malgrado o antiamericanismo congênito do autor maldito porém consagrado, seus escritos estavam encharcados de jazz, cinema e romance policial, sem falar nos clássicos do modernismo americano. Mesmo assim o Existencialismo e seus derivados jamais ultrapassaram as barreiras alfandegárias da cultura filosófica local. São conhecidas algumas das razões, nem todas conjunturais: tanto no plano político quanto no retórico, tratava-se do próprio Anticristo, cheirando a enxofre no auge da Guerra Fria; além do mais, o contencioso demarcando elucubração metafísica e linguagens bem construídas já viera armado da Europa, desde os

Tentativa de identificação da Ideologia Francesa

tempos em que o Círculo de Viena passara a perseguir os enunciados da fenomenologia, tachados de pseudoproposições. O degelo veio com o pós-estruturalismo — como é conhecido na bibliografia anglo-americana, e depois alemã, o capítulo central da Ideologia Francesa —, não sem algum paradoxo e com a ajuda de várias transformações concomitantes. Pois no tempo em que as novas ideias francesas foram postas de quarentena pelos professores americanos de filosofia, Sartre rodava o mundo, um palco cujos refletores pareciam estar ainda na Rive Gauche desde os anos 1930, mas sempre voltados para além das fronteiras nacionais, da Guerra Civil Espanhola à Revolução nos Trópicos deflagrada em Cuba. O *pathos* do "engajamento", desmoralizado no início do período que nos interessa estudar, pelo menos aspirava à envergadura planetária. À tradição intelectual firmada no decênio anterior por Gide, Malraux etc., Sartre viria acrescentar depois da Guerra, reunindo pela primeira vez numa só pessoa o escritor e o profissional das ideias, o gesto mais enfático da problematização filosófica, renovando-lhe por aí os assuntos. Mais patente porém ia se tornando o seguinte descompasso: um país relativamente retardatário na corrente do novo capitalismo, como a França dos anos Sartre, funcionando como quadrante da hora ideológica mundial. Miragem característica do derradeiro "paraíso dos intelectuais", cuja ascendência se explicaria justamente pelas idiossincrasias do "atraso" mencionado? Como se sabe, era mais ou menos essa a posição de Raymond Aron em meados dos anos 1950, alguém aliás que tinha motivos de sobra para apreciar a maneira pela qual, no mundo anglo-saxão, o mercado punha os intelectuais no seu devido lugar. De qualquer modo, mesmo dando à ilusão a parte que lhe cabe, com aquele período encerrava-se a "idade de ouro da consciência histórica", como reconhecerá Lévi-Strauss ao lançar-lhe a primeira pá de cal no limiar do novo ciclo.

Para salientar a mudança de horizonte bastaria cotejar *Les Temps Modernes* e uma das principais vitrines do momento que se abre, *Tel Quel*. Ressaltará imediatamente a índole paroquial da vanguarda, ressuscitada com a estridência conhecida. Pois bem: um dos maiores lugares-comuns na interpretação do primeiro capítulo da Ideologia Francesa, o Estruturalismo, costuma associá-lo à grande onda modernizante da Quinta República gaullista, quando finalmente o capitalismo contemporâneo chega à França e com ele o torpor da sociedade de consumo. Na política interna, a calmaria que se segue ao fim da Guerra da Argélia irá acelerar a edificação do novo Estado Providência, enquanto no plano internacional a conjuntura de *détente* e expansão econômica, além de contribuir para desbloquear um país secularmente emperrado, reforçará no âmbito ideológico a impressão de que a história finalmente evaporara. Quanto a esta última construção mental, digamos que se tratava na verdade da projeção de um sentimento com forte apoio local, a sensação de que quanto mais o país se reciclava menos a gesticulação da *grandeur* gaullista conseguia maquiar o seu gradativo apequenamento na ciranda planetária do grande capital. Daí o encurtamento de perspectiva assinalado acima, e que se manifesta, entre tantos outros indícios, na substituição do escritor filosofante, porta-voz da consciência do mundo, pelos professores, mais exatamente, pelos especialistas em "ciências humanas". O horizonte rebaixado, quando comparado ao internacionalismo da Era Rive Gauche, exprime um certo confinamento doméstico, de que o circuito universitário reativado é mero prolongamento, mesmo, ou melhor, sobretudo quando passa a abarcar os Departamentos de Humanidades do mundo inteiro. Considere-se desse ângulo Maio de 1968, que relança a segunda fase da Ideologia Francesa. Menos uma brecha, como costuma ser magnificado, do que um *tremblement de terroir* em cuja esteira, balizada pelo direito à Diferença e outros descentramentos, se completaria a americanização da França.[3] Começa então a conquista da América pela Ideologia Francesa, sob o nome de pós-estruturalismo. Nesse meio-tempo modificara-se substancialmente o panorama americano. Sabe-se que menos de três décadas depois de proclamada por Reichenbach a profecia de ascensão e triunfo da "filosofia científica" nos Estados Unidos, longe de cumprir-se, viu-se seriamente torpedeada pela própria prata da casa, apoiada sobretudo na lição passada a limpo do segundo Wittgenstein. Além do mais, essa dissidência pós-positivista costuma ser legitimada por retomar uma outra tradição local, a do "pragmatismo" de entreguerras, encarnada por Dewey e discípulos, abafado pela profissionalização subsequente do argumento filosófico, de costas para o conflito social das opiniões.[4] Desacreditada a obsessão "fundacionista", reabilitado em sua versão americana o abominado "historicismo", baixava-se a guarda diante da última figura francesa da filosofia continental. Isto quanto a expectativas no circuito mais restrito dos *papers* e colóquios binacionais. Alargando um pouco o horizonte, um dos principais teóricos dessa nova sensibilidade chega a afirmar que a predição deweyana para o futuro da filosofia nos Estados Unidos — a saber, que a cultura filosófica se desviaria da tensão "representativa" entre o modelo físico-matemático do saber e a visão comum do mundo, voltando-se para problemas extraídos das ciências sociais e das artes —, que tal programa estaria enfim sendo realizado por assim dizer conjuntamente pela filosofia europeia e pela cultura

---

[3] Régis Debray, *Modeste contribution aux discours et cérémonies officielles du dixième anniversaire*. Paris: Maspero, 1978.

[4] Richard Rorty, "Philosophy in America Today" e "Profissionalized Philosophy and Transcendentalist Culture", in *Consequences of Pragmatism*. Brighton/ Sussex: The Harvest Press, 1982.

highbrow americana.[5] Mas nenhuma palavra acerca das mudanças de cenário que permitiram à Ideologia Francesa desembarcar na América justamente pelas mãos exclusivas dos *highbrows* encastelados em alguns Departamentos de Letras. Seja como for, o fato é que largas porções do pensamento europeu não foram importadas no mundo anglo-saxão pelos filósofos mas pelos teóricos da literatura, irradiando dali para os setores menos ortodoxos do campo "analítico". Um transplante revelador em mais de um aspecto, ao que parece abundante em equívocos recíprocos e convergências ideológicas intempestivas. Assim, a década de 1960 ainda não havia se encerrado quando alguns críticos americanos começaram a aplicar o mais recente repertório francês à nova narrativa local, Barth, Pynchon, Barthelm etc. A sequência é conhecida: uma pequena legião de *litterati* atribuiu àquele bando de ideias novas o condão de despertá-los do longo sono dogmático do *New Criticism* agonizante — para alguns, entretanto, quando muito um retorno agravado do velho formalismo da Nova Crítica. Estava aberta a temporada desconstrucionista. Ainda se discute para saber até que ponto esta dominância da estética literária amorteceu a impregnação gauchista originária do pós-estruturalismo. De qualquer modo, o foco literário se alastrou e hoje em dia uma boa parte da América pensante, da Antropologia à Economia, da História à Filosofia, passando pela Epistemologia, pelas Artes Plásticas e pela Arquitetura, gira em torno do *deconstructive turn*.

A travessia do Atlântico integrou de vez a "nova retórica francesa" — outro nome escarninho inventado por Castoriadis — na geleia terminológica internacional. Mais exatamente, ao longo de sua aclimatação americana, acabou precipitando a cristalização de um novo gênero, um outro traço fisionômico a par-

---

[5] *Idem, ibidem*, p. 64.

tir do qual identificar a Ideologia Francesa. O advogado mais representativo desse estado de coisas — o filósofo Richard Rorty mencionado no parágrafo anterior — sem dúvida exagera, no afã de fornecer uma genealogia ilustre aos supracitados *highbrows* convertidos ao prazer da desconstrução, fazendo remontar o gênero em questão aos tempos de Goethe, Macauley e Carlyle, definindo-o por uma mescla original de juízo literário, história das ideias, filosofia moral, epistemologia e profecia social. Até mesmo a denominação historicamente consagrada porém imprecisa, "crítica literária", ainda assim viria a calhar, pois deixava transparecer a índole verdadeira, "textual" e interpretativa, da cultura que estaríamos vivendo nos dias de hoje. Para quem fala em pleno Inferno dos Intelectuais (Aron), a perspectiva é lisonjeira, não fosse apócrifo o gênero — arremedo abstruso e bisonho da descompartimentação ensaística —, além do mais equivocado quanto à natureza do processo que lhe sustenta a fantasia. Nosso Autor acredita que na Inglaterra e nos Estados Unidos a filosofia profissional já teria sido desbancada pela "crítica literária" — isso em fins dos 1970. Presumindo em consequência que a dita *highbrow Culture critic* tenha equiparado seus protagonistas americanos à tão ambicionada "função cultural dos professores de filosofia em países onde Hegel [*sic*] não foi esquecido".[6] Por certo tonificada pelo enxerto francês, pois não é outra a matriz do gênero anômalo cuja certidão de nascença estamos procurando. Ora, nos Estados Unidos ele passou a atender pelos nomes de *textual theory, contemporary theory, critical theory* (*sic*), *theoretical discourse*. Ou, enfim, pura e simplesmente *Theory*: este o nome americano da Ideologia Francesa. Nem "filosofia" nem "crítica literária", nem "psicanálise" nem "ciência política",

---

[6] Richard Rorty, *Philosophy and the Mirror of Nature*. Oxford: Basil Blackwell, 1980, p. 168.

e assim por diante. Um arranjo que sem dúvida desconcerta os profissionais concernidos pela miscelânea em questão, pois nenhum autor ou tema, queixam-se os especialistas americanos ainda ofuscados pelo novo jargão, aparece tratado segundo os critérios de sua disciplina originária nesse amálgama que timbra em tornar exótico o familiar e quando muito apenas imita procedimentos argumentativos comprovados pela tradição expositiva acadêmica.[7] Qualquer brasileiro terá reconhecido de imediato o antigo figurino francês do Estruturalismo, quando então circulavam, entre as várias e recém-entronizadas "ciências humanas", em substituição à finada reflexão filosófica de última instância, modelos unificados fundindo num mesmo sobrevoo Saussure e Marx, Freud e Braudel, Lacan e Frege etc., tudo em nome do Conceito a ser produzido. Enfim, nos Estados Unidos entrava em cena uma outra *kind of writing*, novo gênero supremo ao qual, na condição de *façon de parler* ou *high talk* pós-filosófico, tudo o mais se subordinaria.

Um último passo completaria a transplantação e ajudaria a definir o lugar da fraseologia francesa na ciranda ideológica contemporânea. À ruptura americana a partir dos anos 1960 com o alto Modernismo literário, com o Estilo Internacional da Arquitetura Nova, com o expressionismo abstrato, com a música serial etc., corresponderia, no plano da "escrita", a irrupção da *Theory* proteiforme que o pós-estruturalismo traria consigo.[8] Como se sabe, é desse deslocamento multifacético que se costuma datar a configuração do famigerado "Pós-moderno". Ora, o elo americano nessa cadeia internacional se incumbiria

---

[7] Jonathan Culler, *On Deconstruction: Theory and Criticism after Structuralism*. Ithaca: Cornell University Press, 1982.

[8] Andreas Huyssen, "Mapping the Postmodern", *New German Critique*, nº 33, 1984.

Tentativa de identificação da Ideologia Francesa

de mostrar que a Ideologia Francesa era na verdade a "teoria" do pós-modernismo. Ou melhor, muitos estudiosos da síndrome pós-moderna (aliás um fenômeno compreensivelmente americano) passaram a incluir aquela escrita andrógina, espécie de teoria bastarda que embaraçava nas malhas de um mesmo jargão vagas conceituações disparatadas assim como a nova sensibilidade se comprazia em eliminar a profundidade da sondagem moderna contaminando o alto pelo baixo à maneira inaugurada pelo pop, entre as manifestações da mencionada pós-modernidade.[9] Não deixa portanto de ter sua graça que mais tarde, na virada dos 1970 para os 80, ideólogos franceses em mutação tenham descoberto a "condição pós-moderna" nos Estados Unidos e importado retalhos de sua própria, porém à primeira vista irreconhecível, "teoria".[10]

Mas antes de incluir o registro americano da Ideologia Francesa na "lógica cultural do capitalismo avançado", seria bom antecipar uma aparente incongruência na fusão de pós-estruturalismo francês e pós-modernismo americano, sempre no intuito preliminar de recompor em suas linhas gerais a trajetória do ciclo que está se encerrando. Como ficou sugerido páginas atrás, não são poucos os observadores que assinalam a domesticação americana do finado gauchismo dos ideólogos franceses, notadamente no plano literário da Desconstrução. Pode-se por certo duvidar que tenha havido mesmo desfiguração. Mas o fato é que, pelo menos em seu impulso inicial, a Ideologia Francesa parecia alimentar-se das últimas sobras das vanguardas históri-

---

[9] Fredric Jameson, "Pós-modernidade e sociedade de consumo", *Novos Estudos CEBRAP*, nº 12, 1985, p. 17. Cf. também Fredric Jameson, "Postmodernism or the Cultural Logic of Late Capitalism", *New Left Review*, nº 146, 1984.

[10] Maurizio Ferraris, "Postmoderno", in vários autores, *Imagini del postomoderno*. Veneza: Cluva, 1983, p. 22.

cas, já rotinizadas e amaneiradas na mera gesticulação modernista. A esse respeito, confiemos no instinto seguro do gosto convencional. Castoriadis, por exemplo, na algaravia dos *divertisseurs* vê antes de tudo *"collages d'une pop philosophie en plastique"*. Claude Lefort, por sua vez, vai na mesma direção quando investe, na Apresentação do primeiro número de *Libre*, contra o "modernismo" (mais ou menos como nossos avós desancavam o "futurismo") responsável pela "agitação febril" da *intelligentsia* parisiense. A marcha errática do "discurso moderno" francês terá certamente outra razão de ser que não o frenesi atribuído à idade heroica. Por outro lado, algum sexto sentido não pode deixar de ter advertido mesmo os mais excitados *maîtres-à-penser* que já nos idos de 1960 fazia tempo que o *ethos* vanguardista tinha os seus dias contados. Não obstante perserverou-se na *mise-en-scène* da Transgressão.

Quem se dispusesse a percorrer o *paideuma* da Ideologia Francesa desde os tempos da assim chamada Revolução Estrutural, encontraria, em ordem mais ou menos disparatada, antigos e novos patronos do Modernismo francês, de Lautréamont e Mallarmé a Artaud, Bataille e Blanchot — para ficarmos num dos estribilhos prediletos de Foucault. Uma tal idiossincrasia levou um estudioso do pós-modernismo americano ao seguinte arranjo, simpático à anomalia francesa, que procura então acomodar na paisagem de além-Atlântico: à primeira vista, longe de ser uma radiografia da cultura (pós-moderna) contemporânea, o pós-estruturalismo apresenta-se de fato como uma recapitulação do modernismo na época de sua exaustão, mas sobretudo do seu veio estetizante. Pois é precisamente esta condição de *revenant* do modernismo, no fundo uma longa citação na forma da "teoria", que o torna enfim pós-moderno.[11] Fica no entanto

---

[11] A. Huyssen, *op. cit.*, pp. 39-40.

Tentativa de identificação da Ideologia Francesa

o quebra-cabeça: um repertório de ideias modernistas tardiamente organizadas, num momento em que a França ia deixando de ser um país rural e provinciano — embora tenha sido justamente nessa condição o palco das últimas vanguardas históricas — tornou-se nos Estados Unidos a matéria-prima de que careciam os ideólogos de uma nova etapa cultural do capitalismo multinacional.

4

Pois foi nessa encruzilhada que a Nova Teoria Crítica alemã (antiga Escola de Frankfurt) tomou conhecimento pela primeira vez do pensamento francês contemporâneo. E vice-versa, também foi nos Estados Unidos que os franceses descobriram que havia na filosofia alemã algo mais do que Nietzsche e Heidegger. Desconhecimento mútuo para o qual não faltarão razões de ordem local e outras implicâncias paroquiais. O que realça ainda mais o fato de o primeiro confronto ter ocorrido em terra estrangeira, mesmo barateado em seguida pela rotina, responsável por uma espécie de Fla-Flu internacional, variando o resultado conforme variam os fatores campo e torcida. Ocorrência compreensível do estado mundial das coisas, o debate americano foi o primeiro a internacionalizar-se. Registre-se ainda a precedência alemã na descoberta da América. Ameaçado de extinção pela nazificação do continente europeu, a transferência do Institut für Sozialforschung para os Estados Unidos, se não lhe aumentou a audiência, redobrou-lhe o ânimo inquiridor, acrescentando ao amplo espectro de intervenção do marxismo alemão de entreguerras, além da meditação histórico-filosófica provocada pela revelação do estado de alienação terminal no capitalismo administrado, a percepção renovada do ponto sensível de todo intelectual alemão, concentrado como se sabe nos efeitos antitéticos do processo de modernização, percepção aguçada pela situação de comparatismo permanente e estudioso em que acabou se convertendo a fatalidade da emigração. Porém não foi exatamente esse materialismo de fim de linha o responsável por mais esta tentativa de identificação da Ideologia Francesa mas, como lembrado, uma versão ampliada, no caso, por uma perspectiva de reconstrução a um tempo teórica e prática, ela mesma reformulada em função de um *linguistic turn*, como se diz, de intenções normativas que o distinguem da reviravolta similar na origem do atual surto historicista da literatura de ideias anglo-saxônica.

Na ordem do dia, recordemos, em meio aos problemas de legitimação do capitalismo avançado, a multiplicação dos sintomas de esgotamento do assim chamado, pelos novos teóricos alemães, Projeto Moderno, sob o fundo de uma reação conservadora inquietante. Não viria ao caso enumerá-los agora e por extenso, tampouco os sinais costumeiramente alegados em favor do surgimento da "pós-modernidade". Conviria observar apenas o que uma tal *Tendenzwende*, que volta a limitar a modernização ao crescimento capitalista e ao progresso técnico, exorcizando em consequência os desdobramentos culturais por ela mesma propiciados e que no entanto a contrariam, pode encerrar de alarmante para intelectuais alemães que conheceram por experiência direta as mais sinistras formas de modernização conservadora. Há sem dúvida nuances significativas nesse clima mundial de opinião favorável a processos capitalistas de modernização e enfaticamente hostil ao modernismo político-cultural, nuances que se prendem a diferentes tradições de cultura política nos respectivos meios intelectuais. Se, ao que parece, um mesmo colapso da imagem positiva que as sociedades industriais desenvolvidas alimentavam a respeito delas próprias vem impul-

Tentativa de identificação da Ideologia Francesa

sionando o neoconservadorismo atual, é preciso no entanto distinguir a decepção de antigos liberais americanos convertidos em doutrinários da Era Reagan-Thatcher, da oposição de raiz dos ideólogos alemães que se vergaram depois de 1945 aos imperativos tecnológicos ultramodernos de uma acumulação capitalista acelerada sem nunca se reconciliarem de fato com o mundo da *Aufklärung*.[12] Em contrapartida, os protagonistas franceses da nova virada ideológica não são nem trânsfugas do liberalismo nem mandarins reconciliados à força com o curso moderno do mundo. Pelo contrário, esses demolidores da retórica progressista da emancipação são veteranos do gauchismo e teóricos da cultura alternativa, ideólogos dos Novos Movimentos Sociais, além de abstratores da quintessência da civilização americana dita pós-industrial. Daí a verdadeira sublevação parisiense provocada por Habermas quando os rotulou de "jovens-conservadores", acrescentando mais um qualificativo à cambiante identidade dos mestres pensadores franceses.[13]

Como é difícil um autor alemão empregar sem conhecimento de causa essa apelação original muito bem controlada, detenhamo-nos um pouco numa outra recapitulação do próprio Habermas. Num breve panorama da situação intelectual da Alemanha de hoje (de fato fins dos 1970), depois de assinalar o estado generalizado de "não contemporaneidade" que parece caracterizar o mosaico social da atualidade, onde raramente é pos-

---

[12] Jürgen Habermas, "Les néo-conservateurs américains et allemands contre la culture", *Les Temps Modernes*, dez. 1983, publicado originalmente em *Praxis International*, jan. 1983.

[13] Jürgen Habermas, "Modernity versus Postmodernity", *New German Critique*, nº 22, 1981, p. 13. Tradução brasileira em *Arte em Revista*, nº 7, CEAC, 1983.

sível distinguir regressão e experimentação, resistência e revivalismo, Habermas relembra que se deve justamente a fenômenos de defasagem o olhar especificamente alemão dos "jovens-conservadores" de entreguerras Jünger, Heidegger, Gottfried Benn, Carl Schmitt etc., uma sensibilidade que certamente se ajustaria aos fenômenos obscuros que hoje ocupam a antecena.[14] Seria conveniente observar que a designação nem sempre é infamante, podendo incluir por exemplo a linha de crítica cultural do Thomas Mann das *Considerações de um apolítico*, ou então os resquícios do Movimento de Juventude do próprio Walter Benjamin que, segundo nosso Autor, teria encontrado em Hannah Arendt uma defensora, no caso, justamente do "esteta sensível e vulnerável, o colecionador e o erudito contra as reivindicações dos seus amigos marxistas e sionistas".[15] Habermas chega até mesmo a entroncar nessa linhagem congenitamente dúbia nada menos do que Pasolini, mas como não dá nenhuma explicação, podemos conjecturar: teria em mente, por exemplo, a obstinação com que o autor dos *Escritos corsários* se opunha à aculturação capitalista da Itália contemporânea? Um caso à parte que mencionamos por nos reconduzir, das sublimações alemãs do Interdito, à rota francesa que nos interessa qualificar.

À primeira vista nada aflora na superfície da experiência francesa que convide a tais sondagens "alemãs" à contracorrente da prosa moderna do mundo e no entanto Habermas chamou de jovens-conservadores os pós-estruturalistas por se abandonarem às "revelações de uma experiência descentrada", transmi-

---

[14] Jürgen Habermas, "La colonisation du quotidien (*Lebenswelt*): sur la situation intellectuelle de l'Alemagne Fédérale", *Esprit*, dez. 1979, p. 50.

[15] Jürgen Habermas, "Crítica conscientizante ou salvadora: a atualidade de Walter Benjamin", in Bárbara Freitag e Sérgio Paulo Rouanet (orgs.), *Habermas*, Coleção Grandes Cientistas Sociais. São Paulo: Ática, 1980, p. 171.

Tentativa de identificação da Ideologia Francesa

grando para o "âmbito do longínquo e do arcaico os poderes espontâneos da imaginação", por contraporem à grisalha da razão raciocinante um "princípio somente acessível pela evocação". Sobras do Surrealismo? Seguramente, mas não só. Em todo caso, qualquer leitor de Foucault haverá de acompanhar Perry Anderson na observação segundo a qual atravessaria a obra de Foucault, desde a *História da loucura*, um apelo constante a uma "experiência primordial indômita", espécie de "acusação inominável" por conta de um Outro originário.[16] Como também concordaria com Carlo Ginzburg, quando este se refere ao "populismo negro" que inspira a análise — ou melhor, o confisco de qualquer interpretação — do caso Pierre Rivière. Sendo o estupor e o silêncio as únicas reações autorizadas, fica apenas o "êxtase diante do estranhamento absoluto".[17] Uma abstenção de inequívoca índole estetizante. Algo como um *frisson* estético-epistemológico que acompanha o abandono ostensivo da ideia materialista de Crítica. Em lugar do esclarecimento dos conflitos reprimidos e escamoteados, o calafrio diante da indiferenciação das formações ideológicas sem avesso.[18] Pois essa mesma indiferença de princípio, mais exatamente o espetáculo de razões de se inclinar numa ou noutra direção alternadamente anuladas, bastaria para justificar a inclusão do pós-estruturalismo no campo jovem-conservador. Ao que parece, uma constelação ressus-

---

[16] Perry Anderson, *A crise da crise do marxismo*. Tradução de Denise Bottmann. São Paulo: Brasiliense, 1984, p. 61.

[17] Carlo Ginzburg, *O queijo e os vermes: o cotidiano e as ideias de um moleiro perseguido pela Inquisição*. Tradução de Maria Betânia Amoroso. São Paulo: Companhia das Letras, 1987, pp. 23-4.

[18] Jürgen Habermas, *The Philosophical Discourse of Modernity*. Cambridge: Polity Press, 1987, p. 127.

citada pela "nova intransparência",[19] distanciamento que de fato restaura o olhar congelado do *ethos* conservador ao afetar observar as atribulações contemporâneas do ângulo remoto do historiador do futuro.[20]

Ocorre entretanto que não são assim tão flagrantes os laços de família entre essa apatia, digamos antifundacionista, alardeada pelos ideólogos franceses, sem dúvida *blasés* pelo refluxo do ímpeto moderno, e o decisionismo estetizante dos jovens-conservadores alemães. Ou não? Sabe-se que na década de 1980 a Alemanha universitária assistiu à escalada do novo estilo francês, uma irrupção perfeitamente insólita para os padrões locais. Dentre as várias explicações para o fenômeno, Habermas refere-se de preferência ao horizonte negro que rebaixou as expectativas dos intelectuais mais jovens, à percepção exasperada da marcha desastrosa da sociedade alemã a partir dos anos de chumbo, uma sensibilidade de tal sorte afetada por aquele estado de coisas que as teorias acerca do caráter não verdadeiro do Todo e a consequente (ou inconsequente) afirmação unidimensional do beco sem saída acabaram reavivando os ânimos locais da crítica à civilização, abrindo enfim caminho ao "humor cínico dos desconstrucionistas".[21] Envoltos numa embalagem pós-estrutura-

---

[19] Jürgen Habermas, "A nova intransparência: a crise do Estado de Bem-Estar Social e o esgotamento das energias utópicas". Tradução de Carlos A. Marques Novaes. *Novos Estudos CEBRAP*, nº 18, 1987.

[20] Richard Rorty, "Habermas, Lyotard et la postmodernité", *Critique*, nº 419, 1982, pp. 192-3; Jacques Bouveresse, *Rationalité et cynisme*. Paris: Minuit, 1984, pp. 166-7.

[21] Cf. entrevista de Habermas à *New Left Review* (maio-junho de 1985), cuja resposta acerca da progressão crescente do pós-estruturalismo na Alemanha parafraseio um pouco livremente (tradução brasileira: *Novos Estudos CEBRAP*, nº 18, 1987, p. 83).

Tentativa de identificação da Ideologia Francesa

lista, deu-se então uma estranha repatriação de Nietzsche e Heidegger, este último, acrescenta Habermas, aparentemente desnazificado graças à recepção francesa, e por esta via, americana, descontextualizada. Ao ser reexportada, a aclimatação francesa da crítica heideggeriana da racionalidade ocidental acabou exumando a síndrome alemã jovem-conservadora, que muitos julgavam sepultada. Na observação insuspeita de um discípulo de Hans-Georg Gadamer: abrindo-se finalmente à dimensão internacional das ideias francesas, acolhidas como uma tábua de salvação, a jovem *intelligentsia* alemã simplesmente reatava com uma forte tradição local eclipsada depois do apocalipse do Terceiro Reich.[22]

E vice-versa. Não deixa de ter sua graça observar que o atual refluxo da Ideologia Francesa — considerações acerca de continuidades sociais por enquanto à parte — se deve em razoável medida à vulnerabilidade crescente a uma objeção que vinha ganhando terreno no campo alemão adverso e suas adjacências anglo-americanas, até alcançar os epígonos franceses em alta nos dias de hoje. O argumento opunha à *surenchère* francesa da crítica da ideologia, tão radicalmente abrangente a ponto de pulverizar a própria noção de Crítica, o seu caráter autodestrutivo: para se sustentar o desmoronamento de todos os critérios de avaliação não se pode dispensar os serviços de ao menos uma instância normativa ainda intacta. Não sei de melhor exemplo dessa emigração para a outra margem do Reno da disputa alemã em torno dos pressupostos e consequências da *Aufklärung* do que a derradeira metamorfose de Foucault, ela mesma o mais veemente atestado do cunho internacional da inflação da sensi-

---

[22] Trata-se de Manfred Frank — não por acaso autor de um *Was ist Neostrukturalismus?* (Frankfurt: Suhrkamp, 1983) — em artigo citado por Jürgen Habermas, *Martin Heidegger: l'oeuvre et l'engagement*. Paris: Cerf, 1988, pp. 17-8.

bilidade de que estamos falando, pois é bem provável que Foucault tenha sabido da referida objeção pelos seus amigos da Califórnia. Assim, em sua última guinada, em lugar de um novo capítulo da história ocidental da "sujeição", *Aufklärung* às avessas em cuja esteira se desdobrara o processo moderno de individuação-subjetivação, Foucault enveredou por uma meditação de tonalidade moral sobre as técnicas greco-romanas da vida justa. Restituição do Sujeito a si mesmo? Ainda não. A estilística da existência que passara a cultivar pendia muito menos para a universalidade dos imperativos modernos do que para a deriva de um decisionismo estetizante[23] — última sobra do "limbo feliz da não identidade" pelo qual suspiraram duas décadas de fraseologia francesa da Transgressão. Uma solução de compromisso na qual não obstante ecoava o mencionado paradoxo normativo. Se não for mera volubilidade, dissentir em nome do quê? Serão mesmo "lógicas" todas essas revoltas? Por uma questão de princípio não se poderia professar ao mesmo tempo um perspectivismo radical, exigido pelo culto da Diferença, e engajar-se na trilha gauchista da secessão. Bendita incoerência do anti-humanismo a serviço da contestação. E assim por diante.

Esse o nó (teuto-americano) do relativismo a cuja tardia evidência começaram a se render em parte os intelectuais franceses de vanguarda. Muito a propósito, mas não creio que de caso pensado, Derrida forjou uma categoria própria para batizar e estilizar essa dificuldade: o barroco, cuja voga ao longo dos anos 1980 se conhece, inclusive como senha francesa do pós-moderno. Uma objeção de dois gumes, sobre a qual paira igualmente a ameaça do disparate: nesse mesmo diapasão se negará ao dissidente da modernização o direito de acender a luz ou

---

[23] Richard Wolin, "Foucault's Aesthetic Decisionism", *Telos*, nº 67, 1986.

Tentativa de identificação da Ideologia Francesa

tomar antibióticos. Enquanto isso, os novos amigos franceses da Ideia Prática de Humanidade passarão a denunciar o nominalismo em que se resolve o confronto dos veteranos com a ordem estabelecida, subordinando a pertinência da crítica à universalidade do critério, por sua vez responsável pela hierarquização dos valores — e por aí afora. Em contrapartida, é sempre bom repisar que nem mesmo *in extremis* — distante até a última hora, como exigiria Montaigne de quem escreve — Foucault cedeu ao angelismo da nova geração. Desde o momento em que venceu a tentação naturalista da *doxa* gauchista — *sous le pavé la plage* — nunca deixou de escarnecer, como manda o figurino de vanguarda, da utopia dos corações transparentes ou dos atos de fala, enfim de todas as maneiras de escamotear o caráter "violento, sangrento e mortal" da realidade, "reduzindo-a à forma apaziguadora e platônica da linguagem e do diálogo".

Seja como for, enganando-se ou não a respeito de si mesmo, o fato é que um projeto intelectual coletivo de reconstrução do Materialismo Histórico, na base é verdade de uma mudança de "paradigma" em função de novas evidências sociológicas, como é o caso da Teoria Crítica depois do *linguistic turn*, acabou sancionando numa direção diametralmente oposta à do marxismo ocidental, de cujas intenções de fundo aquele último exemplar da Teoria alemã pelo menos declara não pretender abrir mão, a mais recente transformação da filosofia francesa, finalmente reconciliada com o Ocidente, a Modernidade e Cia., que de Sartre a Foucault todos pelo menos concordavam em repudiar. Só mesmo à desconsolada ótica de um Perry Anderson, inconformado com a suposta primazia conferida pela nova Teoria Crítica às funções comunicativas em detrimento das produtivas na definição do desenvolvimento histórico, ocorreria o seguinte amálgama, no mínimo pitoresco. Ao contrário do sugerido acima, o inesperado recobrimento franco-alemão (em sã consciência, ninguém imaginaria na plataforma da nova geração, no lugar de mais uma pirueta da Ideologia Francesa, os ideais austeros do Iluminismo alemão), pelo menos de direito já era visível na década anterior, está claro que na forma do contraponto entre polos antagônicos, mas sobre o fundo comum de um *linguistic turn* internacional que descartava, por exemplo, as teorias "representativas" da verdade, ao mesmo tempo em que conferia poderes demiúrgicos à linguagem, "arquiteto e árbitro final de toda sociabilidade". Daí a gangorra escarnecida por Perry Anderson: o que do lado francês era "equívoco, obscuro e maldito", aparecia "translúcido e redimido" do lado alemão; enquanto em Paris a linguagem demonizada "bombardeava o sentido, devastava a verdade, atacava pelos flancos a ética e a política, exterminava a história", na Alemanha encarregava-se o mesmo protagonista impalpável de "restaurar a ordem histórica, prover o bálsamo do consenso para a sociedade, assegurar os fundamentos da moralidade, fortalecer os elementos da democracia",[24] sendo enfim congenitamente avessa a se desviar da verdade, horizonte antecipado de cada ato de fala. Provocações à parte no despropósito dessa liga tão disparatada, não há dúvida de que na batida alemã do pêndulo se encontra o breviário da nova geração francesa.

Num circuito assim disposto, compreende-se que o último *rebondissement* do caso Heidegger tenha se tornado sobretudo um pesadelo, além de capítulo se não conclusivo ao menos decisivo, para a Ideologia Francesa. Duas palavras a respeito nos levarão a uma outra pista, por onde também correm os nossos ideólogos. — Afinal como foi possível ao responsável pela mais consistente sublimação especulativa da "revolução conservadora"

---

[24] P. Anderson, *op. cit.*, pp. 74-5.

Tentativa de identificação da Ideologia Francesa

alemã tornar-se velada ou ostensivamente o grande norte filosofante do gauchismo pós-1968? Rebocado e caiado, um Heidegger pensador de esquerda? O último ideólogo alemão, primeiro ideólogo francês?

Se investigássemos a árvore genealógica traçada pela própria tradição liberal-conservadora francesa de Tocqueville a Raymond Aron, passando por Taine e Barrès, veríamos a preponderância atual do mais eminente "jovem-conservador" assegurada nada mais nada menos do que pelo magistério espiritual dos seus arqui-inimigos, *les gens de lettres*, cujo processo, na pessoa dos *philosophes* setecentistas, por crime de "Política abstrata e literária", Tocqueville principiou num capítulo famoso de *O Antigo Regime e a revolução*. Interessa aqui o destino de dois traços fisionômicos destacados por Tocqueville, enfaticamente sublinhados depois pela referida tradição. O primeiro deles concerne à metamorfose da sensibilidade polifacética do intelectual no horizonte raso do *homo ideologicus*, confinado ao gesto monocórdio da interpretação de mão única. Um paradoxo para a esquerda, ponto pacífico para a opinião liberal-conservadora, em guerra permanente com a classe discutidora. O segundo reflete peculiaridades da carreira do homem de letras no Antigo Regime, uma consagração pública tanto mais notável quanto marcada por um alheamento crescente desta mesma ordem do mundo que lhe ratificava a ascendência, um distanciamento *grand seigneur* exercido por plebeus graças ao *persiflage* metódico dos usos e costumes congelados pelo espírito desabusado de quem se afasta do mais familiar afetando encarnar a surpresa irônica de um persa ou de um iroquês. Retrospectivamente, uma Grande Recusa *avant la lettre*. Uma insensibilidade às reformas características do imperativo do mandarim alemão, *nicht mitmachen* — em suma, algo no rumo da idiossincrasia intelectual que mais exaspera a reação conservadora de ontem e de hoje.

Pois uma certa revisão das várias fases da evolução de conjunto da Ideologia Francesa, auxiliada pelas mesmas aversões, acabou esbarrando em prolongamentos modernos daquelas tendências de fundo. Veja-se a explicação de François Furet para o Estruturalismo dos intelectuais franceses, imaginada ainda nos idos de 1960 por um dissidente que esperava ver suceder à bancarrota da Fenomenologia, Marxismo e demais filosofias concretas — ideologias na acepção positivista do termo — enfim o reinado de Raymond Aron e dos herdeiros de Hume. Diante da expectativa frustrada, Furet acabou remontando ao tradicional magistério de opinião monopolizado pelos letrados franceses para poder colocar no seu verdadeiro foco uma flagrante anomalia: sendo o Estruturalismo movido por uma ambição de inteligibilidade global e sistemática equivalente ao velho sonho totalizante das finadas ideologias, assistia-se na França modernizante da Quinta República a um espetáculo insólito, o suposto fim da Era das Ideologias encontrava ali os seus mais veementes doutrinários.[25]

Ora, vai na mesma direção da atração exercida pelo Estruturalismo sobre os meios intelectuais parisienses nos primórdios da Ideologia Francesa, o heideggerianismo gauchista da etapa subsequente. Ao pensamento de sobrevoo do mestre-pensador sobrepõe-se agora, exacerbado pelo refluxo das grandes "teorias" da década anterior, um novo *pathos* da distância. Sabe-se que a aversão pela flutuação irresponsável do intelectual, transformada por Mannheim e Schumpeter em argumentos sociológicos clássicos, passou a repercutir com ênfase redobrada na atual campanha neoconservadora contra a "cultura antagônica", "hostil", "irônica" etc., encarnada por uma pretensa nova classe intelec-

---

[25] François Furet, "Les intellectuels français et le structuralisme", in *L'atelier de l'histoire*. Paris: Flammarion, 1982.

Tentativa de identificação da Ideologia Francesa

tual, acaparadora do "sentido" e sua interpretação como seus ancestrais franceses. A alegada má vontade da nova classe envolve justamente o supremo *dégagement* dos *highbrow* em face do claro-escuro da modernização social, mencionado páginas atrás e que agora voltamos a encontrar em sua terra natal no momento em que a reversão dos anos 1980 passou a dar novo curso aos ataques neoconservadores à cultura dita antagônica. Existem sem dúvida uniformidades, regularidades instituídas e partilhadas indispensáveis à existência, da comunidade linguística de compreensão às regras elementares de convívio político, mas nada disso terá acesso, enquanto tal, ao dissenso íntimo que caracteriza a vida do espírito, sempre inconformado o primeiro e desabusada a segunda. Manter portanto à mais intransponível distância tudo o que dê a impressão de funcionar um pouco consensualmente demais, que favoreça identificações espontâneas. Tal é o alheamento de elite característico do intelectual pós-estruturalista, segundo os seus atuais contendores franceses.[26]

Como se vê, uma imagem compósita, embora historicamente construída. Não é difícil reconhecer nela elementos herdados dos *philosophes*, cuja urbanidade de princípio mal disfarçava a mais completa indiferença pelo destino supostamente comum. Traços fisionômicos familiares aos quais vieram se juntar fantasias neoconservadoras quanto aos malfeitos e desmandos da cultura do contra. Mesmo alguém simpático à filosofia continental como Richard Rorty, a ponto de apostar no lado *high talk* dela para o soerguimento da crítica cultural *highbrow*, acaba se impacientando com a sistemática desqualificação de origem gauchista das formas de entendimento, nelas incluídas até mesmo as puramente pragmáticas, não fundacionistas etc. Enerva-o antes de tudo certos efeitos do vanguardismo da Ideologia Fran-

---

[26] J. Bouveresse, *op. cit.*, p. 132.

cesa, que por definição autorizaria seus principais representantes a desinteressar-se das questões miúdas de engenharia social, na prática uma espécie de *brevet* de isenção de serviço social. Quanto à consternação de um pacato apóstolo alemão da Hermenêutica, como a do já citado estudioso do pós-estruturalismo Manfred Frank, diante da lastimável implicância francesa até mesmo com o "consenso sem dominação", que em princípio despontaria no horizonte da sociabilidade moderna, surpreende bem menos do que o fato de não atinar com os laços de família que parecem vinculá-la ao clima de opinião jovem-conservador. Aqui a porta de entrada para o heideggerianismo pós-estruturalista.

Para concluir a peripécia, basta referir o argumento panorâmico dos principais advogados do Pensamento 80. Admitido que o intelectual (de corte francês evidentemente) é o porta-voz natural do "ressentimento que a positividade das leis e dos fatos não pode deixar de provocar em cada um de nós"; que essa paixão triste assume a forma achatada da Grande Recusa inaugurada pelos *philosophes*, sendo o marxismo, hoje extinto na França, a última manifestação dela; e que a força reativa do intelectual deriva da posição de "exterioridade radical" em que se coloca diante da positividade da sua época, concentrada hoje no universo democrático; verificou-se que, com a falência do gauchismo realmente existente e permanecendo tabu a referência à irrecuperável platitude da dita positividade, coube ao heideggerianismo, em particular à assim chamada superação metafísica, por ele enfaticamente alegada, tanto da civilização americana quanto da soviética, salvar o essencial, a saber, a figura do intelectual enquanto contraditor irredutível do mundo constituído — pelo menos é esta a pose.[27] Completava-se assim a aberrante transplantação gauchista de Heidegger, não propriamente ex-

---

[27] Parafraseei em parte o livro de Luc Ferry e Alain Renaut, *Heidegger e os*

Tentativa de identificação da Ideologia Francesa

purgado de uma dimensão que afinal estava entranhada nas menores células temáticas do filósofo, mas vendo transfigurada na prosa inflada do irreconciliável a mencionada "exterioridade radical à positividade democrática contemporânea", que na Alemanha, situada em *porte-à-faux* na ordem burguesa, sempre fora um dado real do processo. Sirva contudo de contrapeso uma observação de Habermas, insuspeito de complacência a este respeito: caso a sempre invocada Modernidade nada mais tenha a oferecer do que a ladainha apologética dos neoiluministas, compreende-se que a última geração intelectual "prefira voltar a Nietzsche, passando por Derrida e Heidegger, e procure sua redenção em estados de alma carregados de significação, prometidos, no caso, por um movimento jovem-conservador autêntico, restaurado sob forma de culto e ainda não desfigurado por qualquer compromisso".

Pode-se dizer que os ideólogos franceses aplicaram-se nas demonstrações de *endurance devant l'Indicible*, a ponto de se tornarem especialistas exímios na procura da marginalidade heroica, na encenação de complôs urdidos pelos bem aquinhoados da *ratio* moderna, na identificação em efígie com minorias sociais, párias da vida intelectual, enfim especializaram-se no fomento de tudo que pudesse reforçar uma bem-sucedida estratégia de "vitimização", como sublinham seus atuais adversários.[28] Em contrapartida, o real declínio dos mandarins alemães dispensava pelo menos essa *mise-en-scène*. Laminados entre a acomodação dos modernistas, desmoralizada pela crise do entreguerras, e a impossível restauração dos ortodoxos, os autodenominados "au-

---

modernos (Lisboa: Teorema, 1989). Cf. dos mesmos autores, *La Pensée 68* (Paris: Gallimard, 1985).

[28] Indícios inventariados mas não explicados pelos mesmos L. Ferry e A. Renaut, *La Pensée 68, op. cit.*, pp. 38-40.

tênticos", congregados, segundo a melhor tradição alemã, em círculos de intelectuais anti-intelectuais, encontravam-se de fato à margem, tanto do bloco dirigente de aristocratas e burocratas, quanto do arrivismo empreendedor dos novos beneficiários da ocidentalização do país. Combinando devaneios arcaizantes e demonização da técnica e da sociedade de massas, podiam com a maior naturalidade reencarnar no século XX o ressentimento alemão de nascença. No limite, dois casos de sobrevida ideológica. No capítulo conclusivo da Ideologia Alemã, ressoa em sua intensidade máxima a síndrome jovem-conservadora, repercutem, no vazio de alusões aos arcanos de uma origem primordial, os *poncifs* agora desdentados da crítica alemã da civilização moderna, em jargão, um pensar-rememorativo de costas para a consumação metafísico-niilista da dominação europeia do mundo. Ora, no caso francês, a situação-limite irrepresentável tornou-se com o tempo mera invocação ritual de uma ruptura vanguardista hoje extinta. Isso por certo não é tudo, se quisermos focalizar mais de perto o diagnóstico de Habermas e colaboradores. Segundo eles se deve entender o pós-estruturalismo como uma resposta de feitio jovem-conservador à nova "intransparência" moderna, e isto na exata medida em que a Ideologia Francesa ela própria nada mais é do que uma vasta recapitulação "teórica" (na acepção americana do termo) do conteúdo de experiência da modernidade estética. Daí a pirueta mortal que a aproxima daquele capítulo alemão. Ancorados na atitude estética básica dos tempos modernos, como Habermas não cessa de relembrar, explorando as revelações expressivas de uma subjetividade descentrada, emancipada dos imperativos da utilidade, os ideólogos franceses evadem-se do mundo moderno em nome de um antimodernismo sem volta.

Deixando de lado as várias acepções de Moderno, Modernidade, Modernismo etc., em jogo na tipologia habermasiana

Tentativa de identificação da Ideologia Francesa

dos desencontros entre processo global de modernização, desempenho capitalista e antagonismo cultural, variando de resto o Modernismo da modernolatria integrista (à maneira de Marinetti) ao desvio dessublimador das vanguardas mais intransigentes, não se poderia deixar de assinalar pelo menos duas circunstâncias no âmbito mais geral dessas analogias franco-alemãs. Viria então ao caso relembrar um dos vínculos definidores da vanguarda artística do período heroico, justamente a relação polêmica e ambivalente com as formas arcaicas da experiência, abafadas pela normalização promovida pela cultura burguesa em seu apogeu, primitivismo a um tempo pós-burguês e regressivo, cujo choque detonador os franceses — dos cubistas aos surrealistas — foram os primeiros a elaborar e trazer para a linha de frente da bancarrota cultural do capitalismo, primazia devida inclusive ao fato de ainda ser muito frouxa na França a civilização do Capital, se comparada, por exemplo, à sua marcha sem tropeços no Novo Mundo anglo-saxônico. Isso posto, não era sem uma forte componente de construção acordada que a vanguarda francesa explorava aquele subsolo socialmente adormecido fazia tempo. O que valia ainda para Breton, tentando ganhar para o renascimento de uma outra sociabilidade as forças do êxtase, como se disse certa vez, se apresentaria como artifício redobrado quando mais tarde Foucault tentou reeditar a coreografia da Transgressão, colocando-se na escola dos ratardatários Bataille e Blanchot. Ora, no país por excelência da "não contemporaneidade" — como Ernst Bloch costumava definir nos anos 1930 a Alemanha autocrática e burguesa, camponesa e inteiramente industrializada, e por isso mesmo colhida como uma fruta madura pelo nazismo — pode-se dizer que o desrecalque capitalista, promovido pela autocrítica da cultura moderna, transcorreu com uma certa naturalidade, de sorte que a demolição expressionista da empatia clássica, por exemplo, embora formalizasse resultados gerais, podia estilizar de saída traumas locais — e assim por diante. Daí a quase evidência da demagogia anticapitalista dos jovens-conservadores, hoje bem menos visível na sublimação heideggeriana do desenvolvimento desigual, resumido num conjunto de efeitos estilísticos que sugerem profundidade gerada nos confins dos tempos, em nome de cuja vagueza incontornável e sem fundo se objeta ao curso filistino do mundo moderno. Tirante a cor local, reconheçamos o próprio diagrama do Sublime requentado pelos derradeiros epígonos franceses das vanguardas históricas. Valha então como arremate a seguinte retificação terminológica, que também é de fundo, como já vimos a propósito da travessia atlântica da Ideologia Francesa. Ainda pouco à vontade na identificação do "pós-moderno", como observado, síndrome de foco americano e teoria francesa, os atuais coveiros franceses do pós-estruturalismo costumam enumerar valores ou preferências negativas que lhe confirmariam a vocação pós-moderna para a dissipação de um acervo insubstituível: a disseminação, a margem, o indeterminável, o indecidível, o incontrolável, o imprevisível, a dissolução, a diferenciação, a deperdição, a paralogia, o frívolo, a contrafação, o simulacro, o irrefletido, o retórico, o menor, o paródico, o incomensurável, o barroco, a desregulagem, o ponto fixo em fuga etc. — para não mencionar os temas mais batidos da fase anterior do jargão, como desejo, escritura, repetição, espaçamento etc. A menos que também se convencione chamar pós-moderno a flagrante tenuidade desse repertório, se cotejado com o elenco de profanações sonhadas pelo homem *souverain* de Bataille, para ficarmos com um antecessor mais próximo, ainda estamos diante de relíquias do vanguardismo moderno, por certo nascidas caducas, como toda transgressão planejada em comitês de redação.

5

O confronto americano entre pós-estruturalistas e pós-frankfurtianos ainda reservaria novas revelações para o observador interessado na identificação da Ideologia Francesa. Um desses arranjos, à revelia das respectivas tradições, pelo menos à primeira vista parece frisar o mais acabado contrassenso. Nas palavras quase inocentes de um eminente especialista americano na Escola de Frankfurt, *"the parallels between Critical Theory and post-structuralism have now become widely remarked"*.[29] É possível que o novo lugar-comum tenha se firmado na virada dos anos 1970 para os 80, à medida que se tornava cada vez mais flagrante a distância que separava Habermas e colaboradores dos pais fundadores Horkheimer e Adorno. Deu-se então o disparate, fazer correr pela mesma pista a Microfísica do Poder e a Desconstrução, de um lado, e a terceira fase da Escola de Frankfurt, inaugurada nos anos 1940 pela Crítica da Razão Instrumental, do outro. O (falso) reconhecimento mútuo da *New French Theory* e da Velha Teoria Crítica Alemã deveu-se sobretudo ao fervor dos adeptos anglo-americanos da primeira, interessados igualmente em rejuvenescer a segunda para melhor contrapô-la à índole construtiva dos habermasianos. Do lado francês o destempero é mais compreensível, além de recorrente, não só devido ao veleitarismo local mas ao quase completo desconhecimento do parceiro em questão. Compreende-se, por exemplo, que o lado jovem-conservador de Benjamin tenha sido o primeiro e único a alimentar a voga atual. Logo chegará a vez da "ciência melancólica" de Adorno: a construção paratática da Dialética

---

[29] Martin Jay, *Marxism and Totality: The Adventures of a Concept from Lukács to Habermas*. Berkeley: University of California Press, 1984, p. 526.

Negativa, dá para prever, não tardará a ser amalgamada à deriva retórica da Desconstrução. E por aí afora, pelo menos enquanto não se extinguir inteiramente a Ideologia Francesa. Para arrematar o curso sinuoso de suas alianças, basta referir novamente a profissão de fé que conclui a última intervenção de Foucault, a aula de 1983 no Collège de France acerca da resposta kantiana à pergunta pela verdade e atualidade da *Aufklärung*. Depois de abordar um tema jamais nomeado em toda a sua obra, a Modernidade — cujo significado exato não fazia muito declarara desconhecer —, Foucault encerrava a exposição apresentando sua nova árvore genealógica, "uma forma de filosofia que, de Hegel à Escola de Frankfurt, passando por Nietzsche e Max Weber, fundou uma forma de reflexão dentro da qual tentei trabalhar". Mais uma *boutade*? Note-se que há algum método nos laços de união da família meio amalucada reunida por Foucault. Sem falar do patrocínio óbvio de Nietzsche, não custa lembrar a *Aufklärung* reticente de Hegel (represada *in extremis* pela edificação extemporânea de um Estado-ético), acrescida da "racionalização" weberiana, entalada entre o eclipse concomitante do sentido e da liberdade, como lembrou recentemente Habermas, por um lado, e o descontrole decisionista solicitado pelo novo politeísmo dos valores, do outro; completariam o álbum de família os ilustres desconhecidos Horkheimer e Adorno, pomos da fictícia concórdia em questão, cuja sempre alegada "resignação", porém materialista, de fato casaria mal com o desenvolto e aparentemente injustificável ativismo do militante antimoderno Michel Foucault.

Pois esta última associação, tão incongruente quanto sedutora, já deveria mesmo estar correndo o mundo teuto-americano, a ponto de obrigar o próprio Habermas a reler a Dialética da *Aufklärung* também no intuito de prevenir a crescente confusão entre o *mood* nietzschiano pós-estruturalista e a convivên-

Tentativa de identificação da Ideologia Francesa

cia paradoxal, a seu ver sem futuro, naquela obra clássica, entre a descrição da irreversível autodestruição da força emancipatória na origem do processo histórico de "esclarecimento" e a fidelidade dos dois autores ao modelo hegeliano da negação determinada, embora confinado ao momento *ad hoc* da Crítica. Tudo isso não obstante, querendo salientar como a teoria foucaultiana do eterno retorno do poder apaga "as últimas centelhas de utopia e de confiança da cultura ocidental em si mesma", Habermas acaba reconhecendo que de fato Foucault simplesmente radicaliza a crítica de Horkheimer e Adorno à Razão Instrumental. Por outro lado, corroborando em parte a opinião dos que assimilam a Microfísica do Poder às análises frankfurtianas da sociedade totalmente administrada, esquecendo-se todavia que as minuciosas análises históricas de Foucault acerca das técnicas polimorfas de sujeição referem-se quando muito ao limiar da transição para o mundo moderno, Habermas estende-as sem maiores ressalvas às contradições entre meios e fins que levaram o Welfare State à sua crise atual, quando até poderia ser o caso de se perguntar se não foi o caminho inverso, a experiência direta das patologias inerentes à juridificação e burocratização das políticas sociais do capitalismo avançado, acrescida de algumas leituras *en cachette* de Max Weber e dos funcionalistas americanos, que teriam inspirado a redescoberta foucaultiana dos nexos sistêmicos entre saber e poder, circunstância camuflada pelo fato de fazer retroagir os esquemas explicativos dela para a crise do Antigo Regime e a consolidação da nova ordem burguesa. Quanto ao século XX, como se há de recordar, nenhuma palavra, salvo os discursos de apoio aos Novos Movimentos Sociais, onde é vago o aparato conceitual, tirante as declarações de praxe acerca do declínio do Universal. Aqui um outro contencioso, em lugar da inconvincente convergência evocada até agora. Boa parte da Ideologia Francesa pós-1968 girou em torno dos mencionados e assim chamados Novos Movimentos Sociais e em função deles remodelou a imagem da Revolução, dos Intelectuais, das relações entre Teoria e Prática etc., e mais, conforme definhava o impulso globalizante do gauchismo original, delineava-se o horizonte mais modesto (outra palavra-chave do período, modulando discursos e intervenções da Epistemologia à Arquitetura) de um "reformismo radical" em permanente litígio com a afluência desregulada do capitalismo avançado porém deslegitimado. Sem querer arbitrar bisonhamente a querela de precedências, convenhamos que os franceses foram os primeiros a elevar esse novo elenco de manifestações ao plano da fraseologia teórica. Mudando de "paradigma", como alegam, os alemães da promoção Habermas passaram a enfrentar, por sua vez, essas mesmas manifestações, por muitos deles qualificadas de "surrealistas", em termos do contraponto entre *Lebenswelt* (reanimado então por ecologistas, pacifistas, feministas, negros etc.) e racionalidade sistêmica. Terminologia à parte e observadas as transformações da vanguarda francesa nos anos 1980, aqui sim seria o caso de recensear um bom número de entrecruzamentos característicos dos novos tempos.

De qualquer modo, pelo menos no plano das declarações de princípio, Habermas sempre foi taxativo diante do contrassenso atualmente em voga. Em nenhum momento as aporias em que se meteu o Adorno da última fase sopraram na direção da negação indeterminada cultivada pelos pós-estruturalistas e sua correspondente invocação encantatória do inteiramente Outro; nenhum traço jovem-conservador em suas decifrações da vida mutilada que o aproxime da renúncia argumentativa da Desconstrução francesa, compensada esta última, é verdade, pelo alinhamento com as minorias, os marginalizados, ao qual sempre se juntou um certo pendor para a exploração estetizante de novas formas de vida.

Tentativa de identificação da Ideologia Francesa

O equívoco vai se tornando mais instrutivo à medida que vem à baila a já mencionada matriz estética da Ideologia Francesa. Trata-se de uma vasta fraseologia gerada pela exportação sistemática e indiscriminada de procedimentos consagrados pela tradição das vanguardas artísticas para os mais diversos domínios, da Filosofia à Política, passando pela Ciência e esferas afins. Como dispomos agora de um terreno comum, a saber, a irrupção, cristalização e anemia final do modernismo estético, saltam mais significativamente à vista as meias razões que sugerem a aproximação de posições diametralmente opostas. Se fosse o caso, mas ainda não é no âmbito preliminar desta Introdução, entre tantos outros paralelismos arrevesados, de chamar a atenção para a incongruência que consiste em afirmar que Derrida e Adorno não só partilham uma mesma concepção da arte de vanguarda, mas pertencem ao ramal "Breton, Artaud, Barthes" (*sic*), bastaria comparar as respectivas linhas evolutivas da arte moderna europeia na França e na Alemanha, e nesta última, a simbiose muito específica entre a arte avançada e a teoria estética marxista no entreguerras, uma incorporação constitutiva de origem (Adorno e Benjamin foram mais do que apenas os principais teóricos de Schönberg e Brecht, respectivamente), ao contrário da glosa filosofante tardia dos franceses, quando já não havia tempo para mais nada, simplesmente passara a temporada modernista. Fica sem dúvida o mínimo, a constatação de que de um lado e de outro o foco dinâmico da teoria é a recapitulação da experiência estética moderna. Recorde-se, por exemplo, um dos efeitos do Estruturalismo sobre o discurso filosófico francês dos 1960. A substituição das "ingênuas" descrições fenomenológicas dos dados imediatos da experiência perceptiva pelas desconstruções, que não traduziam apenas a *Destruktion* heideggeriana das categorias tradicionais da Metafísica, mas sobretudo os expedientes técnicos dos linguistas, e depois etnólogos, historiadores, psicanalistas etc., na análise das "construções" de uma frase — mas estavam lançadas as bases da Retórica desconstrucionista do Discurso Filosófico, nos moldes portanto das novas poéticas estruturalistas.[30] Seria então oportuno incluir nesse roteiro derridadiano, mais do que o comentário explicativo, aliás inexistente, o peso da reiteração amplificada do Teatro da Crueldade em Artaud, a Economia Geral de Bataille etc. — em suma, lembrar que a Ideologia Francesa engordou de tanto requentar a marmita vanguardista de epígonos e retardatários.

Pode-se dizer que a Ideologia Francesa se confunde em razoável medida com uma espécie de reconstituição igualmente mitológica de um romance familiar sobre a origem da vanguarda modernista, cujo marco zero leva obviamente o nome de Mallarmé e se estende até os derradeiros espasmos formalistas dos últimos representantes do finado Nouveau Roman. Uma história sem dúvida apenas francesa e predominantemente literária, decantação inteiramente retrospectiva e tributária de um notável desencontro. Enquanto se sucediam na França e alhures as vanguardas históricas, a reflexão dita teórica continuava atrelada à rotina universitária, alheada da cultura viva; quando, com os existencialistas, renovou-se forma e fundo da supracitada reflexão, o equívoco do "engajamento" repudiou, por exemplo, o que ainda sobrevivia do Surrealismo; paradoxalmente, Sartre, como se há de recordar, jamais revogou a condenação daquela última investida contra a existência em separado da dimensão estética, enfiando no mesmo saco da negação abstrata os antiobjetos de Duchamp e as bravatas de Breton, incluídos no rol das manifestações do consumo improdutivo dos intelectuais. Rompendo enfim com o ideário histórico-transcendental dos

---

[30] Vincent Descombes, *Le même et l'autre*. Paris: Minuit, 1979, pp. 96-8.

fenomenólogos e demais amigos do vivido e do concreto, os ideólogos franceses voltaram-se finalmente para o programa das vanguardas mas quando o seu horizonte já se fechara fazia tempo. Por isso mesmo, nada poderia ser mais instrutivo do que a comparação entre essa apoteose sem atmosfera — daí a ênfase superlativa que a distingue — e o sóbrio balanço adorniano do envelhecimento do moderno, tanto mais revelador por resultar de uma "teoria estética" de mesmo andamento temático-conceitual que o processo de desestetização da arte por ela refletido desde o seu nascedouro. Isso para não falar no peculiar antivanguardismo de Adorno, mais do que a aversão que podemos imaginar, também um ponto de vista sobre o rescaldo surrealista do pós-estruturalismo, por assim dizer armado *avant la lettre*.

Assim sendo, o que acaba comprometendo pela raiz a bizarra tentativa do habermasiano heterodoxo Axel Honneth de aproximar a teoria foucaultiana do poder da filosofia negativa adorniana é justamente o seu nó mais interessante, a lembrança do fundo de experiência estética subjacente tanto na referência de Horkheimer e Adorno ao "destino do corpo" que obscura porém decisivamente atravessa a "história oculta da Europa", quanto na sua retomada por Foucault. Salvo engano, uma vez concedido que em ambos o foco da reconstrução teórica da experiência moderna é o seu momento estético mais expressivo — a ruptura encarnada pelos vários modernismos artísticos —, não há mesmo termo de comparação entre a memória negativa da alienação a que se reduz, para Adorno, a arte moderna no seu processo de autonomização, e a quase celebração estetizante desse mesmo processo de ossificação na correspondente tradução "teórica" francesa da vanguarda pós-surrealista.

6

Nesse rumo comparativo fora de esquadro, ditado porém pelas idas e vindas desses entrecruzamentos internacionais, não admira que o passo subsequente tenha sido a assimilação da Ideologia Francesa, notadamente na sua configuração pós-estruturalista, ao molde alemão da Dialética da *Aufklärung*, tanto ao quadro propriamente dito do mal superior alemão, quanto aos esquemas expositivos do clássico de Adorno e Horkheimer. Do lado francês, representado pelos atuais adversários do ideário por eles mesmos batizado de Pensamento 68, bem como do lado alemão (ortodoxos e dissidentes da Nova Teoria Crítica e da Nova Hermenêutica), variam, está claro, os respectivos alinhamentos. Sem entrar por enquanto no pormenor, é certo que à imaginação do observador decidido a atinar com a verdadeira índole da Ideologia Francesa acabam falando tão ou mais alto as evoluções de tal coreografia.

Abreviadamente, comecemos pelos alemães, sempre no plano provisório dos diagnósticos gerais. Mesmo fazendo ressalvas, Habermas é direto: na figura do seu principal representante, Michel Foucault, não há nem pode haver "dialética" na crítica totalizante da razão, a que acabou se reduzindo, seja dito de passagem, a Ideologia Francesa no atual achatamento internacional em torno da disputa Racionalidade versus Irracionalismo. Mais exatamente, Foucault tenderia a anular a ambivalente complexidade "dilemática" do processo moderno de racionalização social, a ponto de convertê-lo numa história linear; ou melhor, como em princípio a marcha bifronte da modernidade seria impermeável às categorias das filosofias do Sujeito, das quais Foucault ainda permaneceria prisioneiro malgrado as declarações em contrário, nada mais lhe restaria do que a permanente de-

Tentativa de identificação da Ideologia Francesa

núncia da "inversão irônica" de toda e qualquer perspectiva de dessublimação emancipatória. Mas nesse ininterrupto além de autorreferente *renversement du pour au contre* não residiria justamente a "dialética", privada, é claro, do seu momento afirmativo? Entrevendo a brecha, Habermas passou a louvar a "magistral descrição da bifurcação da razão", a que se resumiriam no seu todo as análises históricas de Foucault, cuja réplica entretanto, como era de se esperar, depois de repudiar a chantagem inibidora de qualquer história contingente da razão, como se fosse impossível uma crítica racional da racionalidade, substitui o ponto nodal, e virtualmente normativo, da interversão por uma bifurcação sem fim, por uma ramificação interminável.

Quanto ao já mencionado Axel Honneth, parece não ter dúvida de que é precisamente essa proliferação que aparenta, por exemplo, *Surveiller et punir* aos fragmentos filosóficos que compõem a *Dialektik der Aufklärung*, estendendo inclusive ao segundo livro as aporias do primeiro. Como as duas teorias, carregando nas tintas sombrias das Luzes, são cegas para o avesso luminoso do mundo totalmente desencantado, no limite não haveria "dialética" nem mesmo em Adorno/Horkheimer. Excesso de zelo iluminista que seu patrono Habermas por certo não subscreveria, como se pode depreender do referido há pouco. Na verdade a sombra de Adorno, enquanto teórico da autodestruição do esclarecimento, paira sobre uma flagrante contrafação. "*Les lumières abusent les masses*", como proclamou certa vez um jovem ideólogo francês: escusado assinalar que esta enormidade não tem absolutamente nada a ver com a apresentação, no livro de Adorno e Horkheimer, da *Aufklärung* em seu estado terminal como um "engodo de massa". Neste caso, as "luzes" que ofuscam as massas são irradiadas pela dessublimação repressiva da cultura produzida em escala industrial; ao passo que, no outro, se trata pura e simplesmente da aclimatação francesa de um clichê neoconservador internacional, segundo o qual crítica em excesso, coisa de intelectual cándidato a *maître-penseur*, redunda em Estado policial. A inexistente Dialética Francesa do Iluminismo seria essa fantasmagoria de intelectual às avessas acerca do vínculo necessário entre Terror e ponto de vista da Totalidade.

Para os atuais defensores franceses da Modernidade redescoberta — em boa parte na esteira dos seus doutrinários alemães e nas condições em que se viu espraiar a nova sensibilidade jurídico-moral dos anos 1980 —, a referida aproximação não vem ao caso, por razões de interpretação mas antes de tudo para fins ostensivamente apologéticos. Assim procedem Luc Ferry e Alain Renaut, salvo engano os únicos a encararem tal possibilidade, mas para descartá-la como um falso álibi. Depois de batizarem, como já mencionado, Pensamento 68 a Ideologia Francesa, reconhecem que o anti-humanismo, transformado em ponto de honra pela inteligência francesa de vanguarda, pode de fato se escorar no inegável desmoronamento das grandes ideologias do progresso, flagradas acobertando as calamidades políticas do século, mas daí a falar-se numa Dialética das Luzes, só mesmo da parte de algum mal-intencionado, no intuito de absolver o famigerado Pensamento 68, atribuindo inclusive a incoerência pragmática dos seus promotores à suposta natureza do processo. Não é que não caiba a comparação, pelo contrário, o recobrimento é até exato demais — aí o problema. Além de falsa, a ideia mesma de uma Dialética da Ilustração é perversa, por lançar uma suspeita sem volta sobre a civilização das sociedades civilizadas etc. Sem dúvida é verdade, mas apenas meia verdade, que a universalidade prometida tomou o aspecto contrário do eurocentrismo e do colonialismo (para não mencionar outras amenidades), que a organização racional da sociedade não exclui o fascismo, o genocídio bem administrado etc. Mas daí a desmoralizar-se a Europa e os valores ocidentais, a ordem democrá-

Tentativa de identificação da Ideologia Francesa

tico-liberal e a vida do espírito, só mesmo, mais uma vez, devido à exterioridade do intelectual à margem do universo democrático, extraterritorialidade resultante de mais uma mascarada gentil, pois não se pode prescindir do oxigênio liberalmente fornecido pelo mundo de que escarnece, sem o qual murcharia o ressentimento que lhe move a crítica etc. etc. No domínio do disparate convenhamos que a proeza não é pequena. Certo ou errado, o reconhecimento e exposição de uma "dialética" inerente ao processo global da *Aufklärung* é tudo menos a expressão de um ponto de vista exterior, no caso, à caluniada ordem esclarecida do Ocidente. Se nela as coisas não são o que são — inclusive e sobretudo a própria Ideologia Burguesa —, trata-se justamente de uma fratura interna que só a crítica imanente pode expor. Isso quanto ao modelo armado por Adorno e Horkheimer, desde os tempos em que o primeiro estudava o congelamento da revolução musical de Schönberg e o segundo o niilismo das massas esclarecidas. Pouco importa. A nova apologética vai enfileirando, na qualidade de capítulos de uma mesma e nefasta "desconstrução da modernidade", o último Heidegger, a Crítica da Razão Instrumental e, agora, a Ideologia Francesa sob o nome de Pensamento 68.

7

Não iremos muito longe por esse caminho. Se existir de fato uma Dialética Francesa do Iluminismo, da qual a Ideologia Francesa seria a um tempo expressão truncada e conforme, a chave para o seu reconhecimento e interpretação deveria ser procurada noutro terreno, aliás local, porém sob o prisma da comparação, como manda o raio de ação mundial do processo. Por enquanto algumas indicações provisórias.

Ainda nesse caso a Alemanha é referência obrigatória, se é verdade que a percepção por assim dizer congênita de um permanente balanceio "dialético" no interior da *Aufklärung* constitui a mais enfática e peculiar elaboração mental da posição em falso de um país marcado pela defasagem histórica — em suma, cujo processo de socialização não seguiu a trilha clássica do desenvolvimento capitalista. Ora, a Dialética do Esclarecimento vem a ser justamente a expressão cultural — da Filosofia ao Classicismo Musical, passando pela formação do pensamento sociológico moderno, sem falar nas hesitações do Realismo Literário — da convivência antinômica de dois sentimentos constitutivos de uma espécie de amálgama raro entre consciência nacional infeliz e êxtase ameaçador de intelectual encasulado. Por um lado, a intuição, nem sempre traduzida em ideias claras e distintas, do elevado preço pago pela modernização acelerada de uma sociedade que entretanto vinha se mantendo a despeito dos antagonismos herdados; por outro lado, a sensação imperativa do progresso necessário a qualquer custo num país "atrasado", sensação tanto mais intensa quanto a barbárie dos setores mais arcaicos da sociedade e da cultura ressaltam ainda mais sobre o fundo de uma racionalização desejável e possível.[31] Daí o permanente pé atrás diante dos Tempos Modernos, da direita jovem-conservadora ao *Kulturpessimismus* de esquerda.

O modernismo reticente da sociologia weberiana do "desencantamento" do mundo também deve ser apanhado por esse ângulo. Sucede que depois de alimentar muita sociologia americana da modernização, depois de ter definido em parte o rumo do marxismo ocidental nos anos 1920, a famosa "gaiola de fer-

---

[31] Acompanhei uma formulação de Habermas. Como poderia ter recorrido a Lukács ou Adorno, pois se trata de um esquema explicativo clássico na crítica alemã materialista.

Tentativa de identificação da Ideologia Francesa

ro" weberiana acabou contagiando a imaginação também ambivalente dos ideólogos franceses. Não por acaso Foucault arrumou um jeito de associar Weber à sua Microfísica do Poder. Ocorre que de fato a obra de Foucault, não obstante as flutuações de um autor excessivamente permeável à conjuntura (no eufemismo empregado por um entrevistador benevolente), pode e deve ser revista por esse prisma histórico. O seu anti-iluminismo às avessas acompanha como uma sombra a reconstituição, recontada tantas vezes quanto foram as maneiras de Foucault, dos ritos de passagem para o mundo moderno. Esse o verdadeiro assunto de Foucault, a transição das sociedades tradicionais para a modernidade capitalista, esquadrinhada porém nas formas através das quais conhecimento e modos de organização social se entrelaçaram, mas de tal sorte que a ênfase da dominação, que especifica a marcha do moderno na sociedade, recai antes de tudo na malha capilar da administração integral, e de modo apenas derivado na luta que se desenrola na esfera das relações de produção. Sabe-se que Foucault negligenciava ostensivamente a dominação de classe, o lugar do Estado no capitalismo moderno etc., mas nunca em função de generalidades ontológicas acerca do Poder (como nos epígonos). Ou por outra, tirava por assim dizer conclusões "abstratas" da transição do tradicional para o moderno na história europeia. Aí sua maior novidade: contrapor à gênese categorial do campo filosófico moderno e seu ideário por ele mesmo batizado de histórico-transcendental uma espécie de fogo de barragem *ultrailuminista*. Assim, em lugar de doutrinas alternativas, a desmoralização pela sondagem institucional do subsolo daquele horizonte carregado de promessas. Quando Foucault embarcou, logo na primeira hora do Estruturalismo militante, no "discurso negativo sobre o Sujeito", estava de fato reabrindo o processo da Modernidade, que na época ainda não atendia por esse nome.

Esquemas da sociologia weberiana da *Aufklärung* — "esclarecimento" em progresso nas formas racionais de organização das burocracias modernas e do agenciamento capitalista do processo de trabalho — transparecem igualmente na ideia foucaultiana de que o Poder não é uma instância negativa mas produtiva, no caso, de domínios objetivos e rituais de verdade. Sabemos enfim no que consiste a "dialética" weberiana da racionalização moderna, apanágio casual do Ocidente, da invenção renascentista da perspectiva pictórica ao sistema tonal na música, passando pela eficiência dos campos de extermínio bem planejados como qualquer empreendimento econômico: como lembrado há pouco, a evaporação do "sentido" e da liberdade num mundo assim emancipado, expurgado dos fantasmas tutelares da tradição.[32] Meio século depois, a percepção francesa dessa "dialética" inverteu a tonalidade da matriz weberiana reencontrada quase por instinto. Igualmente presente, a circunstância catalisadora de um país a seu modo retardatário, projetado com os traumas de praxe no *brave new world* da ordem capitalista internacional, sobretudo depois da falsa brecha de 1968.

Voltemos então ao weberianismo de vanguarda de Foucault porém nas palavras quase inocentes de um crítico americano, que cito por extenso tamanha a capacidade reveladora de seus arroubos futuristas. Depois de fustigar o eclipse pós-moderno, sob o qual "toda uma geração de refugiados dos anos 1960 encontrou um álibi de dimensão histórica e mundial para o sentimento de passividade e desesperança que tomou conta de tantos de nós nos anos 1970", e imaginar uma injeção de ânimo à base de "modernismos do passado" reanimados para este fim, trazendo em consequência novamente à vida o "dinâmico e dialé-

---

[32] Veja-se a notável reconstituição do pensamento weberiano no primeiro volume da *Teoria da Ação Comunicativa* de Jürgen Habermas.

Tentativa de identificação da Ideologia Francesa

tico modernismo do século XIX", Marshall Berman (creio que o leitor já o tinha reconhecido) detém-se por um momento na imagem foucaultiana da modernidade:

> [...] uma interminável, torturante série de variações em torno dos temas weberianos do cárcere de ferro e das inutilidades humanas (*sic*), cujas almas foram moldadas para se adaptar às barras. Foucault está obcecado por prisões, hospitais, asilos, por aquilo que Erving Goffman chamou de instituições totais [...] As totalidades de Foucault absorvem todas as facetas da vida moderna. Ele desenvolve esses temas com obsessiva inflexibilidade e, até mesmo, com filigranas de sadismo, rosqueando suas ideias nos leitores como barras de ferro, apertando em nossa carne cada torneio dialético como mais uma volta do parafuso.[33]

Tirante a indignação bisonha diante do "mais selvagem desrespeito" que Foucault reserva às "pessoas que imaginam ser possível a liberdade para a humanidade moderna" — um verdadeiro desacato, outrora condição do Progresso, hoje efeito *cool* de uma "vanguarda retroversa", como Habermas qualificou a arquitetura pós-moderna exibida na Bienal de Veneza em 1980 —, pois à parte essa miopia de velho-modernista, a observação que se segue atina em parte com o *frisson* adicionado pelos franceses ao virtual porém confortável colapso do projeto moderno. Acompanhando portanto o novo roteiro weberiano de Foucault, "inútil tentar resistir às opressões das injustiças da vida moder-

---

[33] Marshall Berman, *Tudo que é sólido desmancha no ar*. Tradução de Carlos Felipe Moisés e Ana Maria Ioriatti. São Paulo: Companhia das Letras, 1986, p. 33.

na, pois até os novos sonhos de liberdade não fazem senão acrescentar mais elos à cadeia que nos aprisiona; porém, assim que nos damos conta da total futilidade disso tudo, podemos ao menos relaxar". Erro flagrante de personagem na galeria dos ideólogos franceses. Não é inteiramente falso aludir a esse abrandamento da tensão moderna na conclusão foucaultiana de que toda emancipação é uma nova forma de sujeição, mas o referido "relaxamento" — uma espécie de suspiro desafogado em plena alienação — será providência específica dos *désirants*, cifrada na revelação de que a forma-mercadoria generalizada é no fundo um condutor de "intensidades" libidinais.[34] Novamente surrealismo em clima festivo de fim de linha. Nessa vertente torna-se ainda mais flagrante o abismo que separa a velha guarda frankfurtiana da reviravolta afirmativa do pós-estruturalismo, atribuída esta última por Lyotard a uma percepção mais afinada da marcha batida do capitalismo, evidentemente grafado com k: "nous avons sur Adorno l'avantage de vivre dans un kapitalisme plus énergique, plus cynique, moins tragique. Il met tout en représentation".

Mas antes de passarmos à aclimatação cínica da *Aufklärung*, rebatida no seu grau zero dialético, ainda uma observação a respeito do vanguardismo weberiano de Foucault. Não sei se de caso pensado, na sua apresentação de conjunto do pós-modernismo como "lógica cultural do capitalismo avançado", Fredric Jameson não só atribuiu ao pós-estruturalismo americanizado a formação do gênero arrevesado *Theory*, como também retoma, sem no entanto citar, a glosa de Marshall Berman do mote foucaultiano do Superpoder, nos seguintes termos: uma visão como

---

[34] P. Dews, *Logic of Desintegration, op. cit.*, p. 167; Manfred Frank, "The World as Will and Representation: Deleuze's and Guattari's Critic of Capitalism as Schizo-Analysis and Schizo-Discourse", *Telos*, nº 57, 1983.

Tentativa de identificação da Ideologia Francesa

esta, centrada num sistema total absolutamente onipresente, parece ter sido talhada para incutir no leitor um sentimento da mais insanável impotência; com isso, tanto mais ganha o *theorist* quanto mais carrega na imagem da sua máquina infernal, está claro que na exata medida da paralisia do leitor aterrorizado porém sem dúvida siderado de estesias (lembremo-nos da descrição do suplício de Damiens). Costuma-se apresentar o cenário pós-moderno, nele incluída a "teoria" francesa, como um palco iluminado a *néon* sobre o qual se desenrola a coreografia vaporosa de figurantes que teriam deixado para trás a aspiração tipicamente moderna, configurada no ânimo produtivo da alienação, pela vida sem medo. Não é bem assim, se é verossímil a derivação que se acabou de assinalar na origem de um dos estratagemas pós-modernos de anestesia. De fato um caso de "racionalização do estado inquietante da realidade", como disse certa vez Horkheimer noutra circunstância. O efeito retórico produzido pela escrita genealógica de Foucault vem de longe, embora *cool* trai sua filiação jovem-conservadora sobretudo na intenção de produzir calafrios *in vitro*, aliás um propósito especificamente moderno, esse de se tornar "existencialmente desprotegido, assustando-se a si mesmo", na fórmula de Günther Anders. Efeito que os ideólogos franceses pedirão à estilização da retórica tardia das situações-limite. Desabusados e *blasés* por três séculos de esclarecimento, não será sem algum artifício que puxarão uma "transgressão" como outrora seus antepassados alemães, uma "angústia".

8

Ao contrário do que pensam tanto os consternados advogados alemães da causa moderna quanto os americanos deslumbrados como novos-ricos do *boom* desconstrucionista, os ideólogos franceses não são os campeões da contrailustração. Pelo menos desde que se entenda por Iluminismo também aquilo que ele sempre foi, ou melhor, o processo histórico através do qual ele vem se transformando naquilo que de fato é: a irresistível expansão soberana do sujeito sem tutela e sem limites. Não sei de melhor reconhecimento involuntário desse fato do que esta singela tirada de Jacques Bouveresse contra Foucault: "o mais esclarecido [*éclairé*] e avançado pensamento de hoje de fato suprimiu os derradeiros restos de idealismo [*sic*] que poderiam tornar desejável e concebível uma transformação qualquer da realidade social na direção dos ideais humanitários [*sic*] herdados da *Aufklärung*".[35] Deve ser sem dúvida acabrunhante redescobrir que a tão decantada Ilustração (à esquerda e à direita, tanto pelos promotores da ressurreição da Esfera Pública quanto pelos ideólogos do capitalismo pós-industrial) é justamente esse movimento de báscula no seu contrário.

Digamos que a Ideologia Francesa seja um caso terminal de "cinismo ilustrado". Esta última expressão forjou-a seu autor não só no intuito de marcar o encontro da Ilustração com os seus limites, e por aí divertir-se às custas dos bons sentimentos da *Aufklärerei*, mas também no de assinalar a presença descarada do Esclarecimento no seu Outro.[36] Noutras palavras: sobre a "dimensão transgressora" do Sobrinho de Rameau — pois é ele o cínico em questão — não por acaso realçada nas páginas célebres que lhe dedicou Foucault na *História da loucura*, tam-

---

[35] Jacques Bouveresse, *Le philosophe chez les autophages*. Paris: Minuit, 1984, p. 123.

[36] Rubens Rodrigues Torres Filho, *Ensaios de filosofia ilustrada*. São Paulo: Brasiliense, 1987, pp. 53 ss.

bém se reflete a imagem cínico-utilitária dos cálculos libertinos do Marquês de Sade. Desnecessário relembrar o lugar central ocupado pelos escritos de Sade na fantasia especulativa de Bataille, Blanchot, Klossowski etc., isto é, numa das principais fontes da Ideologia Francesa. Também é inútil frisar que era na sua mais trivial acepção que Marshall Berman se referia ao "sadismo" das análises de Foucault, acertando não obstante em cheio no seu núcleo essencial de *pensée éclairée* movida a "torneios dialéticos". De fato, ninguém mais desabusado. Daí o *brìvido d'horrore* com que os alemães acompanharão a volta do pêndulo, do mundo desmitologizado para a barbárie sedutora do mito. Mas para os franceses já se trata apenas de Literatura.

Pode-se sem dúvida dizer, carregando no duplo sentido muito bem dosado do termo, que a Ideologia Francesa nasceu, cresceu e prosperou à sombra do Iluminismo.[37] Na primeira hora do Estruturalismo, o que foi a liquidação da "vivência" dos fenomenólogos senão uma operação assassina de "esclarecimento"? E em cujo sarcasmo era impossível deixar de reconhecer mais de um traço do famigerado *ricanement* de dois séculos atrás. Replicando na época à acusação de "abstração" — ainda pecado mortal no fim de um período que principiara rumando ao "concreto" —, Foucault se comprazia em afetar a reação do homem de ciência diante das efusões sentimentais do Humanismo: "todos esses gritos do coração, todas essas reivindicações da pessoa humana, da existência, são abstratas, quer dizer, separadas do mundo científico e técnico, que, esse sim, é o nosso mundo real". A ciência em questão era evidentemente a de Lévi-Strauss, em particular a maneira pela qual o ponto de vista da

---

[37] Outra fórmula de Rubens Rodrigues Torres Filho (cf. *Ensaios de filosofia ilustrada, op. cit.*, p. 53).

Antropologia Estrutural ia demolindo o "sentido" laboriosamente procurado e reconstruído por um Sartre no deserto moderno, a demonstração de que ele não era mais do que "um efeito de superfície, uma reverberação, uma espuma". Essa a tonalidade ultrailuminista dos anos 1960, bem conhecida porém raramente chamada pelo seu verdadeiro nome. Note-se então que o primeiro Foucault reativou com a maior naturalidade o *détour* característico do Iluminismo histórico, salientado páginas atrás, a saber, passar por estrangeiro em sua própria terra, ao transpor o ponto de vista do etnólogo para o exame — também na acepção ilustrada do termo — do mundo moderno surpreendido no seu nascedouro, transformando assim em língua morta a gramática da modernidade tão encarecida pela atual teoria alemã. Também já mencionei o passo seguinte nessa direção, no rumo do esclarecimento total, as metamorfoses franco-alemãs do sempre enaltecido (pelos ideólogos) *pathos* da distância, dos moralistas franceses seiscentistas até sua reversão pela galáxia Nietzsche de hoje. Podemos precisar um pouco mais agora.

Censurava-se na abstração do Estruturalismo sobretudo a frieza com que congelava o calor da existência concreta etc. Sem dúvida frieza de um espírito analítico que casava bem com o epistemologismo imperante na época, mas igualmente expressão de uma outra paixão predominante naquele tempo em que o rigor ostensivamente alegado dava o tom, no jargão do período, a "paixão pelo Conceito". Essa a verdadeira vocação da inteligência que então se contrapunha à "tepidez mole dos compromissos". Porém uma paixão fria, como costumava dizer Foucault. Aí a novidade, enfatizada pelos próprios protagonistas da temporada que se abria: a reinvenção da *froideur* ilustrada, sem a qual não seria possível falar mal do homem, mas tampouco a constituição de um sujeito sem tutela. Nos primeiros tempos da Ideologia Francesa o novo intelectual precisava apresentar-se como um ser frio e sistemático, e por tabela, um arqui-inimigo da "vida interior" como Sartre poderia então mais facilmente passar por lacrimejante. Frieza de quem calcula e se controla, equilibrando paixões e interesses conforme madrugava o capitalismo, mas igualmente, no outro extremo, frieza de intelectual "desencantado", decapitando sem anestesia toda a aura das significações vividas, cujas raízes Merleau-Ponty, este sim adversário confesso da Ilustração, das suas platitudes e venenos, porfiava por desentranhar das dobras do corpo próprio, na gama incomensurável das expressões do "metafísico no homem". Além do mais, um gelo de vanguarda, conforme ficou sugerido acima. O achado reside na transgressão *à froid*. Não havendo mais nada a profanar — como reconhecia Foucault dando um balanço na herança de Bataille — inaugurava-se outro ritual, o da transgressão sem conteúdo, por isso mesmo mais cintilante na forma vazia da sua própria ausência etc. Um mosaico de fórmulas que aos poucos irão definindo a Literatura, assim mesmo com maiúscula e sem nenhum outro qualificativo que lhe comprometa a pureza do gesto radical e instituinte.

Por enquanto apenas o registro de que a redescoberta da *froideur* iluminista pela Ideologia Francesa é indissociável da trajetória da vanguarda literária pós-surrealista.[38] Uma *vanguarda branca* no coração da Dialética Francesa do Iluminismo, cujo diagrama é justamente essa alternância espiralada de esclarecimento sem resto e transgressão estetizante. Amaciado por uma conjuntura de amolecimento, ainda um espasmo do modernismo histórico. Com o tempo e a travessia do Atlântico, acabaria desempenhando dois papéis para os quais não havia

---

[38] Como foi observado de passagem por Axel Honneth, "Foucault et Adorno", *Critique*, nº 471-472, 1986, pp. 802-3.

ensaiado: espantalho *pop* a serviço da chantagem neoilustrada e ideologia do "pós-moderno". É verdade que nesse meio-tempo a França pós-1968, mais uma vez na sua carreira de modernizações abortadas, promovia uma nova arrancada na tentativa de ser moderna.

Ideologia Francesa, opinião brasileira: um esquema

Imaginemos reconstituído o sistema internacional da Ideologia Francesa nas suas diversas metamorfoses, acrescida da curiosa consolidação de sua influência num momento de inegável agonia na matriz. Podemos igualmente conjecturar que sua identidade se revele quem sabe com maior nitidez, para variar, nos elos mais fracos do sistema. Uma câmara de decantação na periferia poderia fornecer talvez o crivo mais conveniente para o observador interessado também em opinar.

1

Explico-me evocando um drama familiar. Nos idos de 1960, quando o primeiro capítulo estruturalista da Ideologia Francesa andava a todo vapor, utilizávamos muito uma Antologia portuguesa de textos teóricos dos maiorais franceses do momento. Mal iniciada a Apresentação do volume, seu autor, Eduardo Prado Coelho, baixando a guarda por um breve instante de abandono, esbarra nos velhos fantasmas do "reino cadaveroso", na expressão predileta de Antonio Sérgio: pressentimentos ambivalentes de irrelevância, tingidos por impulsos de abrangência máxima, contribuindo o conjunto, a cada mudança internacional de fuso ideológico, para agravar ainda mais o perene mal-estar em que vive o intelectual português, "entalado entre falsas opções e diálogos imaginários". Síndrome que voltava então a se manifestar graças à "vaga de desorientação, de ingenuidade e histerismo" que parecia acompanhar a chegada da maré estruturalista a Portugal — como outrora, pela ferrovia recém-inaugurada que cortava a Península, desembarcavam em Coimbra, descendo da França, "torrentes de coisas novas, ideias, sistemas, estéticas, formas, sentimentos, interesses humanitários", nas palavras de Eça de Queirós, sempre lembradas entre nós desde os tempos de Paulo Prado. No centro nervoso desses sintomas reavivados por novo bando de ideias novas, o falso dilema de sempre: desprovincianizar-se tomando carona e aprofundar, dando mais uma volta ao parafuso, o "mal superior português", como dizia Fernando Pessoa, ou dar as costas ao frenesi internacional, correndo o risco de ficar mesmo para trás, encalhado na modorra local? Nas palavras de nosso Autor: "será provinciano participarmos no debate estruturalista como se fôssemos os seus inspiradores ou condutores, mas não o será menos se nos excluirmos dele para assim afirmarmos a nossa firmeza e maturidade intelectuais". Como a pura e simples recusa não trouxesse a ninguém originalidade e atualização, um espírito bem formado não poderia hesitar, até porque, alegava o Autor, desconfiar do caráter frívolo e leviano da moda, cuja impregnação pelo estruturalismo parisiense denunciavam os espíritos graves, não seria trair um apego muito suspeito ao "valor de certas essências, de princípios eternos, de razões absolutas?".[1] Embora inepto, um álibi a não se desdenhar sob o fogo da chantagem acadêmica, aliás resíduos de importações passadas. O leitor portu-

---

[1] Eduardo Prado Coelho (org.), *Estruturalismo: antologia de textos teóricos.* Lisboa: Portugália, 1967.

guês era assim convidado a aderir sem remorsos ao novo sistema explicativo universal, confiando em que a próxima revoada de ideias não trouxesse de volta o velho drama da consciência nacional.

Um drama familiar, como se há de reconhecer. A menos que queira se iludir — como os espíritos bem envernizados que brilham sem atmosfera nos confins do subdesenvolvimento —, qualquer intelectual brasileiro sabe que vive mais ou menos entalado como seu confrade português. As teorias continuarão vindo de fora, pelo menos até segunda ordem e a depender de razões que na sua maioria independem do esforço de cada um. Foi assim com o Estruturalismo, como tinha sido antes com a Fenomenologia e o Existencialismo, aconteceu com as figuras da Nova Retórica Francesa e voltará a ocorrer (como de fato está ocorrendo) com o Neo-humanismo franco-alemão em disputa com o derradeiro e confuso avatar "pós-moderno" da Ideologia Francesa americanizada.

O que fazer? No que concerne a este último conflito, parece que estamos voltando, tal a força da tradição, e mais particularmente, do nosso incurável vezo de arbitrar *tête-à-tête* de gigantes, aos tempos de Silvio Romero, aos tempos em que púnhamos em campo — o nosso — Doutrina contra Doutrina: aos poucos vão se recompondo as duas escolas, a teuto-sergipana em batalha campal com a galo-fluminense. Tal combate de doutrinas, convenhamos que não podemos glosá-lo impunemente, como se tivéssemos nascido dentro delas, tampouco descartá-las sem mais, afinal somos parte e vítima do processo mundial sobre o qual elas deslizam. Seja como for, uma opinião razoavelmente consistente, exigida pela própria internacionalização, por certo desigual, da vida ideológica, não pode perder de vista as pontas desse dilema clássico da dependência cultural. Quero dizer com isto que se desejarmos de fato atinar com a índole original da Ideologia Francesa e opinar em consequência sobre uma linha evolutiva por assim dizer multinacional — conforme a maior ou menor densidade ou tenuidade cultural do país envolvido, avivando muita brasa dormida ou guilhotinando problemas em vias de formulação —, que em parte está se esgotando, em parte está rasgando a antiga fantasia e mudando de "paradigma" sem perder entretanto o gosto pelo topete vanguardista de outros tempos (podemos pensar a propósito no magma em que entra um pouco de desconstrucionismo *new look*, o ciclo pós-*désirant* de Lyotard, a transpolítica de Baudrillard, o efêmero de Lipovetsky, e assim por diante, até a liquefação final no chamado *culturel*), precisamos consultar e tomar pé na experiência básica de todo intelectual brasileiro, revertendo a nosso favor, se possível, as principais desvantagens do "atraso". Ou seja, neste como noutros casos, será sempre mais indicado entrar pela porta dos fundos.

2

Recapitulando o mal-estar de várias gerações, Roberto Schwarz observou certa vez, sem a menor intenção nativista, antes pelo contrário, que todo intelectual brasileiro sabe que passa a vida às voltas com ideias e teorias cujos pressupostos não se encontram entre nós ou, pelo menos, encontram-se significativamente alterados. Sem falar na permanente sensação de desconforto, não são poucos os constrangimentos de toda ordem que se seguem dessa ausência de vínculo orgânico entre nossas circunvoluções mentais e o conjunto da vida nacional. Mais ou menos como nos tempos de Nabuco, os dados imediatos da experiência andam por aqui enquanto nossa imaginação passeia pela Europa. De desajuste em desajuste acabamos condenados ao comparatismo, como lembrado ainda pelo mesmo Roberto Schwarz, em cujos esquemas explicativos estou me apoiando amplamente. Não há nisto compulsão provinciana, até porque o cotejo em permanência nos é sistematicamente desfavorável, mas fatalidade imposta pelo lugar periférico ocupado pelo país no inexistente concerto das nações civilizadas. Nestas circunstâncias, o termo de comparação fundamental, a norma europeia que não podemos sequer fingir ignorar, vem a ser a forma clássica que tomou a civilização burguesa nos países centrais, a qual, se dela não discrepamos no essencial, flagrantemente infringimos a todo momento, embora sejamos uma invenção moderna do capital comercial que nos colonizou. No que portanto respeita à marcha das ideias, não podemos desconhecer as razões dos sobressaltos europeus se quisermos compreender o comportamento excêntrico do similar local, ao passo que, em princípio, nosso confrade metropolitano não carece de estar a par do que se passa na periferia para estar à altura do que ocorre no centro.

Mal comparando, jamais ocorreria a um cidadão europeu ou americano do norte uma insensata tentativa de identificação da Ideologia Francesa como a ensaiada no estudo precedente. Ou melhor, pelo menos até algum tempo atrás um tal despropósito não viria ao caso. Não faz muito, pouco mais de uma década se tanto, o pós-estruturalismo foi apresentado a Habermas. Hoje já não se pode mais fazer um balanço do pensamento alemão moderno sem se levar em conta a presença francesa no panorama local, por certo incômoda, pois representa um entrave paradoxal no esforço de ocidentalização da cultura alemã: ao atalhar o passo histórico na direção da *Aufklärung*, que na Alemanha sempre esteve em minoria, na contramão progressista, vinha reforçar os retardatários do jovem-conservadorismo da casa. Além do mais também virou matéria de reflexão sobre a marcha local das ideias perguntar por exemplo pelos motivos do maior sucesso americano da Desconstrução francesa se comparado à sua atual carreira alemã. Uma presença com lances à brasileira, a julgar por uma dissertação curiosamente citada por Habermas como exemplo de uso não mimético das ideias pós-estruturalistas, por se vincularem à tradição nacional no intuito de modificá-la por dentro, em que o autor "utiliza argumentos de Derrida para fazer uma leitura da estética de Adorno".[2] Com perdão da má palavra, só vendo. Está claro que a importação de ideias nunca foi parte decisiva do processo cultural alemão, como sucede no Brasil. Mesmo nos tempos em que a "miséria alemã" deprimia a inteligência do país e suscitava todo tipo de fantasias compensatórias, não se poderia equiparar os efeitos ideológicos da "via prussiana" para o capitalismo moderno aos enxertos devidos ao nosso reboquismo colonial. Todavia, sem embargo da lógica cultural mais consequente, também sobram por lá casos famosos de desajuste, da Economia Política inglesa ao Naturalismo francês. — Se passarmos à Itália filosófica, estaremos um pouco mais próximos do Brasil, no que se refere à presença francesa. O complexo de origem é de feitio alemão, a mesma Revolução Burguesa recolhida, acrescida da sensação de que a vida do espírito encontra-se mais ou menos suspensa no ar desde os tempos heroicos do Humanismo. Isto quanto ao panorama de fundo. No pós-guerra velhos sintomas conheceram uma nova floração empurrados pelo imperativo da atualização a todo vapor depois da derrapagem fascista, uma aculturação rápida e desordenada, ao longo da qual definharam formulações originais da cultura antifascista autóctone. Análogo ao *boom* dos anos

---

[2] Jürgen Habermas, "Teses sobre o pensamento alemão", transcrito de um número de abril de 1989 do jornal *Frankfurter Rundschau* pela *Folha de S. Paulo* (29/07/1989), com tradução de Márcio Suzuki.

1960, um "milagre" cultural vistoso, animado porém pelo fundo falso do intelectual italiano padrão, mesmo diplomado e politizado, que, perseguido pelo complexo de não estar suficientemente *up to date*, "tornou-se rapidamente o mais informado da Europa, o que mais consumia e menos produzia".[3] Depois do sarampão existencialista, pelo menos literariamente produtivo, o circuito universitário encarregou-se de reverter a maré em favor do Estruturalismo. Seguiram-se os demais capítulos na ordem conhecida. Esse o quadro a partir do qual estudar, por exemplo, a derradeira variante italiana da Ideologia Francesa, o assim chamado com muita propriedade pelos seus principais próceres *pensiero debole*, cujo interesse reside por certo unicamente no fato de também fazer figuração na ciranda internacional dos "paradigmas" revogados.

Sucede então que, por razões não muito nobilitadoras, em matéria de convivência com a Ideologia Francesa temos longa precedência e algum *know how* no capítulo, até para exportação. Em suma, o comparatismo generalizou-se, tornando-se obrigatório mas por motivos que não têm mais nada a ver com o complexo que nos tornava peritos em razões comparativas e hoje parecem colocar ao nosso alcance pelo menos uma atmosfera de maioridade relativa. Assim, quem quiser entender o enorme girar em falso da Ideologia Francesa internacionalizada precisará sobrevoar elos fortes e fracos de uma corrente ao longo de cuja expansão os imperativos do desenvolvimento desigual foram introduzindo uma linha de ponta do *culturel* no sistema mundial de trocas.

---

[3] Alessandra Fontana, "Le compromis culturel" (*Magazine Littéraire*, jan. 1987), em cujo breve panorama da influência cultural francesa no pós-guerra italiano me apoio em parte.

Completemos a recapitulação da experiência cultural básica em sociedades mal acabadas[4] como a nossa. — Todo intelectual brasileiro razoavelmente atento às idiossincrasias de uma ordem social que lhe rouba o fôlego especulativo também sabe o quanto pesa a ausência de linhas evolutivas mais ou menos contínuas a que se costuma dar o nome de *formação*. Trata-se de uma obsessão nacional que se manifesta já na proliferação dos títulos aparentados na ensaística de explicação do país: *Formação econômica do Brasil, Formação do Brasil contemporâneo, Formação histórica do Brasil, Formação política do Brasil, Formação da literatura brasileira* etc. São ensaios que procuram registrar tendências reais na sociedade, sem embargo da atrofia congênita que teima em abortá-las, embora traduzam no mais das vezes sobretudo o propósito coletivo de dotar o meio amorfo de uma espinha moderna que o sustenha. Uma noção portanto de inegável cunho normativo, ditada igualmente pelo ideal europeu de civilização integrada, norma que sempre nos serviu de norte e ideal, subjacente ao vezo comparativo sublinhado acima.

Ao tratar da questão particular da literatura, Antonio Candido deu forma clássica ao problema no que concerne ao estudo da evolução de conjunto da cultura brasileira. Não só por méritos próprios de percepção do nó histórico envolvido no assunto, mas também por razões objetivas por ele mesmo formuladas, a saber, a função de princípio organizativo central exercida pela experiência literária enquanto instrumento de revelação e conhecimento do país. Assim, onde os surtos inconclusivos foram a regra, anulando muito esforço intelectual acumulado, o ciclo formativo excepcionalmente completado passa a ser prenúncio da dependência ultrapassada, graças ao surgimento de uma cau-

---

[4] Se não me engano, a fórmula é do tradutor brasileiro de V. S. Naipaul, Paulo Henriques Britto.

Ideologia Francesa, opinião brasileira

salidade ou seriação internas acelerando o processo de maturação do mencionado sistema cultural, momento em que o inevitável influxo externo passa a ser incorporado com a devida sobriedade, contenção produtiva na medida em que vai formalizando as razões (internacionais) do descompasso. Foi assim com a literatura a partir de Machado de Assis, quando passou então a funcionar de fato no Brasil algo como um sistema literário relativamente autossustentado.

Isso posto, estão dadas as coordenadas para se avaliarem os trinta anos de presença da Ideologia Francesa no país, desde as primeiras implicâncias com o Sujeito nos tempos da alegada Revolução Estrutural, até o momento em que descobrimos no Brasil a verdadeira pátria da Desconstrução. De um lado ciclos evolutivos em formação, patentes ou a serem identificados; do outro, as linhas de menor resistência no interior deles mesmos, e sobretudo a terra de ninguém do veleitarismo cultural, das marés sem represamento ou escoadouro constituídos. E isto tanto no plano da cultura viva quanto no do seu comentário crítico, esgalhando-se este último por seu turno, seja no âmbito da cultura dita livre, seja nos domínios especializados da cultura universitária. Voltemos a insistir que são linhas que convergem para a constituição de um sistema da cultura brasileira, por certo sempre insegura de si mesma. Ora, a Ideologia Francesa, variando a temporada e o corte conforme o nível de maturação e consistência do setor concernido, passou a gravitar na órbita da glosa "teorizante" exigida pela reprodução sincopada do referido sistema. Não surpreende então que o seu principal foco de irradiação, ao contrário do surto existencialista anterior, nele compreendida, com maior razão, a fase marxizante e terceiro-mundista, tenha sido a Universidade. E que a resistência, ou pelo menos a recepção mais circunspecta, venha naturalmente das esferas já formadas.

3

Alguns exemplos — Se fosse desejável encerrar a questão logo de saída, citaria rapidamente um caso definitivo, aliás recente. Não faz muito publicou-se uma plaquete em que se condenava a *Formação da literatura brasileira*, estudada em seus "momentos decisivos" por Antonio Candido, por vício de Logocentrismo e outras "clausuras" metafísicas igualmente impatrióticas.[5] Tirante o grotesco da objeção, tanto mais provinciana por alardear circunvoluções planetárias, seria o caso de se inverterem os termos do confronto (pelas razões que se acabou de evocar) e mostrar como o raio de ação aparentemente local do raciocínio de Antonio Candido põe a Desconstrução e Cia. no seu devido lugar. Com a ressalva de que ficaria por decidir se o fundo falso assim revelado é mesmo próprio do original francês (ou americano), facilitando a vida do crítico ao ser traído pelo zelo do correligionário brasileiro, ou se deve apenas a mais um exemplo, nada criativo desta vez, de nossa tradicional incompetência em copiar. Mas este é exatamente o nosso problema.

E o que vale para a formação da literatura — como lembrado, fenômeno central na vida mental do país — vale *a fortiori* para as outras regiões da experiência cultural envolvida mais diretamente na elaboração da imagem do país em construção. Enumero um pouco ao acaso, esperando interessar o especialista.

Voltando à experiência literária nos termos definidos acima, podemos igualmente conjecturar que um balanço estudio-

---

[5] Haroldo de Campos, *O sequestro do barroco na* Formação da literatura brasileira: *o caso Gregório de Mattos*. Salvador: Fundação Casa de Jorge Amado, 1989.

so, e bem armado de esquemas comparativos, da Crítica Literária de Silvio Romero, José Veríssimo, Araripe etc., a Antonio Candido, seria a melhor maneira para um observador brasileiro, cercado de todos os lados de "teoria" francesa desde que nasceu, abordar justamente o real significado da inflexão que na metrópole desbancou não apenas a erudição de Lanson a Picard, mas o golpe de vista insuperável de um Thibaudet, entronizando a Nouvelle Critique, com todas as suas fantasias "escriturais", sem precisar se valer exclusivamente do descarrilamento pós-1964 dos "teóricos" locais.

Veja-se o caso da música, que refiro de trás para a frente. Durante algum tempo lá pelos idos de 1970, a Nova Crítica Musical — não por acaso vinda da universidade — andou meio perdida, em razoável medida porque a melhor estética musical contemporânea, a de Adorno, por mais voltas que se lhe desse, não se adaptava à irrelevância estético-social das manifestações avulsas de nossa música erudita, nem ajudava a penetrar a couraça fetichista — presumida por definição — de nossa música dita popular porém industrializada. Finalmente um musicólogo, estudioso de Mário de Andrade e crítico literário formado na escola de Antonio Candido, atinou com o nó da questão: que seria preciso levar em conta a principal característica da prática musical brasileira, a saber, que "no Brasil a música erudita nunca chegou a formar um sistema onde autores, obras e público entrassem numa relação de certa correspondência e reciprocidade; lamente-se ou não esse fato, o uso mais forte da música no Brasil nunca foi estético-contemplativo".[6] Passemos então —

---

[6] José Miguel Wisnik, "O minuto e o milênio", in Adauto Novaes (org.), *Anos 70: música popular*. Rio de Janeiro: Europa, 1979/1980, pp. 12-3. Atualmente em José Miguel Wisnik, *Sem receita: ensaios e canções*. São Paulo: Publifolha, 2004.

concluía o Autor — aos momentos decisivos na formação do sistema musical popular brasileiro e ao seu complexo funcionamento atual. O que torna muito mais picante a legítima curiosidade pelos motivos da debandada que se seguiu na direção da Ideologia Francesa, em princípio para dar conta e superior dignidade a essa anomalia nacional, amálgama de marioandradismo e pós-estruturalismo que nos devolvia enfim aos postos mais avançados na corrida mundial do Som.

Ainda dois exemplos no âmbito da formação da "imagem" do país e do repertório de conceitos e problemas correspondentes.

Quem tiver apetite para estudar e opinar sobre a anexação da crítica cinematográfica francesa pelos Ideólogos, do vírus semiótico dos anos 1960 aos atuais "retóricos" do simulacro e da profundidade abafada pela avalanche "hiper-real", passando pelas intensidades libidinais da velha-guarda deleuziana, se não quiser glosar a seco o original francês ou polemizar em abstrato com o similar nacional, encontrará um ponto de vista por assim dizer natural acompanhando, e comparando, a trajetória do cinema brasileiro no subdesenvolvimento traçada pelo amigo brasileiro de André Bazin, Paulo Emílio Salles Gomes. Até mesmo se o intuito for de um inventário das fontes por assim dizer terceiro-mundistas do Novo Cinema Alemão, será fatal por essa via oblíqua o confronto com a fraseologia francesa sobre o colapso da modernidade — aliás, para variar, depois de cortar caminho pelos Estados Unidos, o Wim Wenders que chega ao Brasil já vem com legendas em francês.

Idem para a teoria e a crítica de artes plásticas na França, um caso verdadeiramente singular. Salvo engano, trata-se de um sucesso único no panorama europeu, um caso original de filosofia aplicada. Como se sabe, Alemanha, Itália e, em grau menor, Inglaterra, conheceram, desde meados do século passado,

Ideologia Francesa, opinião brasileira

grandes sistemas de interpretação da evolução histórica das artes
visuais, das teorias historicistas do estilo e sua periodização, da
Iconologia à erudição historiográfica, passando pela tradição crítica dos grandes *connaisseurs*, sistemas e teorias renovados periodicamente por incorporação de conhecimentos da Psicologia da
Forma ou da Antropologia Cultural; quanto ao pano de fundo
filosófico, concernia apenas à *scholarship* dos eruditos em questão e no geral se atinha ao neokantismo em vigor nas universidades, como atestam, por exemplo, os vínculos entre a Escola de
Warburg e Cassirer. Mas nada que se assemelhe a algo como
uma intervenção filosófica de atualidade nesse domínio reserva-
díssimo, mesmo depois de sancionado pelo exercício de metafísica *kitsch* a que se entregou Heidegger a propósito dos sapatos
camponeses de Van Gogh. Na França, onde evidentemente não
faltaram historiadores sistemáticos e peritos, a tônica recaiu no
entanto no golpe de vista do folhetim e no raciocínio moderno
que lhe dá o nervo, uma atividade crítica sem paralelo cuja razão
de ser confunde-se com o fato de ter sido francesa a invenção da
pintura moderna, como se sabe um movimento ininterrupto de-
flagrado pela Revolução Impressionista até ser desbancado depois da Guerra pela Escola de Nova York e o *pop* dos anos 1960.
Um gênero autônomo exercido por profissionais aos quais vieram se juntar com regularidade os escritores, de Zola a Malraux.
Deu-se então no pós-guerra o fato novo que nos interessa: a aclimatação francesa da Fenomenologia alemã, abrindo o leque dos
assuntos filosóficos autorizados, incluiu entre estes a progressiva
cristalização de uma prosa até então inédita sobre o fenômeno
pictórico, entre a crítica de atualidade, a recapitulação histórica
e sobretudo a meditação sobre a gênese categorial da arte moderna enquanto tal. Um capítulo obrigatório da filosofia francesa contemporânea. Desde os tempos de Sartre e Merleau-Ponty
não há filósofo, maior ou menor, que cedo ou tarde não acres-

cente aos seus escritos uma incursão original nesse domínio, aos poucos soterrado por um aluvião terminológico estendendo-se do tratado teórico ao rodapé de jornal, contaminando sobretudo as apresentações de catálogo de galeria. Uma leitura sistemática desses prefácios encomendados por artistas e *marchands* mostraria uma espécie de mutação contínua do jargão, geralmente à revelia da obra comentada, das aporias fenomenológicas da percepção da profundidade ou do gesto gratuito, à mescla atual de neominimalismo e desconstrução, depois de passar por um período mais ou menos prolongado de meditação obrigatória sobre a famigerada crise da Representação — noutras palavras, uma história abreviada da filosofia francesa contemporânea. Consumada a desgraça em que caiu a Interrogação merleaupontiana sobre a pintura como Pensamento, "filosofia figurada da visão" etc., os trinta anos de Ideologia Francesa que se seguiram foram também três décadas de pintura posta *em frase*. Por aí voltamos ao nosso problema, pois é desnecessário lembrar o quanto tem sido intensa a presença francesa no gênero correspondente entre nós, verdade que ultimamente temperada pela ascendência de alguns teóricos da Escola de Nova York, para não falar no retorno americano da Desconstrução. Em suma, por esse atalho encontramo-nos no coração das sucessivas metamorfoses da Ideologia Francesa, cujas razões metropolitanas raramente correspondem às da periferia, e vice-versa.

Mais uma vez então: por que não estudá-las, umas e outras, em conjunto e comparativamente, mas do ângulo em que se *formou* o sistema moderno das artes plásticas no Brasil? A partir do momento em que a arte moderna se impôs definitivamente entre nós, configurou-se uma constelação capital: ao contrário do que ocorrera com a rotina acadêmica anterior, diretamente vinculada à técnica de estufa dos Mestres, sem tempo nem rumo, formou-se pela primeira vez um sistema de obras (ainda que o "estilo" moderno viesse de fora, como sempre), artistas, público e intelectuais referidos em conjunto ao seu passado imediato, ele mesmo anúncio de um projeto de interpretação plástica da vida cultural em vias de se constituir no país. Sem a formação desse sistema[7] o gênero de que falávamos teria o fôlego curto de um mero episódio retórico, e só a gravitação de conjunto de ambos facultaria o juízo duplo sobre a Ideologia Francesa da Representação Plástica em Crise e o similar brasileiro.

Os sintomas são obviamente mais agudos no âmbito clássico do ensaio de explicação do Brasil. Por isso mesmo serei ainda mais breve, limitando-me a um único exemplo para dar corpo à sugestão. Refiro-me à nossa historiografia, mais exatamente aos estudos sobre o sentido da colonização e o que daí se segue para a compreensão da formação do Brasil contemporâneo, de Caio Prado Jr. a Fernando Novais. Se quisermos evitar a terra de ninguém das questões de método, ou a glosa de segunda mão sobre matéria histórica a cujas fontes primárias não temos acesso real, isto é, culturalmente significativo, não vejo melhor posto de observação do que os conhecimentos acumulados ao longo daquela linha evolutiva, inclusive em termos de raciocínio histórico globalizante, a partir do qual opinar sobre as evoluções de um dos ramos mais prósperos da atual literatura francesa de ideias, a Nova História, para a qual aquela abordagem clássica vem perdendo terreno ultimamente, para não falar em prestígio. Um nó com dupla laçada, pelo cotejo local entre uma tradição moderna que ainda não soube se renovar e o quase pitoresco dos novos objetos, mas também porque na própria metrópole nem

---

[7] Até onde posso saber, assinalada pela primeira vez mais ou menos nestes termos por Carlos Zilio, em *A querela do Brasil: a questão da identidade da arte brasileira. A obra de Tarsila, Di Cavalcanti e Portinari. 1922-1945* (Rio de Janeiro: Funarte, 1982).

Paulo Eduardo Arantes

sempre é possível distinguir a invenção ditada pelo conhecimento novo, a resposta ao atual clima de opinião que favorece a nova narrativa, a reconstituição de mentalidade, o objeto simplesmente exótico e se possível impalpável etc., e a extrapolação ostensivamente "ideológica" (acepção francesa) cuja ênfase recai de preferência sobre a variante nominalista do relativismo aprendido com os antropólogos. Mais um passo e depararíamos com o verdadeiro imbróglio envolvendo a mudança de "paradigma" operada *in extremis* por veteranos da Ideologia Francesa, as mil faces da Nouvelle Histoire e a modificação das relações com o passado promovida pela sensibilidade dos anos 1980, em princípio diametralmente oposta à *tabula rasa* modernista.

A este capítulo está evidentemente ligada a presença brasileira de Foucault, a quem se atribui uma revolução na ciência da história. Mas quando se recorda Foucault no Brasil, não se pode esquecer que a ele se deve também uma espécie de mimetismo desbravador, em especial de arquivos até então inexplorados pelos historiadores formados na escola de nossa tradição moderna. Pensemos nos documentos de fato notáveis esquadrinhados pelos que iniciaram, por exemplo, o estudo das origens da Medicina Social no Brasil, da Psiquiatria, das Prisões e demais instituições normalizadoras etc. Interessa entretanto notar como o nosso problema retorna pela outra janela: esses estudos ainda dão a impressão de coisa traduzida do francês, e se não fosse pelos sonoros nomes portugueses que lhes emprestam certa graça não planejada ninguém perceberia que se trata de instituições brasileiras, com *panopticum* e tudo.[8]

---

[8] Laura Vergueiro, "Presença foucaultiana", *Discurso*, nº 10, 1979.

4

Ainda no plano das generalidades de diagnóstico, é fácil ver que a Ideologia Francesa, mais do que tudo, não escapou à costumeira barafunda cultural de uma ex-colônia. Reconsidere-se de passagem o caso muito estudado do Tropicalismo. Ao entrar em cena, percebeu-se que utilizava procedimentos do *pop* americano, que estilizava a supracitada barafunda graças a procedimentos que iam da técnica alegórica das vanguardas à piada desenvolvida por nossos poetas modernistas, para não falar da sanção suplementar que lhes vinha da leitura arrevesada que os concretos faziam da Antropofagia de Oswald de Andrade. Quando principiou a definhar, sobrevivendo na forma do assim chamado pós-tropicalismo, sobreveio a Ideologia Francesa, a bem dizer em estado quimicamente puro, e que com ele acabou se confundindo, seja na forma gestual da nova sensibilidade, ou mais caracteristicamente na fraseologia da Curtição, encorpada pela versão francesa de Bakhtin, que nesse tempo chegara ao país do carnaval. — Não será demais presumir desde já, para mencionar outro exemplo muito conhecido porém pouco estudado, que as peripécias do Lacanismo brasileiro também devem se encaixar muito bem na referida barafunda colonial.

A hegemonia brasileira da Ideologia Francesa demandará sem dúvida explicação caso a caso, mas já dá para perceber que ela se impôs tanto mais enfaticamente sempre que contribuiu, como outrora o Positivismo de Auguste Comte, para aliviar nosso complexo colonial. Foi o caso, por exemplo, das quebras de hierarquia patrocinadas pela Desconstrução, algo semelhante apenas na forma — sendo nulo o resultado — ao "desrecalque localista" acionado pelo Modernismo. Se não passávamos de cópia a modelo, pois esses pares antitéticos se desmancharam no ar junto com a metafísica abstrusa de que procediam, estávamos todos no mesmo barco da transgressão cultural em permanência, porém de quebra ficava desacreditado como retrocesso "nacionalista" qualquer inventário de conflitos locais que comprometesse a universalidade ultramoderna da transgressão, televisão incluída.[9] — Também foi nessa direção a consagração francesa do *boom* literário hispano-americano, a ponto de Borges, como é sabido, tornar-se uma das principais referências na constituição da Ideologia Francesa, refluindo naturalmente sobre a própria compreensão local do escritor. A técnica borgiana do "discurso segundo", entronizada pela Ideologia Francesa, acabaria absolvendo em triunfo um país de plagiários natos.

O fato — variando livremente uma última observação de Roberto Schwarz — é que a bancarrota da tradição cultural europeia, em que a continuidade e a consequência social sempre foram a norma, pela qual aliás suspirávamos, bancarrota abundantemente ilustrada pela volubilidade dos ideólogos franceses, verdade que remotamente desencadeada pela fronda modernista das vanguardas históricas, acabou trazendo para o primeiro plano, na forma "barroca" da inconsistência programada depois de se experimentar de "tudo", a opinião lábil do decalque nacional. Um rebaixamento internacional que nos dará voz no capítulo?

Ainda que soubesse, não adiantaria nenhum palpite, no quadro provisório desta Nota de sobrevoo, acerca da revelação reservada ao observador plantado na periferia concernente ao real significado da Ideologia Francesa, expandida entrementes num verdadeiro sistema internacional que parece reinar por toda parte, porém morto. — Mas não gostaria de encerrar esta tentativa panorâmica sem referir uma circunstância específica,

---

[9] Roberto Schwarz, "Nacional por subtração", in *Que horas são?* São Paulo: Companhia das Letras, 1987, p. 35.

Ideologia Francesa, opinião brasileira

parte de uma outra crônica das ideias francesas no Brasil e cujo desenrolar é responsável justamente pela *formação* do ponto de vista talvez o mais diretamente interessado no estabelecimento da mencionada identidade ideológica.

Sucede que, na pessoa do seu principal representante, a Ideologia Francesa estreou na rua Maria Antônia em outubro de 1965 quando, num ciclo memorável de conferências, Michel Foucault expôs, a uma plateia tomada pelos mais desencontrados sentimentos, *Les mots et les choses*, cujos originais estava revendo e no ano seguinte o editor Gallimard publicaria com a repercussão que se conhece. Era a primeira vez que vinha ao Brasil, a convite do Departamento de Filosofia da Universidade de São Paulo, por sugestão de seu antigo aluno Gérard Lebrun. Pouco sabíamos da sua obra anterior. Mas diante daquela demolição em regra do passado recente da filosofia francesa, percebíamos que se tratava ainda e sempre de Estruturalismo — cuja menção entretanto Foucault evitava cuidadosamente —, ao qual aquela futura Suma, colocando-o em perspectiva, vinha dar estatuto de fase clássica a ser retomada em outra chave. Faltava identificar o ciclo que ali se inaugurava na forma de uma teoria de conjunto do novo radicalismo da cultura francesa de ponta.

A estreia se deu porém num verdadeiro Departamento Francês de Ultramar, o que mudava quase tudo. O passado acadêmico do Manifesto Anti-Humanista que nos fora apresentado deixava todo mundo mais ou menos em casa. A ruptura em questão de fato reatava com uma tradição sob cuja disciplina nos formáramos, a filosofia universitária francesa, compreensivelmente relegada à sua verdadeira dimensão durante os Anos Sartre. Era o caso, por exemplo, do retorno triunfante da Epistemologia, da qual a Arqueologia das Ciências Humanas instituída por Foucault vinha a ser no fundo uma nova denominação, para não falar ainda nos laços de família que uniam o Método

Estrutural em História da Filosofia — técnica filológica aprendida com os professores franceses e verdadeiro ponto de honra da casa — à ideologia da descontinuidade a todo custo, consagrada pela nova fraseologia francesa. Era portanto natural que nos sentíssemos de algum modo concernidos pela mais recente declaração de falência das filosofias do Sujeito: afinal não era de ontem que, devidamente instruídos pelo professor Gilles-Gaston Granger, por seu turno discípulo de Jean Cavaillès como Foucault fora de Georges Canguillem, alinhávamos no campo oposto, o do assim chamado, no jargão da época, Conceito. Não obstante, o passo adiante de Foucault comportava um quê de excessivo, uma liga inusitada de história conceitual filosófica e provocação vanguardista, responsável pelo arrepio novo graças ao qual a Ideologia Francesa se dava a conhecer, que à primeira vista desconcertava.

Nestas condições se compreende a relativa serenidade com que se incorporou o dispositivo-Foucault ao repertório da casa. Acresce que àquela altura a Ideologia Francesa, ainda sem nome próprio, cruzou o caminho de um enclave francês a ponto de encerrar um momento decisivo de sua formação. Algumas teses prontas, as demais bem encaminhadas, se nem todos tinham apetite para passar à ordem do dia, dizendo a que veio sem mais considerandos, as cabeças já estavam mais ou menos bem-feitas, destacando-se sobre o fundo comum da rotina intelectual (francesa, está claro) que lhes dera feição coletiva. Estando assim dispostos os espíritos e armadas as vocações, também se compreende que a Revolução Estrutural e seu mais novo sobressalto não tenham repercutido por igual.

No que diz respeito especificamente ao raio de ação da atual filosofia francesa de vanguarda e suas transformações camaleônicas, o mimetismo programado a que devemos nosso nascimento para a vida do espírito acabou permitindo contornar

Ideologia Francesa, opinião brasileira

em parte o dilema da dependência cultural anteriormente exposto, desde que, desviando-nos por um momento da abstrusa polêmica doutrinária frontal, entremos, como se disse, pela porta dos fundos, passando à cozinha ultramarina da Ideologia Francesa. Quero voltar a lembrar com isso simplesmente, como ficou sugerido nesta rápida evocação, de que modo pode nos favorecer uma circunstância à primeira vista das mais desfrutáveis: sobretudo a partir dos anos 1960, à medida que íamos completando nossa formação à sombra de técnicas intelectuais incorporadas à longa tradição da filosofia universitária francesa, a pequena coletividade uspiana assim constituída ia funcionando como a nossa primeira câmara de decantação da Ideologia Francesa.

Assim, uma reconstituição daquele processo de formação, repertoriando resultados acumulados de tantas transposições mais ou menos bem-sucedidas, precisará incluir nesse inventário de acertos e desacertos o cotejo entre a primeira mão de tinta da rotina francesa em que nos enquadrávamos e os sucessivos grafites traçados sobre aquela base pela volúvel fraseologia dos "ideólogos". Uma fatalidade que pode se transformar em programa de estudo: quem passou a vida às voltas com ideias sem continuidade social próxima, se quiser recuperar o tempo aparentemente perdido, remontará a corrente empurrado pelo mencionado vezo comparativo e até então embotado pela naturalidade com que encarávamos o funcionamento da filosofia no Brasil. Qualquer que fosse a preferência estrangeira do momento, o fato é que só acompanhávamos mesmo o dia a dia da vida filosófica francesa, e só para ela poderíamos cedo ou tarde pedir a conta, opinando por uma vez afinal com pleno conhecimento de causa.

Desatando um nó objetivo, esta hora parece ter chegado. Basta notar que ao completarmos enfim nossa formação, alcançamos também algo como um mirante a partir do qual observar as grandes manobras da Ideologia Francesa, um ponto de vista relativamente orgânico, que não será mérito particular de ninguém mas resultado de uma construção coletiva, como frisado acima. Inversamente, já não será mais possível avaliar a trajetória da Ideologia Francesa ignorando o rastro revelador que deixou no Brasil, nas condições indicadas. Numa palavra, já é possível conceber sem disparate uma *História concisa da Ideologia Francesa contada por brasileiros*, sem dúvida uma história necessariamente comparativa, mesmo na falta do *pendant* correspondente, bastando o simples tirocínio do olho condenado à lente bifocal do comparatismo que é nosso lote, para imaginar a contraparte que poria em perspectiva o elo original.

Filosofia francesa e tradição literária no Brasil e nos Estados Unidos

> "Brazilian Philosophy" has as little international resonance as "American Philosophy" did a hundred years ago.
>
> *Richard Rorty*

1

De minha parte, gostaria de entrar no tema proposto — Filosofia e Tradição Literária — pela porta dos fundos, aproveitando a composição muito significativa desta mesa (está claro que estou me referindo aos dois expositores que me precederam)[1] para tentar um ou outro esquema de uma possível história intelectual comparada. Pois de fato estamos em presença de dois resultados culturais pedindo identificação e, além do mais, por via comparativa, dimensão que é da natureza do problema, como espero mostrar.

---

[1] Texto redigido a pedido de Hamilton Santos e Carlos Graieb, organizadores de um debate com Alexander Nehamas e Bento Prado Jr., promovido pelo jornal *O Estado de S. Paulo* em junho de 1993 no auditório do Museu de Arte de São Paulo (MASP).

Dois enxertos

a) O que acabamos de ouvir do lado americano? Entre outras coisas, o professor Nehamas também nos deu uma breve notícia da transformação pela qual está passando atualmente a filosofia norte-americana.[2] Para sermos mais precisos, nos últimos quinze ou vinte anos, se tomarmos como linha divisória a publicação em 1979 de *A filosofia e o espelho da natureza* de Richard Rorty, até onde posso saber o principal mentor dessa mutação no gosto filosófico americano — pois afinal é disso que se trata.[3] Mais exatamente, como deixou claro o professor Nehamas, de uns tempos para cá a filosofia analítica (para usar um termo muito genérico porém característico do que normalmente se entende por filosofia anglo-americana), até então absoluta no terreno, vem cedendo espaço e prestígio para alguns ramos da filosofia continental — como os ingleses, e depois os americanos, costumam se referir à indisciplinada especulação de alemães e franceses, a seu ver sempre dispostos a tomar má literatura por investigação conceitual. Este o ponto. A bem conhecida e inapelável condenação local da suposta literatice inerente à

---

[2] Cf. a transcrição de trechos da exposição de Alexander Nehamas, *O Estado de S. Paulo*, 03/07/1993. Ver ainda, sobre a referida transformação, John Rajchman e Cornel West (orgs.), *Post-Analytic Philosophy* (Nova York: Columbia University Press, 1985).

[3] Refiro-me aos seguintes livros de Richard Rorty: *Philosophy and the Mirror of Nature* (Oxford: Basil Blackwell, 1980); *Consequences of Pragmatism* (Brighton: The Harvester Press, 1982); *Contingency, Irony and Solidarity* (Cambridge: Cambridge University Press, 1982); *Objectivity, Relativism and Truth* (Cambridge University Press, 1991); e *Essays on Heidegger and Others* (Cambridge University Press, 1991). Sobre o autor, ver Jean-Pierre Cometti (org.), *Lire Rorty* (Paris: L'Éclat, 1992); e Alan Malachowski (org.), *Reading Rorty* (Oxford: Basil Blackwell, 1990).

Filosofia francesa e tradição literária

filosofia continental — essa mania historicista do permanente comentário de textos enovelados uns nos outros — subitamente começou a refluir e o inconcebível, a tomar corpo, o filósofo americano "literário", como o denomina sem rodeios o professor Nehamas. A continuarem as coisas nesse passo, a filosofia como estratégia argumentativa destinada a resolver problemas específicos (via de regra extraídos de questões lógico-científicas) estaria aos poucos perdendo a vez para um gênero novo, em que o discurso filosófico se apresenta sem remorso como um empreendimento puramente literário (e a pureza aqui é tudo, pois não se trata apenas de encarecer o inevitável porém residual revestimento retórico de toda formulação filosófica). Em suma, *mudança de paradigma* também nos Estados Unidos. E mais, se a nova concepção da filosofia as a *kind of writing*, como querem Rorty e associados, finalmente se impuser (como parece ser o caso), isto significa que o antigo programa de filosofia científica traçado no imediato pós-guerra por Reichenbach e outros eminentes emigrados europeus, como por exemplo Carnap (desmentindo, se ainda fosse preciso, a alegada distribuição de gêneros entre analíticos e continentais), parece estar de fato chegando ao fim. Mas aqui já começamos a pressentir, não sem surpresa, a presença de alguns laços de família, ponto de apoio da via comparativa sugerida no início destas observações. Convenhamos, nada mais brasileiro do que este cenário: o *deconstructive turn* que finalmente alcançou a produção (geralmente em escala industrial) de *papers* filosóficos com respeitabilidade acadêmica, depois de uma temporada prévia nos Departamentos de Literatura, é mais uma manifestação do peso do influxo externo no rumo das ideias locais (para nós apanágio bem conhecido da tenuidade da vida mental na periferia, e por isso mesmo irrupção surpreendente, admitida a maioridade da cultura superior americana, não só no que respeita à articulação interna da sua evolução, mas no que concerne à continuidade social que torna esta última possível — ou nos iludimos quanto à solidez da referida tradição, caso então de reexaminar-lhe os momentos constitutivos?). Está claro que o atual descrédito da filosofia entendida como *problem solving* se deve nem mais nem menos à revoada de um novo bando de ideias novas, no caso a Ideologia Francesa que, depois do Sul, também fez a travessia do Atlântico Norte. Isso não é tudo, no que diz respeito à lembrança da atmosfera familiar que estamos respirando neste momento. Tampouco o estilo anterior, agora desbancado pelo novo surto, era prata da casa. Ocorre — como deve ter ficado claro pelos nomes alemães citados há pouco — que a genuína filosofia americana, analítica, neopositivista, ou que nome se lhe dê, também era produto de um transplante, no caso de um modelo que se pode fazer remontar até o Círculo de Viena, entre outros focos europeus de irradiação. Dessa mudança de posição das peças no tabuleiro ideológico internacional, é tributária a noção de filosofia literária que o professor Nehamas acabou de apresentar, e sobretudo o "espaço literário" (para empregar a fórmula de Blanchot) no qual a filosofia americana em nova chave acaba de ingressar.

b) Se nos voltarmos agora para o lado brasileiro, ou melhor paulista, e mais exatamente uspiano, representado sob medida pelo professor Bento Prado Jr. — e não que este raio de ação lhe diminua o alcance, pelo contrário, pois foi ali que tudo começou no que diz respeito à moderna cultura filosófica nacional —, verificaremos que neste caso também acabamos de ouvir algo dito de uma maneira tão familiar (na sua perfeição mesma) que já não notamos nem avaliamos mais a sua procedência.[4] É que em São Paulo a matriz francesa é de nascença. Assim sendo (e

---

[4] Cf. transcrição de trechos da exposição de Bento Prado Jr. na já citada edição de O *Estado de S. Paulo*. Ver também Paulo Eduardo Arantes, "A musa do

Filosofia francesa e tradição literária

também por razões que voltarei a lembrar mais adiante), ao contrário dos seus colegas americanos, Bento não precisou redescobrir, ou "inventar", uma outra tradição, incomensurável com a dos pensadores, digamos, epistemológicos, a linhagem dos filósofos escritores, que convertem a matéria vertente numa rede de textos sem espaço exterior. Como acabou de dizer, a ruptura entre filosofia e literatura (que Foucault a seu ver erroneamente subscreve e faz remontar ao conflito que opunha o ideal platônico-aristotélico de *epistême* à semântica irresponsável dos sofistas) não lhe parece irreversível (e se assim fosse estou certo de que não perderia muito tempo com filosofia), ou por outra, de fato ela nunca chegou a se consumar, como demonstrou o trecho que foi buscar em Platão: mesmo no mais intratável dos dogmáticos, reencontraremos a literatura, e ainda por cima justamente no instante dramático da descida aos fundamentos. Mas que literatura? Não por acaso, uma certa concepção de literatura que inclua no seu enunciado o propósito de abolir o "hiato semântico entre as palavras e as coisas", como disse há pouco Bento, repercutindo a inclusão recente da sofística no acervo da filosofia francesa do absoluto literário. Dito isso, preciso acrescentar que esta última foi incorporada com a naturalidade de quem tira consequências de premissas evidentes, a saber, o funcionamento anterior da cultura filosófica, organizada entre nós pelos professores franceses em missão desde os primeiros tempos de fundação da Universidade de São Paulo. Pudemos assim pelo menos economizar o desfrute de uma reconversão de última hora, como parece ter sido o caso nos Estados Unidos da nova era pós-analítica. Tirante a ideia de filosofia literária como forma de vida (que possivelmente Bento não deixaria de levar

---

departamento: Bento Prado Jr. e a filosofia uspiana da literatura nos anos 60", in *Um departamento francês de ultramar*. São Paulo: Paz e Terra, 1994.

em conta, caso ainda vivêssemos nos anos Sartre), à primeira vista resultados análogos portanto, sobretudo quanto ao desfecho francês — *"il n'y a pas d'hors-texte"* — da convergência entre literatura e filosofia. Resta no entanto a tradição literária, de que ainda não falamos — o que muda tudo. Mas primeiro precisamos saber o que se entende por filosofia, mais exatamente o quadro mental que foi transplantado para os dois países, numa palavra, o gênero conceitual cujas relações com a experiência literária nos pedem para examinar.

A invenção moderna da filosofia profissional

A modalidade intelectual chamada Filosofia que há mais de meio século atravessou o Atlântico rumo ao Novo Mundo é coisa relativamente recente. É costume atribuir sua invenção a Kant, mais ou menos nos seguintes termos.

Com a publicação da *Crítica da razão pura*, o antigo parentesco entre ciência e meditação metafísica teria sido a rigor definitivamente sepultado. Deixando de haver entre elas qualquer relação linear de continuidade, entrava em cena uma figura inédita, difícil de enquadrar nos gêneros conhecidos: não se ocupava mais com os objetos tradicionais da Metafísica, a alma, o mundo, Deus e seus derivados, embora pudesse por vezes se apresentar como uma espécie de prolegômeno puramente metodológico daquele ponto culminante do antigo regime filosófico. Sua arquitetura era de estilo demonstrativo, mas seus argumentos contribuem antes para a formação de um saber negativo (se tanto) acerca das limitações estruturais da assim chamada faculdade de conhecer, inventário sistemático que por não ser positivo nem por isso deixava de possuir o curioso privilégio de efetuar aquela delimitação antes mesmo da produção de qualquer conhecimento da parte da supracitada faculdade; suas manobras apoiavam-se assim numa espécie de direito estabelecido, porém estritamente *a priori*. A este novo empreendimento Kant chamava de sistema completo da razão pura, ou mais abreviadamente de filosofia transcendental. Falsa modéstia, como veremos. Quem mexe hoje em dia com filosofia deve sua vida profissional a essa reinvenção do "transcendental". O que se passou de fato? A Razão (ou que nome se dê à nossa faculdade superior de conhecimento) simplesmente deu as costas ao mundo e passou a cuidar de si mesma, do seu modo de emprego anterior a qualquer uso efetivo. Operação delicada, eminentemente "reflexiva", difícil de expor. Enfim, matéria "técnica", requerendo portanto treinamento específico. Voltada assim sobre si mesma, ocupada com suas próprias regras de validação, a filosofia transcendental, doravante filosofia *tout court*, tornou-se enfim uma disciplina autônoma, emancipada da antiga tutela metafísico-religiosa, mas também liberada da obrigação de rivalizar com o saber positivo da ciência, a rigor apenas uma especialização universitária entre outras, entronizada no ensino superior secularizado da segunda metade do século passado com o nome imodesto de Teoria do Conhecimento (primeiro na Alemanha, passando depois para a França, associada porém a uma outra ramificação da herança kantiana, como logo se verá).

Deu-se então o disparate (sobretudo aos olhos revisionistas de Richard Rorty). Um simples *Fach* — na acepção pejorativa em que Max Weber costumava tomar essas repartições funcionais em que se estiolava a vida do espírito, cuja recomposição no entanto o processo mesmo da modernização tornava não só uma causa perdida como perniciosa —, portanto coisa acanhada de especialista confinado, verdade que autônoma, como exigia sua condição moderna, passava a ocupar o lugar eminente de um tribunal de última instância, do alto do qual ajuizava sobre tudo, visto que falava em nome dos *fundamentos*. Nestas condições, os dias do futuro filósofo amador estavam contados. Em contrapartida, a renúncia doutrinária do profissional (apenas um técnico das clarificações e demarcações conceituais), sua ascese antidogmática, constituíam a respeitável fachada acadêmica de uma pretensão sem precedentes: cabia aos professores de filosofia (kantianos, ainda que não o soubessem) a última palavra sobre todas as questões básicas das demais disciplinas, uma vez que ninguém menos do que Kant estabelecera que a possibilidade de representar a realidade era justamente o fato supremo que carecia de uma explicação que só a Teoria do Conhecimento poderia fornecer. Em suma, a filosofia era uma espécie de Epistemologia Fundamental (como Rubens Rodrigues Torres Filho chamou certa vez a Doutrina da Ciência de Fichte), o enunciado fundacional de um conhecimento anterior a todo conhecimento, sem dúvida algo à parte e superior a que só os universitários bem escolados teriam acesso. Embora exercida por profissionais mornos e cinzentos, a filosofia voltava (pelo menos o seu público cativo assim o pensava) ao posto supremo que a tradição nunca lhe recusou: uma operação de ofuscamento sem dúvida brilhante. Pois foi esse saber separado (tanto intelectual quanto institucionalmente) que sob a denominação "científica" de neopositivismo lógico (e similares, todos eles centrados no problema crítico do conhecimento) atravessou o Atlântico Norte no imediato pós-guerra e deu corpo, e inconfundível cor nacional, à filosofia universitária norte-americana. — Porém sirva agora de termo de comparação, e ponto de vista historicamente situado sobre o desdobramento ulterior da cena americana (de que há pouco tivemos notícia), uma breve recapitulação da aclimatação paulistana dessa mesma filosofia profissionalizada.[5]

---

[5] Para uma crônica desta aclimatação, cf. P. E. Arantes, *Um departamento francês de ultramar, op. cit.*

2

Um caso de dependência cultural bem-sucedida

A revolução kantiana — mais uma vez: a cristalização de uma disciplina autônoma chamada Filosofia, recambiada de volta para a Universidade devido aos requisitos técnicos de seu aprendizado — não se restringiu apenas ao seu núcleo fundacionista, a Teoria do Conhecimento, mas bifurcou igualmente na direção de uma outra disciplina universitária, a História da Filosofia. Não poderia por certo reconstituir agora a metamorfose operada pela perspectiva transcendental-profissional nesse velho tópico dos estudos filosóficos. Para encurtar, lembro que ao se consolidar, em fins do século passado, o ensino superior da filosofia na França, igualmente impregnado pelo pensamento neokantiano como na Alemanha, o lugar central, ainda que a título de propedêutica, acabou ocupado pela História da Filosofia. Mesmo a Epistemologia, outra especialidade neokantiana da filosofia universitária francesa, também era abordada de preferência por um ângulo histórico. Pois bem: como lembrado há pouco, fomos em boa hora colonizados por sucessivos professores franceses em missão civilizatória oficial — ao contrário dos alemães e austríacos nos Estados Unidos, sem falar na presença inglesa constante: todos porém escolados pelo mesmo viés fundacionista de extração kantiana, que refluía por igual sobre empiristas e veteranos da assim chamada superação da metafísica através da análise lógica da linguagem. Nossa incipiente cultura filosófica organizou-se então naturalmente em torno da História da Filosofia, praticada segundo métodos e técnicas da Escola Francesa, basicamente concentrados na *explication de texte* e a correspondente dissertação, por certo também à francesa, espécie de alta-costura cuja arte consistia em grande parte em tornar invisíveis os alinhavos que emendavam uns nos outros os textos bem escolhidos dos autores que vinham ao caso, evidentemente conhecidos *d'après le texte*. Quanto aos princípios tácitos que comandavam aquela nova maneira de estudar (pois afinal era disso que se tratava: estávamos aprendendo a estudar, pura e simplesmente), poderíamos resumi-los a duas certezas. Primeiro: como a filosofia é uma disciplina sem objeto específico, não se ensina filosofia, pois não há doutrina a transmitir, quando muito se aprende a filosofar; e para isto só há um meio, a observação ao vivo dos clássicos em funcionamento, daí o privilégio da perspectiva historiográfica. Segundo princípio: quando um sistema filosófico é assim posto em perspectiva (dele não se espera nenhuma revelação positiva, nenhuma mensagem, pois afinal o território da filosofia se encontra *partout et nulle part*), constatamos que o essencial dele reside numa certa "estrutura", uma articulação metódica de movimentos demonstrativos que não se deixa jamais petrificar num conjunto de "teses", que em si mesmas nada querem dizer. Pergunta-se portanto pela significação de um sistema filosófico, jamais pela sua verdade, o que seria dar prova do mais imperdoável mau gosto, como também seria do pior gosto teórico a ambição provinciana de refutá-lo: a quem ocorreria arquivar Platão sob a pecha de idealismo ou coisa que o valha? Como Cícero, preferíamos a companhia de Platão à dos seus adversários, tivessem estes últimos todas as razões do mundo. O Método (dito estrutural), praticado indistintamente por todos, era portanto de índole suspensiva, o que tornava indiferente, no que respeitava à proficiência estritamente profissional, eventuais inclinações doutrinárias. Tudo isso, e muito mais que não teria como contar aqui, que não tinha nada de óbvio, pelo contrário, foi encarado com a maior naturalidade, como lembrei há pouco. Por exemplo: esse modo de produzir um certo vácuo histórico em torno dos textos a assimilar, que na Europa menos

Filosofia francesa e tradição literária

embotada pela miopia universitária poderia parecer no mínimo arbitrário, aqui nem chegava a espantar, na falta de continuidade visível entre o manejo das ideias gerais e as singularidades da trama social da experiência intelectual.

Ocorreu no entanto o que ninguém esperava. Esse artifício a bem dizer colonial do pastiche sistemático, quanto mais nos estrangeirava segundo os padrões de autenticidade cultural vigente no país, tanto mais nos encaminhava na direção de uma relativa maioridade no ramo específico da impregnação refletida pelo grande repertório filosófico. Tudo ponderado, mesmo em regime de estufa, mais para bem do que para mal, uma certa rotina se constituiu, enquadrando nossas veleidades opinativas, acumulando pequenos resultados, compondo enfim um campo bem delimitado e minimamente articulado de assuntos que importavam sobretudo pelo estilo coletivo que estavam ajudando a definir. Paradoxalmente, repito, madrugava algo como um senso moderado das precedências filosóficas, justo à sombra de um método de aproximação caracterizado pela colocação entre parênteses do juízo crítico. Pois foi essa espécie de absenteísmo que desautorizou num sentido inesperado o diagnóstico famoso de Tobias Barreto quanto à nossa mais que provada falta de cabeça filosófica, uma constatação muito verossímil apoiada como se sabe em explicações mirabolantes. Não posso evidentemente me deter nas razões históricas que nos diminuíam as chances de reflexão e, com elas, o fôlego especulativo (para muitos um verdadeiro benefício). Basta relembrar de passagem a mais relevante para o nosso problema — à qual aliás aludi há pouco —, a flagrante desconexão entre vida mental e evolução social (ressentida sobre o pano de fundo da norma europeia), de que era consequência inevitável a falta de continuidade na marcha das ideias, invariavelmente atalhada pela última reviravolta do famigerado influxo externo, ainda por muito tempo predominante.

Ora, a consolidação da jovem rotina franco-uspiana, servindo por assim dizer de anteparo, disciplinando a gula pela novidade, de certo modo estancou os efeitos destrutivos dos surtos doutrinários, a rigor ciclos de leitura que anulavam da noite para o dia esquemas e problemas digeridos e formulados a duras penas. Daí a relativa sobriedade com que encaramos a entrada em cena da Ideologia Francesa lá por meados dos anos 1960, sem dúvida por se tratar também de uma reação acadêmica (contra o insólito predomínio do amálgama francês de fenomenologia existencial e militância progressista extrauniversitária) que reatava em longa medida com a tradição que nos moldara o espírito filosofante. Mesmo assim, veja-se o caso notável da resistência local à maré althusseriana, impensável noutros tempos.

Filosofia ao pé das Letras

Vimos de relance, no entanto, que tal não parece ter sido o caso no que concerne ao que poderíamos chamar Ideologia Literária Francesa. É preciso porém voltar a dizer (vantagem sem dúvida involuntária) que a adesão local à referida visão literária do mundo (pois era nisto que redundava uma certa mitologia de origem quanto à invenção moderna das letras atribuída a Mallarmé) se consumava sem ruptura com qualquer "paradigma" anterior, na pessoa aliás do aqui presente professor Bento Prado, a quem podemos atribuir sem medo e sem mito a invenção, na segunda metade dos anos 1960, da filosofia uspiana da literatura. Daí a curiosa precedência a nos dar alguma voz neste inesperado capítulo comparativo das flutuações ideológicas contemporâneas. Mas então retomemos por um outro ângulo a aclimação paulistana da filosofia universitária francesa, de modo a compreender melhor essa confluência de que Bento Prado foi o principal protagonista. Como disse, o Kant universitário francês que desembarcou em São Paulo não era bem o da Teoria do Conhecimento (embora até hoje conste de nosso currículo uma rubrica com esse nome), isto é, não era "fundacionista", o que facilitava as coisas para alguém com dupla personalidade intelectual, uma filosófica e outra literária, como era justamente o caso de Bento Prado, e isso desde os tempos em que suas convicções sartrianas por assim dizer pré-universitárias pareciam confirmá-lo nessa vocação de mão dupla. Nosso Kant (como depois Gérard Lebrun se encarregaria de nos ensinar, iluminando retrospectivamente muita idiossincrasia que ficara pelo caminho) era o de uma outra revolução copernicana, que consistia basicamente na substituição da Teoria (entendamos: a ilusão dogmática dos metafísicos fundacionistas desde Platão) pela Crítica que, esta sim, em princípio exerceríamos no domínio da historiografia filosófica, âmbito sem dúvida restrito mas que nem por isso (aqui o ponto) deixava de ser uma verdadeira escola tanto do distanciamento estético quanto do juízo indefinidamente adiado. Uma Crítica portanto que puxava um pouco para a timidez, muito mais amiga de pesquisar do que de concluir. Havia mais ainda na revolução discursiva deflagrada pela Crítica transcendental, devidamente adaptada por Gérard Lebrun, como lembrado: Kant de fato desobstruíra o terreno para uma nova disciplina, que podia ser tudo menos uma nova Teoria dos "fundamentos", como se podia verificar pela ausência de objeto filosófico específico. Ora, no lugar deste último parecia irromper a fonte mesma da sua irrealidade, algo que passava a atender pelo nome de Reflexão, uma espécie de puro refletir intransitivo, sem amarras, sem lógica que o delimitasse (era na verdade anterior a toda Lógica, mas aqui rondava novamente o fantasma da fundação an-hipotética, da visão sinóptica platonizante etc.), daí a aparência de viagem metodológica infindável. Essa Reflexão em princípio deveria ter um titular, algo como um Sujeito que a suportasse (o sujeito moderno por excelência, afinal em cena aberta desde a sua invenção cartesiana), no limite dispensável porém, pois ao que parece era ela enfim que o instituía (primeiro passo de uma hipóstase à qual sucederia a da Linguagem, como seria de se prever). Por um outro caminho voltamos assim a pisar terreno familiar, mas passamos agora da prosa profissional insípida para a profundeza da experiência-limite. Retomando: desgarrado portanto, e adotando por comodidade o nome de Filosofia, esse olhar desobrigado de Representar o que quer que seja deveria necessariamente voltar-se com exclusividade sobre si mesmo. Noutras palavras, a partir de Kant a "filosofia" não deve mais explicar a natureza, mas a si mesma. Mas não era exatamente isto o que a partir dos anos 1960 a Ideologia Francesa começou a dizer da Literatura? Desfeita a assim chamada ilusão referencial (sem tirar nem pôr — imaginávamos — o sonho dos dogmáticos segundo Kant, em cujo ponto de fuga afinal se recobriam e confirmavam mutuamente "representação" e "figuração"), a Literatura poderia enfim dizer a que vinha (ao encontro dela mesma, assegurava Blanchot, secundado por Foucault): mais uma vez, que a sua verdadeira ocupação era cuidar de si mesma. Estava fechado o círculo e Bento poderia tirar suas conclusões. E sem sair de casa, ao contrário de Rorty e seus amigos americanos.

Dito isso, preciso abrir um parêntese, na verdade para ir direto ao ponto. Mais ou menos pela mesma época (para ser preciso, em 1968), Bento recebeu de uma revista italiana que preparava um número especial sobre o Brasil a encomenda de um artigo sobre a filosofia que se andava fazendo por aqui. Nada que um especialista europeu não esteja cansado de saber, respondeu. Por isso renunciava a resenhar mesmo os dois ou três livros de valor existentes sobre o assunto, por absoluta falta de originalidade. Noutras palavras, à sua maneira acatava sem maiores considerandos o velho lugar-comum acerca do reboquismo nacio-

Filosofia francesa e tradição literária

nal, que não fazia justiça ao que se passava à sua volta e sobretudo nele mesmo, pois agora se copiava com competência, o que mudava tudo. Mas por outro lado, como um bom francês da rua Maria Antônia, era cidadão do mundo e nesta condição resolveu concentrar o argumento crítico no equívoco compensatório daquele complexo colonial, a busca da cor local a todo custo, no caso a ilusão a um tempo historicista e psicologizante (sem falar no disparate lógico da expressão) de uma filosofia nacional, de cuja sempre perseguida formulação se sentiriam devedoras as vocações especulativas que vergavam sob o peso do referido complexo. Um falso problema cuja irrealidade se propunha demonstrar, mas que nem por isso, e era o primeiro a reconhecer (e de fato era mesmo o primeiro), deixava de exprimir ao seu modo equivocado uma experiência particular da filosofia no Brasil, experiência de uma falta, de uma carência a ser preenchida num futuro próximo — acrescento de minha parte que no estilo dessas tentativas recorrentes, no momento a de equipar o país com um dos ramos mais nobres da cultura ocidental, se pode reconhecer o movimento característico de nossas modernizações frustradas, sempre adiadas para serem retomadas logo mais em nova chave, e assim por diante. (Mas esta história ainda não vem ao caso.) A ser assim, prosseguia, compreende-se que no Brasil a coruja de Minerva levante voo ao amanhecer, à procura justamente da filosofia que melhor nos exprima: numa palavra (dele, Bento), num país de temporalidade cultural invertida, a reflexão curiosamente precede a percepção (acrescento novamente que numa sociedade de veleitários a regra geral não poderia mesmo ser outra). Daí o traço que me interessava ressaltar: estamos na terra da filosofia ao quadrado, quer dizer (como lembrava Bento, enunciando sem prestar muita atenção ao seu problema), aqui a filosofia da filosofia precede a própria filosofia, portanto na pátria da metafilosofia e outras metas correlatas. Para variar, mais uma vez um país condenado ao moderno, e neste particular já nascido no posto avançado da vanguarda. Tivesse se detido nessa idiossincrasia nacional, Bento Prado sem dúvida mataria a charada do nosso eterno ponto morto filosófico: pois esse filosofar em dobro, esse discurso redobrado sobre si mesmo anterior a qualquer discurso possível não é a própria Reflexão kantiana, a Filosofia em pessoa, verdade que em estado bruto, mas em todo caso ao alcance da mão? E mais (em 1968 já se sabia disso tudo, era questão fechada), não era nisso mesmo, nesse eterno retorno reflexivo do mesmo, que a nova filosofia francesa concentrava a quintessência da Literatura? A equação não só estava armada como nela se encontrava a fórmula completa de nosso personagem: no Brasil, a procura sempre recomeçada da filosofia é decorrência necessária e moderna da própria filosofia, e com ela se confunde; mas, apenas sancionado o que antes parecia mero girar em falso, a fórmula continua e conclui: assim sendo, só quem se deixa empurrar por essa Reflexão intransitiva cuida verdadeiramente de Literatura (sempre com maiúscula), mais ainda, a procura da Filosofia já é Literatura em ato (puro). E vice-versa. Enfim, também no extremo da periferia podíamos deparar com o centro de gravidade de uma vida filosófico-literária plena — evoluindo aliás até com maior desenvoltura, tal a escassa resistência que o meio por isso mesmo favorável oferecia à pureza formal do sopro novo que o pressionava.

3

Uma outra renascença americana?
Ocorre — para voltarmos ao nosso primeiro termo de comparação — que a vida do espírito nos Estados Unidos já não era mais assim tão tênue nos tempos do enxerto neopositivista.

Filosofia francesa e tradição literária

Bem ou mal havia um sistema cultural em funcionamento e o novo repertório filosófico não poderia sobreviver muito tempo sem levá-lo em conta. Por isso preciso voltar atrás e nuançar o que ficou sugerido acerca do caráter intempestivo do transplante continental na origem da atual transformação da filosofia norte-americana. Noutros termos, quero lembrar que a hegemonia da filosofia profissional importada não se exerceu sem atritos, por mais que o seu espírito antiespeculativo encontrasse ressonâncias locais óbvias, e que em vista disso os principais beneficiários da irrupção da *French Theory* no cenário americano não se acanharam em apresentá-la como uma espécie de reencontro nacional. Estou pensando por exemplo na engenhosíssima reconstrução de Richard Rorty, da qual apresento a seguir os principais passos, justamente na direção do nosso problema, as relações entre filosofia e tradição literária.

A história que Rorty costuma contar (e que nem sempre acompanharei ao pé da letra) principia, como já sabemos, nos primeiros anos da década de 1950, quando os mais prestigiosos departamentos de filosofia das universidades americanas começavam a adotar com sucesso acadêmico crescente o programa neopositivista de emigrados ilustres como Carnap, Reichenbach, Tarski, Hempel etc. Por volta de 1960 a "modernização" da cultura filosófica norte-americana se completara sem deixar restos (do antigo regime espiritualista herdado por exemplo de Harvard). Ninguém duvidava (pois afinal não se tratava da sociedade mais avançada do planeta?) de que se estava no limiar de uma nova era filosófica, a Idade da Análise, no caso a "análise lógica", foco em torno do qual gravitaria a investigação filosófica que finalmente atingira sua maioridade científica. Na plataforma da nova geração constava um preâmbulo histórico em que se explicava a passagem da especulação filosófica para o seu estágio propriamente científico. De fato essa evolução só encontrara o seu rumo com a revolução científica dos séculos XVII e XVIII, quer dizer os verdadeiros problemas filosóficos são no fundo epistemológicos e têm a idade conceitual da Nova Ciência. Só que faltavam aos filósofos da antiga escola os meios lógicos para resolvê-los: foi preciso esperar pela revolução suplementar do pensamento "lógico" para começar a ver claro nas questões apenas confusamente entrevistas no período áureo da epistemologia filosófica, inaugurado por Descartes, retomado por Hume e encerrado por Kant. O mais que viria adiante não passaria de recaída especulativa (veja-se o interregno obscurantista entre Kant e Frege) ou tentativas de restauração sem futuro num mundo onde já não havia mais lugar para "intuições" privilegiadas de algum "sentido" oculto do mundo. Aliás essas "iluminações" filosóficas começaram a definhar sem remissão a partir do momento em que esse processo de depuração eliminou operações exclusivas da explicação filosófica tais como uma "síntese *a priori*", para citar a mais famosa delas. Como sabemos o que temos pela frente, não deixa de ser curioso observar que, pelo menos enquanto durou o programa neopositivista, ficava de quarentena, anulada em sua raiz, a invenção kantiana da filosofia enquanto conhecimento separado e supracientífico. Filosofia era algo como uma expansão da ciência, e nada mais. Era no entanto o quanto bastava para justificar os departamentos de filosofia, pois agora sim podia-se dizer no que consistia um problema filosófico genuíno e sobretudo que cara tinha a sua solução (por exemplo, a distinção fregiana entre sentido e referência, a teoria da verdade em Tarski etc.). Na Idade da Análise quem procurava um departamento de filosofia era porque estava decidido a resolver problemas filosóficos (por exemplo, o problema de Quine acerca da "analiticidade"), e resolvê-los em equipe, na base do acordo sobre resultados obtidos em função de programas de pesquisa específicos: de costa a costa, todos os interessados concor-

Filosofia francesa e tradição literária

davam que filosofia só podia ser essa *problem solving discipline*, ou seja, um conjunto finito e perfeitamente identificável de problemas e paradigmas. — Ora, uma geração depois do seu triunfo (continua Rorty), esse programa "modernista" monolítico já não tinha mais futuro. Formação à paulista interrompida? Sim e não, como veremos. Não se tratava nem de longe de uma recaída especulativa, afinal mais ou menos "analíticos" todos continuavam — quer dizer a *Aufklärung* deflagrada pelo neopositivismo lógico prosseguia em marcha acelerada, só que tomava uma outra feição, por assim dizer menos ortodoxa, mais *soft*. Simplesmente do programa único, cooperativo e cumulativo, interuniversitário, sobravam cacos espalhados pelos *campi* em competição feroz (nesse meio-tempo o filósofo analítico também se tornara um *academic entrepreneur*). Noutras palavras, havia tantos "paradigmas" quantos departamentos de filosofia: o que para um Ph.D. de Cornell poderia ser um *outstanding* problema filosófico não era considerado coisa séria por um outro Ph.D. do Illinois, e assim por diante. Nestas condições também encurtara drasticamente a vida média das correntes em disputa. Nos breves quinze anos que testemunharam a ascensão e queda da Filosofia de Oxford, ou a emigração do Oeste para o Leste da *West Coast Semantics*, um sem-número de "programas de pesquisa" (em competição aberta por subvenções), tão logo entravam em cena, brilhavam por duas ou três temporadas para em seguida caírem em esquecimento. Não havendo mais consenso acerca dos problemas e dos métodos em filosofia, a continuidade "iluminista" projetada por Reichenbach e Cia. no quadro da evolução da filosofia de seu estágio pré-científico até a Era Analítica — uma certa relação com o passado, uma genealogia comum que entroncava a lista contemporânea dos problemas por resolver nas formulações desaparelhadas dos clássicos modernos da Teoria do Conhecimento — era capítulo encerrado, coisa de europeu de entreguerras, ingenuamente apegado à objetividade das tarefas filosóficas e à sua consequente disseminação como uma espécie de Estilo Internacional da cultura teórica mais elevada, acabamento sob medida para sociedades em dia com os Tempos Modernos. No lugar desse programa exaurido, na sua forma original, a coreografia que todo brasileiro conhece: ao lado da carreira meteórica dos programas substituindo-se uns aos outros, o reconhecimento tácito de que um problema filosófico nada mais é do que o último *paper* de um professor de prestígio. Rorty porém não vê mal nenhum nessa disseminação, desde que encarada noutra chave, mais exatamente que se compreenda no seu real significado essa passagem da filosofia analítica do estágio positivista para o pós-positivista, pois é dessa transição que se trata uma vez esgotada a etapa exógena da modernização da cultura filosófica americana. Antes de passarmos à *relaxed attitude* que ele recomenda, duas palavras sobre a "má" reação corporativa a esta situação (onde curiosamente vamos encontrar outra figura familiar). Uma vez estabelecido que a filosofia analítica em sua fase pós-positivista apresenta uma unidade puramente estilística (além de obviamente sociológica: que tipo de professores entram no orçamento de tal ou tal departamento de filosofia), resta precisar o caráter dessa mudança de acento, do assunto para a maneira de tratá-lo, sendo de resto a matéria, no limite, indiferente (por onde voltamos à formalização própria do Esclarecimento *in progress*). Assim, a virada "científica" reclamada pela revolução neopositivista culminou de fato numa espécie de cristalização "argumentativa": tudo somado, o que distingue de fato o filósofo analítico é uma habilidade específica, um certo *skill at argumentation*. Portanto um corpo de elite que trocou sua participação numa certa área da investigação científica pela posse mais exclusiva de um raro talento, no caso o de *putting together arguments*. Aqui o deslize nessa nova autodescri-

Filosofia francesa e tradição literária

ção do filósofo na recapitulação de Rorty: nem *scholar* (como nos tempos da cultura livresca), nem "cientista" (como na época da hegemonia positivista), mas uma espécie de fiscal de última instância em virtude de sua mestria peculiar na resolução de questões conceituais graças à posse de uma matriz heurística, a capacidade retórica transfigurada em manipulação de superconceitos, de sorte que os filósofos, sobretudo quando solicitados a analisar e clarificar noções empregadas a esmo pelos não filósofos, acabam não por acaso encarnando novamente o personagem que sabe das coisas nelas mesmas, enfim *what is going on*. Em suma, pelo atalho pós-positivista do vezo argumentativo elevado à enésima potência, voltamos à invenção kantiana da filosofia profissional, com direito à última palavra sobre qualquer assunto. — Descartada a reação corporativa fundacionista, Rorty volta então à dimensão afirmativa da atual proliferação de paradigmas, simplesmente o avesso de uma renúncia tácita à ideia de *expertise* filosófica, avalizada por uma espécie de acesso privilegiado a um quadro categorial sem território específico, por assim dizer uma gama de conceitos superiores inerentes a todos os demais conceitos cuja análise justamente facultam: noutras palavras, a lição que se deve tirar dessa disseminação historicamente constatável pode ser resumida lembrando, entre outras coisas, que ter um conceito nada mais é do que uma certa aptidão a empregar uma palavra, que a habilidade argumentativa na manipulação de conceitos (a atividade mais indicada para ofuscar o leigo) é apenas a competência no uso de uma linguagem, que aliás se cria mas não se descobre. E assim por diante. O reencontro de que falei há pouco estava portanto maduro, mediante a seguinte interpretação. Tudo se passa como se a "análise lógica", voltando-se sobre si mesma (na melhor tradição "reflexiva" continental), graças em particular à pragmática do segundo Wittgenstein, à crítica de Quine à semântica de Carnap, à demolição do mito empirista do "dado" por Sellars, somados ao holismo de Davidson, ao "historicismo" de Kuhn etc. etc., tenha finalmente arquivado a fraseologia do cânon Platão-Kant (como se diz na língua franca atual) acerca da autoridade final da filosofia enquanto disciplina autônoma acerca da significação e racionalidade de nossas asserções e ações. Vai nessa direção, por exemplo, a discussão de tópicos centrais da tradição analítica nas duas primeiras partes do livro de 1979, *A filosofia e o espelho da natureza*: quer dizer (aí o ponto sensível de toda essa manobra estratégica) esse *antirrepresentacionalismo* radical se apresenta como o resultado de uma evolução interna ao próprio *corpus* temático da filosofia analítica hegemônica na cena americana; nada se passou portanto impulsionado por algum influxo externo qualquer. Deu-se exatamente o contrário: esse desfecho imanente na verdade reatou, com a evidência dos processos naturais, quem diria, justamente com a tradição filosófica americana relegada pela profissionalização, a saber o Pragmatismo do velho John Dewey, descartado pelos novos-ricos do neopositivismo lógico por ser demasiado provinciano e amadorístico. Ora, Rorty empenhando-se em desenvolver a gradual pragmatização da filosofia analítica estava simplesmente preparando o caminho para esse *coup de théâtre*: no bazar cultural dos paradigmas em decomposição, o *pathos* de um *revival* onde todos deveriam reconhecer o melhor da experiência americana. Assim um filósofo americano profissional, na virada dos anos 1970 para os 80, imaginava reverter, sem se desacreditar por completo, o crescente sentimento de irrelevância que afinal aquela mesma operação de desprovincianização de que descendia acabava despertando no momento mesmo do seu triunfo.

Esta reconversão não é fato isolado. Ou por outra, ela decorre em larga medida dos ares do tempo, e o mérito de Rorty consistiu em tê-lo pressentido na hora certa, procurando entron-

Filosofia francesa e tradição literária

car a virada pragmática da filosofia analítica à sensibilidade do momento. Como se sabe, não é de hoje o dilema do intelectual americano: confrontado com a aridez filistina de uma sociedade aquisitiva, ensimesmar-se, ruminando em estilo profético a "alienação" em que se encasulou longe das convenções de uma ordem regida pela ética do trabalho, ou procurar assegurar respeitabilidade à vida desinteressada do espírito, porém integrado como um adulto responsável, numa palavra, um empregado de colarinho branco como outro qualquer. Essas alternativas dividem o letrado americano desde os tempos de Emerson e Thoreau em Concord e, ao que parece, se tomarmos o livro de Russell Jacoby sobre os "últimos intelectuais" como sintoma fidedigno, estão novamente na berlinda, centradas agora na figura em extinção do intelectual público — o cidadão letrado que escreve sobre e para um público esclarecido —, tragado pela maré privatista da assim chamada "cultura do narcisismo", tendo como referência exemplar os anos 1950, idade de ouro dos intelectuais independentes, círculo utópico do qual Wright Mills foi o principal intérprete e esteio moral, o qual por sua vez ia procurar seus modelos na década de 1930 (quando a seu ver generalizou-se um tipo de intelectual como agente político, reformador radical), ou ainda mais longe, num refratário irredutível como Thorstein Veblen.[6] Ora, no imediato pós-guerra, a ameaça à independência do escritor público, condenado a viver da mão para a boca escrevendo resenhas e se virando em cursos noturnos avulsos, vinha não só da servidão burocrática possível, na condição de técnico ou *expert* qualificado, mas sobretudo das cidades universitárias, onde os insubmissos de ontem estavam começando a se enterrar. Nos anos 1980, os nostálgicos do inte-

---

[6] Russell Jacoby. *Os últimos intelectuais: a cultura americana na era da academia*. Tradução de Magda Lopes. São Paulo: Trajetória/Edusp, 1990.

lectual público *introuvable* voltaram a bater na mesma tecla: o professor teria engolido a autonomia do publicista. Não por acaso, depois de um longo interregno (os livros de Parrington e Schneider foram publicados entre os anos 1920 e 1940),[7] começaram a aparecer novamente estudos sobre a evolução da filosofia americana, desnecessário lembrar, assunto inteiramente desprezado pelo positivismo lógico dominante, pois em princípio um problema filosófico genuíno não tinha história, ou melhor, sua genealogia era supérflua. Num deles, de William M. Sullivan, essa convergência já se pode ler no próprio título, *Reconstructing Public Philosophy*, que deve ser entendida por oposição à "filosofia técnica".[8] Outros dois livros dos anos 1970 sobre o mesmo tema consagram igualmente capítulos reticentes ao período em que principia a idade profissional da filosofia nos Estados Unidos.[9] Esse o cenário intelectual da grande manobra executada por Richard Rorty. É bem possível que nosso Autor, impregnado por esse novo clima de opinião (no entanto recorrente, como assinalado), tenha então reparado que no mesmo ano de 1951 em que Reichenbach expunha sua plataforma de conversão da especulação filosófica numa *problem solving discipline* exercida por profissionais da argumentação, Wright Mills publicava seu requisitório contra os intelectuais de terno e gravata (o *White Collar* apareceu de fato em 1951). Mas em segui-

---

[7] Vernon Louis Parrington, *Main Currents in American Thought*. 3 vols. Nova York: Harcourt, Brace and Company, 1927-1930; Herbert W. Schneider, *A History of American Philosophy*, Nova York: Columbia University Press, 1946.

[8] William M. Sullivan, *Reconstructing Public Philosophy*. Berkeley: University of California Press, 1982.

[9] Bruce Kuklick, *The Rise of American Philosophy*. New Haven: Yale University Press, 1977; Albert William Levi, *Philosophy as Social Expression*. Chicago: University of Chicago Press, 1974.

Filosofia francesa e tradição literária

da deve ter se lembrado de que em sua tese de doutoramento Wright Mills estudou exatamente o processo de profissionalização da filosofia nos Estados Unidos (como também recorda o já citado Russell Jacoby), e a atrofia que daí se segue — mas sobretudo deve ter registrado o elogio final de Wright Mills ao pragmatismo de John Dewey, a seu ver o último filósofo público americano, responsável pela derradeira tentativa de trazer de volta o raciocínio filosófico para a trama diária da vida social e cultural. Estava lançada a pedra fundamental do reencontro planejado por Rorty ao retomar a crítica do "argumento profissional" em filosofia.

Mas para redimir a sensação de irrelevância cultural do professor de filosofia em tempo integral, não bastava apelar sem mais para um dos capítulos mais populares da tradição local de crítica à filosofia universitária, a rigor mais uma das tantas variantes do anti-intelectualismo americano. Sabendo muito bem disso, uma das primeiras providências tomadas por Rorty foi a filtragem da ganga metafísica ainda presente nas exposições um tanto rudimentares de Dewey, para só então encaixá-lo na sequência a ser recontada da vida filosófica americana correndo ao encontro do seu destino pós-analítico. Mais ou menos nos seguintes termos. Quem reler hoje os escritos de Dewey não poderá deixar de notar — acredita Rorty — uma oscilação característica: ora o "pragmatismo" se enreda na aspiração duvidosa de converter a filosofia num empreendimento sistemático, construtivo, graças aos métodos experimentais do novo espírito científico etc., ora (mas ainda animado pelo mesmo impulso iluminista de desencantamento do mundo) se apresenta como atividade meramente terapêutica, a saber, uma análise e consequente dissolução caso a caso dos pseudoproblemas herdados da tradição filosófica. Sendo assim bifronte o naturalismo de Dewey, poderemos compreender melhor o confronto com a voga neopositivista subsequente e, por aí, os últimos quarenta anos da atividade filosófica na América. Uma antiga observação de Sidney Hook, nas primeiras horas do enxerto universitário, deu a deixa de que Rorty precisava: Dewey, segundo o discípulo desafiado pelos críticos profissionais da Metafísica, mostrou que a maioria dos grandes problemas filosóficos são falsos problemas; o empirismo lógico recém-desembarcado também o faz, só que de um modo muito mais formal, e ainda por cima fica por aí mesmo; ora, ao invés de se contentar com a demonstração da futilidade lógica dessas controvérsias, Dewey dá um passo a mais na direção dos conflitos que estão na base dessas disputas verbais. Se assim é, comenta Rorty, podemos entender no seu plano próprio o eclipse que se abateu sobre o velho pragmatismo nas duas décadas seguintes. Simplesmente Carnap e Cia. estavam fazendo uma faxina mais eficiente ao demonstrar a vacuidade das grandes questões metafísicas, pois tinham as virtudes dos seus vícios: levando os pressupostos comuns a Descartes, Locke, Kant etc. à sua conclusão lógica, acabaram reduzindo ao absurdo a temática filosófica tradicional, programa que dependia justamente dos dogmas do empirismo lógico que hoje nos parecem insustentáveis (depois das críticas de Quine, Sellars e congêneres). Mas assim procedendo, iam cavando sua cova com as próprias mãos, como logo a seguir demonstrou a ainda mais efêmera escola de Oxford: ao contrário da crítica radical da tradição a partir do famoso ponto de vista lógico (supostamente neutro) que imaginava ser, o empirismo lógico era nada mais nada menos do que a *reductio ad absurdum* daquele mesmo cânon representacional. E inversamente, a estreiteza filosófica característica do dualismo inerente ao empirismo lógico habilitou-o justamente a fazer o que Dewey não podia devido à maior amplidão do seu propósito (desenterrar o contencioso real por debaixo dos problemas filosóficos, a seu ver os mesmos conflitos que se ex-

Filosofia francesa e tradição literária

pressam de preferência nos estudos sociais e na experiência esté-tica), desse modo pouco aparelhado para perceber na linhagem epistemológica Descartes-Kant, quando tomada nos seus pró-prios termos, a tendência à autorrefutação. Por onde se vê mais uma vez que o enxerto profissional, quando revisto à luz da "pragmatização" imanente da filosofia analítica, era mesmo uma ilusão necessária. Este mesmo enquadramento retrospectivo per-mitirá enfim reler Dewey e encadear os elos de uma tradição lo-cal até então inexistente. Assim depurado e rejuvenescido, o ve-lho pragmatismo trazia de volta consigo o impulso de recons-trução social dos tempos do New Deal e com ele a promessa de romper o confinamento, o horizonte raso do filósofo burocrati-zado pela divisão do trabalho de "pesquisa" em equipe. Neste quadro sob medida, o empório estilístico, o bazar de paradig-mas de alta rotatividade, acrescidos da cor local rediviva, con-vergiam num pragmatismo *soft*, em dia com a revelação da con-tingência da linguagem, do Eu e dos vínculos sociais, virada an-tifundacionista que agora sim podia abrir uma janela para o mundo. Encerrado o ciclo profissional (cujas virtudes profiláti-cas acabamos de apreciar), veremos que o novo filósofo públi-co é um outro nome para as virtudes de edificação pessoal con-centradas de direito num velho tipo intelectual, habilmente tra-zido à cena no passo seguinte. Rorty surpreenderá então uma segunda vez.

O novo scholar *americano (I)*

Primeira ressalva: evitar o lugar-comum que costuma ver no pragmatismo, de William James a John Dewey, o equivalen-te filosófico da paixão nacional predominante, fazer dinheiro e tudo o mais que daí se segue; por isso Rorty faz questão de lem-brar que pragmatismo e "sentimento trágico da vida", como queria Sidney Hook, podem muito bem andar juntos — aliás uma repartição de encargos que é da natureza mesma do processo, cabendo ao primeiro, arquivando a noção enfática de verdade e seus correlatos, sancionar com alma leve a inocência quase natural do vir-a-ser capitalista, entregando-se então ao arbítrio decisionista do segundo, à esfera politeísta dos valores, como diria Weber. Mas voltemos: Dewey portanto, por mais "pragmático" que possa ter sido em sua profecia "progressista", não achava que a conjunção de Revolução Americana e Revolução Industrial tenha tornado obsoleta a *agonized conscience* do sujeito moderno entregue a si mesmo. E mais, era justamente essa consciência agoniada, herdada da crispação puritana dos ancestrais, que se tratava a um tempo de consolar e *formar*, fornecendo-lhe — em que termos, logo se verá — uma espécie de conforto estético e edificante. Reatar então com a *genteel tradition* (bem compreendida) que no início do século, interpretando as chances da especulação filosófica nos Estados Unidos, Santayana distinguira da ênfase agressiva do mundo desenfreado dos negócios: um temperamento por assim dizer feminino, mais amigo dos livros e da conversa polida do que das *matters of fact* e da energia empreendedora correspondente, que ao arranha-céu preferia a casa colonial, ao escritório, justamente o ambiente acadêmico, mas está claro que nos tempos da modorra pastoral de Harvard. Como vimos, a profissionalização da vida intelectual mudou tudo. Segunda observação: Rorty deve ter percebido muito bem que o modelo de intelectual independente nessas recapitulações por contraste com a esterilização universitária era sobretudo o crítico literário; nessas enumerações, seu patrono sempre aparece flanqueado, por exemplo, (à direita) por um Lionel Trilling, (à esquerda) por um Edmund Wilson, e assim por diante. Entendamos, um tanto livremente: por que não imaginar em consequência que a independência de juízo de um filósofo público, e portanto a sua relevância de princípio, além do mais "pragma-

Filosofia francesa e tradição literária

tista" por convicção — quer dizer, operando sem regras, pois abandonou a pesquisa dos fundamentos — bem poderia pertencer à mesma família do juízo de gosto literário, e como este vincularia a experiência estética ao caráter necessariamente público da apreciação crítica, que não funciona se não pedir aquiescência? Veremos que não foi bem esse o raciocínio feito, quem sabe por ainda resvalar na noção perigosamente fundacionista de Crítica — mas algo que passa, entre outras coisas, pela estilização romântica do juízo (kantiano) de gosto. Seja como for, o fato é que Rorty, tendo registrado a inegável audiência dos críticos literários independentes, e reparado sobretudo que a conformação do senso moral dos intelectuais americanos, encerrados os anos Dewey, se dava sem que se prestasse a menor atenção aos professores de filosofia, não hesitou em forçar um pouco a mão e completar a previsão de Dewey, segundo a qual a filosofia americana se afastaria da rota cartesiana exaurida, isto é, dos problemas herdados da tensão setecentista entre o pensamento físico-matemático e o senso comum, para se consagrar aos novos problemas suscitados pelas ciências sociais então emergentes e pelo novo rumo tomado pela arte, sustentando que ela tinha enfim se cumprido na *American highbrow literary culture*... E isso depois de Dewey ter passado a vida pregando democracia, naturalismo, reconstrução social etc., contra o ranço aristocrático da citada *genteel tradition* — nela incluídos (por Dewey, está claro) espiritualistas de todos os bordos, dos transcendentalistas da Nova Inglaterra ao idealismo de segunda mão de um Josiah Royce. Bastavam no entanto alguns ajustes. Por exemplo, uma redefinição da vitória de Emerson sobre os calvinistas. Neste caso, um filósofo pós-positivista como Stanley Cavell dera o sinal havia algum tempo, mostrando, por exemplo, como se poderia fazer refluir um certo *Emerson's mood* — afinal o estado de ânimo que melhor resumia a plataforma do *American scholar* — sobre a filosofia da linguagem ordinária conforme o segundo Wittgenstein, Austin etc. Com um duplo e inestimável benefício: a vida filosófica americana não só era um fato cultural tangível, como poderíamos não por acaso fazê-la recuar até os pais fundadores Emerson e Thoreau; e mais, os solitários de Concord justamente pertenciam a uma espécie de terra de ninguém onde não se poderia dizer ao certo o que era literatura e o que era filosofia. Esse o marco zero doméstico.[10] Estava assim balizado o caminho que a filosofia — mas agora em nova chave, cujo desfecho "pragmático" conhecemos — deveria trilhar (por analogia com esse passado alternativo) para voltar a desempenhar um papel cultural de relevo. Restava justamente redefinir aquela nova chave, a cultura literária do americano *highbrow*, um híbrido surpreendente, ao mesmo tempo herdeiro do turbulento e provinciano Dewey e futuro protagonista da *French connection* por vir. Providência imediata: refazer a genealogia do personagem, mais exatamente, as ramificações da cultura *highbrow* do novo *American scholar*, as malhas da rede na qual se apanhará o grande peixe continental da *écriture*.

O novo scholar *americano (II)*

Recapitulemos por outro ângulo o cenário idealizado (em todos os sentidos) por Richard Rorty. Em meados dos anos 1970, sendo ele mesmo um filósofo profissional, mudando entretanto de hábito, foi dos primeiros a secundar, e tirar as devidas consequências, a seguinte observação programática de Harold Bloom: ao que parece, atualmente nos Estados Unidos, como os filósofos e demais professores encarregados de zelar pela

---

[10] Stanley Cavell, *The Claim of Reason*. Oxford: Clarendon Press, 1979; *idem*, "Emerson, Coleridge, Kant", *Post-Analytic Philosophy*, *op. cit.*; *idem*, "L'humeur Emerson", *Critique*, Paris, Minuit, nº 541-542, 1992.

Filosofia francesa e tradição literária

"presença do passado" abandonaram a Cena da Instrução, tal tarefa acabou nas mãos ainda um tanto desorientadas dos teóricos da literatura. Quanto a Rorty, já naquela ocasião estava convencido, à vista do fiasco de público da filosofia profissional (de teor kantiano, como sabemos, acrescido de sua versão anti-historicista), de que nos Estados Unidos a filosofia já fora deslocada de sua principal função cultural pela crítica literária. Essa a evidência sociológica de que se revestira a convicção mais geral a ser então reconstituída historicamente, a saber que o centro arquitetônico da cultura já não estava mais na filosofia (como pretendera Kant ao transformar a Crítica do Conhecimento num tribunal de última instância) mas se encontrava agora na Literatura, por certo não na literatura na acepção trivial do termo, porém compreendida como uma cultura literária suficientemente abrangente e renovada no seu funcionamento para poder abarcar em sua esfera de definição, por exemplo, a ciência e a filosofia, mas entendidas agora, no melhor dos casos, como gêneros literários. Numa palavra (mais radical e à feição dos antigos diagnósticos de época), estaríamos ingressando numa cultura *pós-filosófica*, da qual já podemos dizer que um dos seus traços mais salientes consiste numa espécie de *ethos* que eleva nada mais nada menos que a Crítica Literária à condição de disciplina intelectual dominante. E mais, também naquela mesma ocasião Rorty começou a notar que, não por acaso, no que dizia respeito à mencionada ascendência cultural, a irradiação dos teóricos americanos da literatura se aproximava e se assemelhava cada vez mais à exercida pelos professores franceses de filosofia, pelo menos a partir do momento em que romperam com a rotina neokantiana de Brunschvicg e Cia., neles incluídos, não sem paradoxo, os protagonistas da reação acadêmica que foi o "estruturalismo" — aliás convém observar que os novos organizadores americanos da cultura, os críticos literários, são igualmente professores, e que portanto a relevância pública, tão procurada, no fundo se resumia à hegemonia paroquial nos *campi*, revistas especializadas e correspondente indústria de colóquios entre quatro paredes. Em meio portanto da década de 1970 a convergência francesa já estava visível a olho nu: compreendamos, do lado do continente, a filosofia *as a kind of writing*, do lado americano um certo uso "pragmático" da cultura literária da parte dos seus consumidores *highbrow*, prática com um passado nobilitador a ser ressuscitada e da qual os professores de literatura detinham a chave teórica.

A equação estava armada, bastava desenvolvê-la. Com muito senso das manobras a executar, Rorty começou então pela árvore genealógica da cultura *highbrow* americana. Já sabemos onde deita sua raiz mais remota, na mescla estilística de Emerson, escrita aforismática onde uma certa filosofia de orientação, de direção (como a qualifica o já citado Stanley Cavell) se confunde com uma sorte de fervor literário, seja na forma mais resistente do sermão, ou do diário meditativo etc., o conjunto banhando numa atmosfera de elevação espiritual e consequente repúdio à prosperidade vulgar dos caçadores de dólares. É bom lembrar ainda (para ressaltar um pouco a estranheza da filiação — mas agora já é costume aproximar Emerson de Nietzsche, da mística do primeiro Wittgenstein, enfim de não importa qual dissidente em voga) que o *Walden* de Thoreau, sendo uma resposta ao apelo de Emerson dirigido ao *American scholar*, também é o manifesto fundador da alienação do intelectual americano, alheamento deliberado de quem se sente entretanto exilado no deserto cultural da sociedade norte-americana. Transformar isolamento em profecia foi se tornando assim uma especialidade nacional — tópico obrigatório de todas as histórias intelectuais americanas, ao qual também precisei me referir momentos atrás. Agora volto ao assunto para observar que a visão inaugural de

Filosofia francesa e tradição literária

Rorty nada tem a ver com a ilusão retrospectiva simétrica, como a alimentada por um Irving Howe, entre outros, que, confrontado no início dos anos 1950 com o irreversível enquadramento do extinto intelectual pele-vermelha (como denominava Philip Rahv os maus modos literários de uma linhagem de escritores oitocentistas que desembocam em Whitman), recuava a secessão que culminara na turbulência alcoolizada dos anos 1920 até a pasmaceira de Concord, na qual entrevia a sementeira da futura boêmia, por certo uma estranha boêmia, "tranquila, subversiva e transcendental". Não era bem este o cenário para o nascimento do *highbrow* americano (a família intelectual dos caras-pálidas, ainda na classificação pitoresca porém exata do mesmo Philip Rahv). Mas Rorty também não gosta muito (acompanhando Cavell) que Santayana associe o desafogo transcendentalista da consciência calvinista da depravação humana ao decoro beletrista da *genteel tradition*. Esse todavia o ponto. Historicamente as discrepâncias eram mesmo muitas: para começar, numa vida literária ordenada sob medida para o aconchego das bibliotecas e as reticências do *boudoir* (se estou certo em acreditar na versão de V. L. Parrington), empenhada portanto na edificação de barreiras contra os intrusos (os "chatos" como diria Mme. Verdurin), não haveria de fato lugar para a ênfase de pregadores rústicos como Emerson ou Thoreau, sobretudo se faziam muito barulho por nada, a saber o antagonismo romântico entre dinheiro e refinamento espiritual. Não é que essa incompatibilidade de fundo fosse propriamente recalcada naquela tradição de *scholarship* e urbanidade, pelo contrário, e ainda que a virtude suprema consistisse na arte de fechar os olhos para os fatos desagradáveis, era certamente de bom-tom, sobretudo quando se era *rentier* (como os frequentadores da casa de Henry Adams), dar ostensivamente as costas à cara mais pedestre da *economic age*. Veja-se que a "alienação" (sempre na acepção americana do termo) corre agora por outra pista, mas persiste assim mesmo o *pathos* da distância, no caso porém expressão de uma classe ociosa que de fato podia se considerar apartada e acima do mundo. Como lembrou Richard Hofstadter (de quem acabo de aproveitar uma deixa),[11] cultura retraída de uma classe sitiada, de sorte que prezavam muito mais a posse da inteligência literária (de resto convencional por definição) do que o seu uso efetivo. Juntando esse traço veleitário (em que se resolvia a aspiração inconclusiva pela *culture for its own sake*) à mencionada altitude artístico-social (e tudo o mais que se pode ler na *Education* de Henry Adams), sem esquecer obviamente o principal, a tendência a estetizar a obsessão religiosa da "riqueza benevolente", teremos uma introdução clássica ao *highbrow*, que o nosso filósofo pós-analítico consideraria sem dúvida preconceituosa, mas quem sabe poderia acatar caso lhe acrescentássemos, contrabalançando o recheio mais desfrutável do personagem, o tal sentimento trágico da vida, *supplément d'âme* do pragmatismo reabilitado (mas também pode ser a epistemologia naturalista de Quine), depois de ter inspirado para o bem e para o mal o sombrio ímpeto inconformista dos ancestrais puritanos. Seja como for, o fato é que Rorty não se acanha de incluir em suas inumeráveis listas de heróis culturais (logo veremos que Carlyle tem a ver com isto) vários protagonistas da tradição na qual Santayana entroncou a especulação filosofante americana em sua fase pré-científica. Como estava empenhado em passar o bastão filosófico da "arquitetônica cultural" para as mãos dos *literary intellectuals*, ponderou que, pelo sim pelo não, se havia algo ainda que remotamente análogo ao amálgama de Santayana (o enxerto da falsa boêmia transcendentalista na tradição cavalheiresca), era coisa que se

---

[11] Richard Hofstadter, *Anti-intelectualismo nos Estados Unidos*. Tradução de Hamilton Trevisan. Rio de Janeiro: Paz e Terra, 1967.

Filosofia francesa e tradição literária

poderia encontrar nos atuais Departamentos de Letras, pois seus membros em princípio seriam tudo menos *academic entrepreneurs*. Seja dito de passagem que não é bem este o caso, se é que jamais o foi. Como todo mundo sabe, a curiosidade literária também se profissionalizou (ou melhor, como veremos, a falta de interesse real pela literatura), e no capítulo mais específico da ascensão dos estudos ingleses é costume associar sua crescente respeitabilidade acadêmica à difusão do *New Criticism*, que justamente impressionava pelo aparato de procedimentos técnicos que mobilizava. A bem conhecida evolução ulterior, à medida que sucediam as alegações teóricas do juízo crítico cada vez mais rotinizado, não precisou de muito tempo para enturmar os herdeiros do ensaísmo polido inglês do século XVIII na lamentável família (nas próprias palavras de nosso Autor) dos seus *well-funded* e *businesslike* colegas tarimbados na arte de faiscar *grants* e montar *research teams*, sem falar no ramo mais próspero dos *advisors* de todos os calibres etc. Tudo isso é arquissabido, sobretudo dos fãs de congressos de literatura, e tem mesmo fornecido a matéria-prima para um novo gênero literário, que Umberto Eco, catedrático nessa coreografia, batizou de picaresco acadêmico;[12] e portanto dispensaria de menção específica o seu ingrediente mais picante, não fosse precisamente a proliferação anglo-francesa dos pequenos paradigmas concorrentes nesse *campus* global, e cujo sucesso mundial se deve em grande parte à feliz circunstância de fornecerem eles mesmos, quando combinados na dosagem certa, a *théorie d'ensemble* (como se diria nos tempos de *Tel Quel*) desses incontáveis expedientes *ad hoc*, que afinal se multiplicam por vivermos em condições ditas pós-utópicas, como costumam falar os que se sentem visivelmente mais aliviados

---

[12] Prefácio ao romance de David Lodge, *Un tout petit monde* (Paris: Rivages, 1991).

com o clima de fim de linha em que nos achamos. — Lembrado de relance o desfecho da *genteel tradition* pelo seu ângulo decerto mais desfrutável, voltemos ao Transcendentalismo, primeiro breviário americano do intelectual, ou melhor, do *American scholar* segundo o gosto retrospectivo de Rorty, a saber: um intelectual que nem mesmo nalgum momento de abandono jamais cogitou tornar-se um profissional, e que portanto já não se deixa mais persuadir de que sua justificação depende da matriz conceitual definidora de um gênero ou disciplina científica; assim, nele não se exprimiria o portador de um corpo doutrinário, por exemplo, acerca da verdadeira natureza do mundo ou coisa que tal, mas antes de tudo um simples ponto de vista, a partir do qual então não importa que objeto poderia ser abordado por um observador dotado de uma autoconsciência tarimbada nesse método de aproximação por circunvoluções. Pelo menos era assim que Santayana via o nosso personagem, mais exatamente, o que nele merecia ser recuperado e transmitido aos herdeiros, e que à certa altura teve a inspiração de assimilar à tradição romântica. Ato contínuo, Rorty aproveitou a deixa inesperada, tratando de lavrar a certidão de nascença do *highbrow* americano, cujo singular estofo literário deveria em princípio falar à imaginação do filósofo nativo pós-analítico à cata de um novo paradigma.

4

Origens do paradigma literário
Ocorre que boa parte da originalidade do tipo intelectual em questão, bem como a evolução ulterior de sua aclimatação americana, nos escaparão se não remontarmos por um momento à sua terra natal, uma certa fatia do Oitocentos inglês e seus

Filosofia francesa e tradição literária

desdobramentos no século XX. Aliás a ponta dessa meada estava bem à vista: como se há de recordar, a falsa boêmia de Concord estava encharcada de Coleridge, Carlyle e Cia., referência que encerra todo um programa de época. Trata-se, como os nomes citados já indicam, de uma bem conhecida tradição (pelo menos depois do estudo definitivo de Raymond Williams[13]) que se poderá chamar literária (numa acepção mais ampla do termo, que a nós interessa justamente precisar) de crítica social (porém obviamente de predominante conotação moral) da nova ordem capitalista-industrial emergente, aliás justamente visível a olho nu na Inglaterra do tempo. Pois bem: se tem razão o principal intérprete contemporâneo dessa tradição muito característica, o mencionado Raymond Williams, é nela que devemos procurar, por assim dizer em primeira mão, alguns esquemas básicos da experiência intelectual que estamos tentando identificar, a começar pelo mais ostensivo deles, menos um conceito do que uma longa alegação de mais de um século, a ideia de Cultura, senha e álibi do nosso *highbrow* na berlinda.

Muito resumidamente, a evolução que interessa evocar seria mais ou menos a seguinte. Do nosso ângulo, podemos começar pela invenção inglesa do termo *intellectual*, personagem do qual se começou a falar ali pela segunda década de 1800, e justamente nos círculos encarregados de advogar a causa de uma nova ordem social em que o referido personagem, embora rigorosamente contemporâneo dela, se ajusta mal ao destino adverso que ela parecia lhe reservar: quer dizer, a difusão do termo que passava a designar a condição moderna do *intellectual* de-

---

[13] Raymond Williams, *Cultura e sociedade*. Tradução de Anísio Teixeira. São Paulo: Companhia Editora Nacional, 1969; Lesley Johnson, *The Cultural Critics: From Mathew Arnold to Raymond Williams*. Londres: Routledge and Kegan Paul, 1979.

veu-se em grande parte a publicistas mais ou menos familiarizados com os primeiros princípios de uma outra especialidade nacional, a Economia Política, os quais, com uma desenvoltura até então desconhecida pelo cinismo, volta e meia lembravam que indivíduos especializados em oferecer ao público poemas, resenhas ou argumentos, na verdade também produziam para o mercado como qualquer fabricante de linho ou alfinetes. Assim exposto sem piedade aos caprichos impessoais do mercado, o *polite writer* do Antigo Regime, acostumado a evoluir em salões e clubes, cafés e congêneres, espaços protegidos (havia concorrência, porém de outra ordem) onde se fazia o aprendizado de uma mescla estilística original, uma combinação regida pelo imponderável do gosto, entre conversação mundana e instrução erudita bem dosada, acabou cedendo aos poucos o lugar a uma outra espécie local, comumente denominada *literary intellectual*, protagonista de um outro drama, desenrolando-se no campo de batalha de uma sociedade antagônica baseada no sistema de fábricas. Estava inaugurada a "idade do desespero", como dirá Shelley. Daí a defesa da Poesia (que passa a significar muito mais do que mera versificação), destacando-se contra a paisagem de fundo de um divórcio irreversível: de um lado, um público burguês sem dúvida leitor, porém cada vez mais recalcitrante, do outro, a crispação dos *learned few*, no caso o artista romântico. Mas não era ainda o estereótipo bem conhecido que entrava em cena e sim um tipo portador de um traço de nascença muito peculiar, possivelmente na origem daquela curiosa apelação inglesa. Nele convergiam formalização literária da experiência e, coisa rara entre escritores, consciência intelectual desperta. Aqui um dos pontos originais assinalados por Raymond Williams, contrastando com a imagem convencional da efusão lírica encasulada, pois segundo o Autor, a expressão consequente desta última configurava ao mesmo tempo um ponto de vista particular-

Filosofia francesa e tradição literária

mente contundente sobre a nova ordem social. Para Blake, Wordsworth, Shelley, Keats etc., iluminação poética e crítica social eram operações explicitamente indissociáveis — a compartimentação, que é da lógica do processo, viria depois. Esse o traço idiossincrático nacional, facilitado sem dúvida pela proximidade traumática da Grande Transformação (é bom lembrar que antes de ser consagrada por Karl Polanyi, que tinha em mente, como se sabe, a instituição moderna e calamitosa do mercado enquanto esfera autônoma regida pelo mito da autorregulação, a expressão vinha de Burke, quer dizer, do confronto entre as reminiscências de um veterano do Antigo Regime e os estragos progressistas do Industrialismo, outra expressão inglesa da época), a saber, a imediata conversão da experiência pessoal em conclusão geral sobre o momento histórico vivido, uma viragem de que ninguém tinha dúvida. Compreende-se então que nessas condições a recém-nascida noção de Cultura tenha se apresentado como a antítese natural do mercado, e que a autossagração do letrado romântico, sal da terra e luz orientadora da vida comum, tenha sido mais um entre os mitos compensatórios de uma situação de segregação e exílio interior. Seja como for, estava lavrada a certidão inglesa de nascença dos *literary intellectuals*.

Menciono rapidamente os próximos passos (na reconstituição de Raymond Williams, está claro) dessa fusão entre imaginação estética e faculdade social de julgar. A inovação decisiva data do tempo de Coleridge, momento em que a ideia de Cultura entra por extenso no pensamento social inglês, definindo-lhe de vez o caráter e o destino. E entra na condição de supremo tribunal a que todas as instâncias sociais de uma civilização industrial cada vez mais estreita e insatisfatória deveriam submeter-se. Mas Coleridge renova o assunto sobretudo em duas direções. Por um lado, sempre contraposta ao verniz utilitário da civilização (o progresso, na acepção filistina do termo), se não é o primeiro a lembrar é um dos pioneiros no emprego da expressão, recorda que a cultura deve ser entendida como o fruto de uma *cultivation*, que por sua vez se expressa antes de mais nada pelo desenvolvimento harmonioso de uma personalidade em condições de se impor então como padrão superior da saúde do organismo social. Transformado numa verdadeira corte de apelação, diante da qual uma sociedade fundada nas relações de mercado comparece para ser condenada, um espírito cultivado não é mais, como nos tempos em que apenas germinava a Revolução Industrial, a cifra de uma qualificação pessoal, senha para o livre trânsito numa sociedade polida: como já foi lembrado, o trato ameno entre corações bem formados passou para um remoto segundo plano, cabendo — aqui a nova demasia — à generalização da *cultivation*, enquanto resposta ao impacto da mudança radical, a tarefa de reordenar o edifício social à sua imagem e semelhança. Este então o outro lado: ao mesmo tempo em que consolida a presença da ideia normativa de cultura no pensamento social inglês, Coleridge não se acanha de reintroduzir, pelas razões que acabo de resumir, um novo sentimento institucionalizado da hierarquia, encarnada no caso por uma clerezia, uma espécie de Igreja Nacional da Cultura, a corte suprema que alimentara a fantasia da geração romântica anterior. Assim, em lugar de emigração interior, uma intervenção social positiva, ainda que descalibrada para o gosto moderno. Neste mesmo rumo, Carlyle, como se há de lembrar, cogitará de alguma coisa como uma "classe literária orgânica", depois de ter tomado o cuidado de apresentar o *literary intellectual* como o verdadeiro herói da vida moderna. Enfim Matthew Arnold, a quem se deve a doutrina de conjunto acerca da ascendência social da cultura e seus profetas. E assim por diante, até meados deste século, quando Raymond Williams encerra seu relato.

Filosofia francesa e tradição literária

O desfecho é curioso e interessa observá-lo mais de perto — aliás foi pensando nele que demos esta pequena volta. Sem ser o último do livro, pode-se dizer que o capítulo conclusivo se concentra de fato nas páginas que Raymond Williams dedica à militância de F. R. Leavis e do grupo reunido em torno dele na revista *Scrutiny*, quer dizer, a um simples (por assim dizer) programa de renovação da crítica literária (verdade que acompanhado de intervenções práticas inéditas no âmbito da educação literária e da difusão cultural), baseado não só no óbvio repúdio da tagarelice grã-fina sobre os escaninhos do gosto literário e na concomitante condenação da experiência estética confinada a *coteries* — como fora o caso do estetismo de Walter Pater e assemelhados em fins do século passado, e ainda se podia ver nos anos 1920 na doutrinação de um Clive Bell, principal ideólogo do círculo de Bloomsbury —, mas reatando ostensivamente (em 1930, Leavis abria seu manifesto acerca do enfrentamento da civilização de massa pela cultura minoritária invocando o patrocínio de Matthew Arnold) com a referida tradição oitocentista inglesa de crítica do enrijecimento social moderno mediante apelo ao tribunal superior da Cultura. Só que agora — aí o nervo de nossa questão — o centro de gravidade dessa última instância condenatória passara a ser a Literatura, sem a qual não seria possível uma vida livre, variada e sem desperdícios, como dizia o precursor dessa sagração inglesa do caminho crítico, I. A. Richards. O confronto básico continuava o mesmo, o conflito entre a mutilação em que culminava o utilitarismo da civilização industrial, exterior e mecânica, e a vida plena que o exercício da *cultivation* prometia, mas o estreitamento do horizonte era evidente, quando se deveria esperar o contrário, pois à ameaça por assim dizer mais simples (inclusive de refutar) do filistinismo burguês em ascensão (conjugado, é verdade, à turbulência das novas classes trabalhadoras, a cuja anarquia virtual cabia justamente antepor a integração orgânica que só a cultura propiciava) no tempo dos primeiros profetas da salvação pela cultura, sucedera um quadro muito mais complexo, no qual a principal surpresa era a entrada em cena de uma massa de consumidores de bens culturais (ninguém previu que esse poderia vir a ser um dos usos possíveis da *literacy*, para falar como Richard Hoggart, não por acaso discípulo de Raymond Williams), responsável por um barateamento de mão dupla e pela consequente magra resposta meramente defensiva da parte dos curadores da memória armazenada na grande tradição literária. Segundo nosso Autor, esse afunilamento (de que a bem dizer foi contemporâneo, testemunha em mais de um ponto mobilizada pelo impacto provocado pelo radicalismo cultural dos primeiros anos da cruzada empreendida pelos *scrutineers*) era indício seguro e óbvio da crescente fragilidade daquela tradição alternativa de cultivo de um modo de vida superior em polêmica com o assim chamado progresso da civilização. Assim, a minoria cujo ofício deveria ser o cultivo geral já não tinha mais a abrangência da clerezia extemporânea imaginada por Coleridge, mas nem por isso a busca de perfeição harmoniosa, em que consistia a Cultura enquanto resposta à Grande Transformação, corresponderia ao simples desenvolvimento da "cultura literária", como viria a ser depois o caso dos Leavis e seus adeptos. Ou melhor, já era o caso, porém a fraseologia ainda era alimentada pelas antigas ambições, pois um leitor do *Scrutiny* jamais concederia que a literatura na sociedade moderna era uma especialidade entre muitas — com o que Raymond Williams, que estava justamente revelando o caráter oposicionista da tradição *culture-and-society*, poderia até concordar, embora continuasse batendo no ponto cego em que afinal se concentrara tal tradição, a saber, que em matéria de processo social de continuidade e mudança, justamente porque implica desintegração, a experiência literária não pode ser con-

Filosofia francesa e tradição literária

siderada o único teste, nem mesmo o teste central, ao qual submeter o seu andamento. Mas voltemos à demasia que nos interessa. Tratando anos depois do mesmo momento *Scrutiny*, Terry Eagleton (ex-aluno dissidente de Raymond Williams) resumiu-o nos seguintes termos: em princípios dos anos 1920, as razões pelas quais se deveria estudar literatura (inglesa, está claro) eram desesperadamente obscuras; na década seguinte, F. R. Leavis e Cia. haviam persuadido uma geração inteira de que não valia a pena perder tempo com qualquer outra coisa. Estando as coisas nesse pé, bastava um passo para o disparate final: os legítimos herdeiros daquela tradição de mal-estar cultural na sociedade capitalista inaugurada pela fronda romântica eram nada mais nada menos do que os... críticos literários. Nesta derradeira minoria cultural se refugiara enfim a consciência da espécie. Na raiz deste desenlace apoteótico, a convicção de que a literatura é o registro supremo da experiência social e por isso mesmo, de acordo com a tradição radical-conservadora que estamos recapitulando, a fonte original dos padrões que vão ordenar a vida evidentemente mais fina e mais alta de uma época. Ocorre — mais uma vez — que a massificação contemporânea (a ameaçadora americanização da sociedade inglesa) vem confirmando que de fato não são muitos os que ainda têm acesso àquele centro vivificador, de cuja irradiação emana a última barreira contra a banalização da existência, esvaziada pelo cálculo econômico predominante numa civilização utilitária etc. A ser assim, haveremos de compreender que a consciência civilizacional mais aguda seja mesmo apanágio de uma minoria capaz não só de apreciar Dante, Shakespeare, Donne (relido por T. S. Eliot, com certeza) etc., mas também de reconhecer quais são os seus sucessores (pois não há talento individual que não gravite na órbita de uma tradição). E como vimos, o discernimento estético reflui igualmente sobre o conjunto da vida social: a capacidade de emitir um juízo rápido e de primeira mão sobre matéria literária (enfim, coisa de profissional, porém miraculosamente imune à alienação das rotinas modernas) é em princípio inseparável da acuidade que permite discriminar no campo mais amplo da experiência coletiva o que presta e o que não presta socialmente. Esse enfim o fundamento — a saber, uma espécie de amplificação singela do trânsito sem dúvida espontâneo entre juízo literário e senso das proporções sociais, como se um não fosse sem o outro — dessa curiosa e descalibrada preeminência cultural da Crítica Literária. Como acabamos de recordar — tomando ao pé da letra vagas alusões genealógicas do próprio Rorty —, dogma final dos ideólogos ingleses da "cultura minoritária", em princípio uma cultura de resistência ao nivelamento característico de uma civilização de massas; e mais significativo ainda, arremate, e estreitamento, como se viu, de uma linhagem intelectual específica, responsável pela cristalização, na cena inglesa do século XIX, de uma resposta "cultural" à alienação moderna, própria do capitalismo industrial, resposta que com o tempo foi compondo os traços de um novo gênero, o *culture criticism*.

Dito isso, como ficamos? À primeira vista, diante do termo de comparação mais próximo da principal alegação de Rorty, segundo o qual, como já sabemos, o mundo intelectual hoje viveria à sombra de uma mudança histórica de paradigma: teria ficado para trás o antigo molde epistemológico dos primeiros tempos de "esclarecimento" da sociedade moderna, desbancado por uma arquitetônica cultural emergente, a seu ver pós-iluminista, centrada numa espécie de generalização da experiência literária, não qualquer, mas especificamente *highbrow*, como de resto atesta a supremacia cultural crescente da Crítica Literária, elevada então por nosso Autor à condição de polo dominante da cultura superior nas sociedades contemporâneas. É certo que estas últimas já não têm muito a ver com a Inglaterra dos tempos

Filosofia francesa e tradição literária

de *Scrutiny* e da poética cultural de Eliot. Mas essa evidente diferença de fuso histórico é justamente parte central do problema: o parentesco contrastante entre repertórios ideológicos análogos sobre o fundo das transformações culturais do capitalismo recente. Só para antecipar, o que aliás é visível a olho nu: está claro que o registro do desconforto mudou; em plena maturidade da ordem burguesa internacional, Rorty não parece se sentir propriamente em terra inóspita, como seus ancestrais Coleridge e Arnold. Mas ainda não direi que se encontra inteiramente à vontade, obedecendo portanto à oscilação entre os extremos da segregação e da integração, como é de praxe na tradição intelectual americana, sobretudo porque arranjará um meio astucioso de se reconciliar com a "alienação" sem romper com o *establishment* (mas não era este um dos segredos da *genteel tradition* nos seus momentos de ousadia aristocrática?), uma espécie de virtuosismo *highbrow* a que dará, não sem uma boa dose de malícia involuntária, o nome romântico de *ironia*. Veremos.

A transformação da filosofia

Como o famigerado influxo externo — o mesmo de que falava Machado de Assis a propósito das idas e vindas de escolas literárias europeias e demais panaceias científico-sociais prestigiosas — não só continua preponderante mas parece estar ingressando numa fase aguda de excitação nestes tempos de desmanche nacional acelerado, é muito provável que a tradução brasileira do principal livro de Richard Rorty, *A filosofia e o espelho da natureza* (Rio de Janeiro, Relume Dumará, 1994), mesmo atrasada de quinze anos, desencadeie um novo surto de conversões fulminantes, desta vez ao neopragmatismo americano. É que, ao lado de uma velha amiga da casa, a Ideologia Francesa da Transgressão e assemelhados, regularmente fustigada no seu flanco (direito? esquerdo?) pelo ameno cosmopolitismo ético da Teoria (alemã) da Ação Comunicativa, a Alta Conversação, prática social sucedânea da enferrujada investigação filosófica dos fundamentos, preconizada por Richard Rorty para coroar em grande estilo a era de Esclarecimento absoluto em que já vivem as prósperas democracias industrializadas do Atlântico Norte — como nosso Autor prefere se exprimir, não por cinismo, mas com certeza por considerar que é assim mesmo, sem rebuços essencialistas, que deve falar um nominalista consequente —, representa sem dúvida uma excelente ocasião para sacudir a poeira do atraso e do dogmatismo, como nos conclamam insistentemente a fazê-lo nas altas esferas da República, sobretudo nesta hora decisiva em que também o país intelectual procura seu lugar na nova divisão internacional do trabalho.

Não será demais lembrar de saída que estas três vias alternativas de ajuste filosófico às exigências da conjuntura mundial (por ser variante da primeira, deixei de mencionar uma quarta, a Desconstrução americana, de longe a mais forte no atual mercado ideológico) não são necessariamente incompatíveis, admitindo até uma ampla gama de combinações, como poderá verificar sem dificuldade qualquer observador do divertido *pas de trois* que elas costumam executar pelos quatro cantos do *campus* global. Neste gênero muito característico de coreografia, seja dito também de passagem, Rorty enxergou mais longe e saiu na frente: por exemplo, ao arbitrar com a desenvoltura dos vencedores um verdadeiro *tête-à-tête* de gigantes como a querela em que no início dos anos 1980 se envolveram Habermas e Lyotard (mas poderia ser Foucault, é claro) a respeito do caráter inconcluso ou não do assim chamado Projeto Moderno, dando razão alternadamente ora a um, ora a outro. No que andou certo, uma vez que, para um pragmatista que se preze, diferenças teóricas são diferenças sobre coisa nenhuma, e quanto ao mais, ao que verdadeiramente importa, somos todos europeus que se deram bem neste fim de século, aliás por mera contingência, pois o devir é inocente, como de resto poderia demonstrar muito bem qualquer nietzschiano parisiense.

Sendo o ecletismo sabidamente nossa paixão metodológica predominante, está claro que esta oportuna liga de bastidores entre estilos rivais de adaptação ao novo curso do mundo joga a nosso favor. Estaríamos assim tão autorizados como qualquer um de nossos parceiros metropolitanos a costurar sem maior cerimônia, digamos, a rejeição do mito da sociedade transparente

A transformação da filosofia

(como diria um ideólogo francês em guerra com o todo), na etérea ancoragem do poder político no tecido argumentativo da sociedade (na visão moral do mundo dos neoiluministas alemães), sem esquecer de arrematar tal figurino brandindo o estandarte da intimidade (não há transformação da filosofia sem concomitante transformação da intimidade), devidamente articulada na pluralidade democrática de suas vozes (como poderia fazê-lo algum prolixo ideólogo americano do *Self* infinitamente maleável, de acordo aliás com qualquer manual de autoajuda).

Além do mais, mudando de manual, um bom livro-texto sobre tendências filosóficas contemporâneas se encarregaria, por sua vez, de assegurar que a feliz circunstância dessa convergência é muito natural, que ela se deve em última instância ao mesmo paradigma da linguagem compartilhado pelo pós-estruturalismo, pela nova teoria crítica e pelas várias correntes pós-analíticas, que o referido *linguistic turn* de última geração deixou bem longe para trás, no quarto de despejo das relíquias metafísicas, os conceitos enfáticos de razão substantiva e verdade-correspondência, sujeito autocentrado e conhecimento-como-representação ou busca-de-certeza etc., e que doravante o que cabe discutir (não se faz outra coisa nas últimas duas décadas) se resume à determinação do rumo específico a tomar a partir daquela momentosa virada (que um discípulo alemão de Habermas, não resistindo ao entusiasmo inspirado pelo novo panorama que se descortinava, chegou a considerar a mais significativa conquista teórica do século XX filosófico), se na direção de uma pragmática (da linguagem), de uma política (da linguagem), de uma poética (da linguagem), e assim por diante. A transformação da filosofia patrocinada por Rorty tomou esta última direção.

Trata-se de um livro híbrido em mais de um aspecto. Acresce que redigido por um respeitável egresso do movimento analítico, porém sem a menor intenção de oferecer qualquer contribuição positiva acerca dos assuntos obrigatórios na corporação: nenhuma solução alternativa para o problema mente-corpo, idem para as inumeráveis teorias da referência ou do dualismo esquema-conteúdo etc. São questões terminais, e os falsos dilemas que suscitam, imagens sem futuro que se desmancham no ar. Não sendo em absoluto construtivo, além do mais parasitando as variantes teóricas que vai solapando, são evidentes suas simpatias desconstrucionistas. Mas a perspectiva é sobretudo terapêutica (à maneira do segundo Wittgenstein, é claro), embora fortemente realçada pelo tempero do historicismo europeu, cuja aclimatação todavia não teria sido possível sem a colaboração do momento pós-positivista da tradição analítica, inaugurado em princípio pelos primeiros ataques de Quine à tradição da "filosofia primeira", prolongados mais adiante por Davidson, Sellars, Kuhn etc.

Deu-se então um miraculoso recobrimento, manifesto por exemplo na ironia involuntária com que a gesticulação subversiva da Desconstrução se resolve pacificamente num quadro de normalidade clínica. No centro desta reviravolta civilizacional, como era de se esperar, Wittgenstein II, só que agora também desempenhando o papel de desconstrutor-mor de metáforas e arquétipos na origem de nossas mais arcaicas e arraigadas convicções filosóficas, como a da linguagem-espelho-da-realidade. Sendo pelo contrário a linguagem um mero instrumento, como sabe muito bem qualquer usuário sem fumaças especulativas, fica desobstruída a rota iluminista da Desconstrução, que remontará primeiro à mítica essência vítrea de nossa mente. Desfeito o encantamento desta imagem primordial, desmorona o tabu moderno subsequente, incrustado na ideia igualmente regressiva de uma transação regulada *a priori* entre um sujeito cognoscente e a assim chamada realidade, marcha triunfal que culminará com a "morte da significação" (Ian Hacking), pá de cal definiti-

A transformação da filosofia

va no propósito hoje velho de um século de converter a linguagem num tópico transcendental. Assim, o Ocidente tremeu nas bases, um abalo que de tão profundamente irreversível quase passou despercebido, deixando tudo na mesma, como atesta, entre outras mutações radicais, o pacato funcionamento enfim desenfeitiçado da linguagem ordinária.

Um terremoto deste porte deixou várias vítimas fatais. Para abreviar, vou logo à mais saliente: a noção moderna de filosofia enquanto tribunal da razão pura, última instância encarregada de fundamentar toda e qualquer pretensão de conhecimento ou certeza, e por aí autorizada, entre tantas outras atribuições de um verdadeiro e único guardião da racionalidade, a pedir contas às demais esferas da cultura na base do conhecimento prévio das suas respectivas fundações. Visto no entanto de um ângulo mais auspicioso, devemos reconhecer nesta convulsão o trauma de nascença de uma outra cultura, agora sim totalmente esclarecida, uma cultura pós-filosófica, finalmente aliviada do fardo filistino de fornecer razões, como se o conhecimento justificado fosse uma relação especial (de espelhamento) entre as palavras e as coisas.

Aqui então a virada linguístico-pragmática propriamente dita (que não deve ser confundida com o *linguistic turn* de primeira geração, dos tempos da semântica clássica do início do século), a revelação de que o assim chamado conhecimento é uma prática muito especial, no fundo uma questão de "conversação", sendo toda justificação uma "justificação conversacional", de sorte que compreendemos o conhecimento quando compreendemos a justificação social da convicção. Já dá para notar, entre tantas outras consequências do pragmatismo, que o mencionado abalo sísmico na cultura do Ocidente abriu uma fenda intransponível (sem maiores dramas, contudo, apenas outro indício da nova normalidade) entre verdade e justificação.

Cultura pós-filosófica então é isto: curado, graças a uma terapia adequada, o desejo infantil de contato objetivo, neutro e imediato, com a realidade tal como ela é, a maioridade intelectual do sujeito pós-filosófico, liberado da carga ansiosa cristalizada em formações reativas tais como "a teoria verdadeira", "a coisa correta a fazer", se apresenta na alma leve de quem se sente muito à vontade por não precisar mais sustentar opiniões, por estar apenas dizendo alguma coisa sem o encargo arcaizante de dizer como realmente ela é. Assim pelo menos deveria se conduzir o cidadão esclarecido e cosmopolita das democracias afluentes do Atlântico Norte, a última encarnação do *honnête homme*, alguém polidamente empenhado em não deixar uma conversa degenerar em... seminário, numa procura platônica qualquer da verdade. Um minuto de desatenção — por motivo de recaída nessa primitiva fixação profissional —, seria o suficiente para provocar um pequeno colapso mundano, demonstração cabal de falta de tato da parte de quem pretende encerrar uma conversação ao invés de prolongá-la indefinidamente, como seria do dever de um verdadeiro homem do mundo. Compreendamos então o tamanho de nossa gafe, caso exigíssemos de um Wittgenstein, o grande herói da cultura pós-filosófica, que possuísse opiniões sobre o modo como as coisas são: uma exigência de inequívoco mau gosto, sobretudo por colocar o referido herói numa posição perigosamente ridícula.

O relativismo como contraponto

Bento Prado Jr.

A Anna Lia Amaral de Almeida Prado,
Soror et magistra

J'ai une impuissance à prouver, invincible à tout dogmatisme.
J'ai une idée de la vérité, invincible à tout pyrrhonisme.

Blaise Pascal

1

Talvez possamos dizer que o combate ao relativismo atravessa toda a história da filosofia. Pelo menos em dois momentos cruciais dessa história esse combate é essencial. Penso no século IV a.C. (com a formação da filosofia grega clássica) e na viragem do século XIX ao XX (com diversas tentativas de devolver à filosofia seu *fundamentum absolutum*). Nos dois casos, a filosofia parece atribuir-se a mesma tarefa crítica e positiva: desmontar o relativismo que põe em xeque a universalidade do conhecimento racional, para tornar possível a instituição da filosofia como *strenge Wissenschaft*.

Na série Sócrates-Platão-Aristóteles é o contraponto ao relativismo epistemológico (e ao "niilismo" ontológico a ele associado — pensemos em Górgias), tal como exposto pela sofística, que leva da teoria do conceito e da distinção entre retórica e dialética até à instituição da analítica ou da lógica. Com Aristóteles, a *logologia* aparentemente suicida da sofística é substituída por uma articulação entre lógica e ontologia que garante, ao mesmo tempo, necessidade e universalidade do conhecimento racional, de um lado, e autonomia do objeto do conhecimento (do Ser) ou *realismo*, de outro lado. Universalismo (ou absolutismo) opõe-se a relativismo, assim como objetivismo a subjetivismo. Da mesma maneira, na viragem do século XIX ao XX, filósofos como Edmund Husserl, Henri Bergson e Bertrand Russell, cada um à sua maneira, retomam a luta contra diversas formas de relativismo (contra o *psicologismo*, cego para as exigências da fundamentação da lógica, e contra uma epistemologia meio kantiana, meio positivista, que proíbe nosso acesso às coisas em si ou ao absoluto). À diferença da empresa da filosofia grega clássica — é preciso acrescentar —, essas três iniciativas não mais culminam numa simples restauração do objetivismo ou do realismo clássicos — vencer o subjetivismo implícito no relativismo significa, aqui também, abandonar a ontologia realista, *ultrapassar* a alternativa entre subjetivismo e objetivismo, entre idealismo e realismo.

Mas essa grande ambição fundacionista não haveria de resistir ao longo do século XX. De fato, em todas as tendências da filosofia europeia, filosofia analítica, fenomenologia (e é preciso acrescentar aqui o neokantismo), ou seja Russell, Husserl e a Escola de Marburgo, cada um à sua maneira, e reportando-se diferencialmente à tradição do racionalismo (Platão, Descartes, Leibniz e Kant), identificam a Razão ao absoluto, projetando para a noite da Irrazão ou do não-sentido o domínio do empírico, do natural, do psicológico e do histórico. E, no entanto, em cada uma dessas tradições, na década de 1920, parece esboçar-se um movimento que leva a um alargamento da ideia de razão, acompanhado de uma atenção crescente pelas formas pré-

O relativismo como contraponto

-epistêmicas ou pré-predicativas da consciência ou pelas raízes pré-lógicas do conhecimento e da linguagem. Algo como a busca de um *logos estético* (para empregar a expressão de Merleau--Ponty), ou a exploração do *Lebenswelt* de Heidegger ou ainda a fenomenologia da *expressão* de Ernst Cassirer. Ou algo como a busca de um *logos prático* (para empregar a expressão de José Arthur Giannotti) implícito nas noções de *Sprachspiel* e *Lebensform* do segundo Wittgenstein. Com esse movimento é o fundacionismo e o seu absolutismo que entram em eclipse. Heidegger reitera o trocadilho hegeliano: *Zu Grund gehen* (ir em busca do fundamento) é equivalente a cair no *Abgrund*, abismar-se no sem fundo; Wittgenstein afirma que quando atingimos o *rock bottom* (*la pierre et l'argile* sólidas, sobre as quais Descartes queria erigir o edifício da ciência), só atingimos o pântano fluido de convenções perfeitamente contingentes (ou descobrimos que é o edifício que sustenta seu alicerce); Cassirer transforma sua teoria da ciência numa filosofia da cultura ou das *formas simbólicas*, que compreende, num só ato de reflexão, mito, arte e ciência. Ao que poderíamos acrescentar os efeitos relativizadores da reflexão sobre a história da ciência (as famosas "revoluções científicas" e a distinção entre "ciência normal" e "ciência revolucionária").

Ao que parece, portanto, a batalha do absolutismo não se encerrou e o relativismo parece permanecer vivo e à espreita da menor brecha na armadura do fundacionalismo. Talvez seja nesse sentido que Ernst Gellner afirma que o relativismo é um "espectro que assombra o pensamento humano".

2

Como explicar essa imortalidade do relativismo, se ele é o que dele dizem os manuais? Não é verdade que o relativismo (como o ceticismo) é uma teoria suicida? Ao afirmar que a verdade de toda teoria é relativa ao sujeito (individual ou coletivo) que a enuncia, o relativismo não arruína sua própria pretensão de verdade, alinhando-se com as teorias que relativiza?

Essa refutação, como observa Richard Rorty, é demasiado fácil. Ou seria fácil, caso houvesse relativistas nesse sentido, i.e., quem afirmasse que "qualquer crença sobre certo assunto é tão boa como qualquer outra".[1] Se ninguém é relativista nesse sentido, para que possamos determinar um sentido positivo mínimo para o relativismo (como atitude filosófica possível ou sustentável), é preciso que fixemos nosso olhar em *alguém* historicamente dado — e certamente o melhor candidato é o próprio Protágoras, o herói fundador da tradição do relativismo.

Não se trata para nós de fazer filologia ou história da filosofia (o que está fora de nosso alcance), mas de recorrer aos historiadores da filosofia, para verificar a possível consistência de uma filosofia relativista. Mais precisamente, recorrer a dois livros para tentar apreender o sentido do relativismo protagórico.[2]

A proposição de Protágoras enuncia: "O homem é a medida de todas as coisas — das que são enquanto são; das que não são enquanto não são". Noutras palavras, se algo aparece para mim tal ou qual, será tal ou qual. Se o vento parece frio para mim, que estou com febre, *será* frio, mesmo se parecer quente para você, caso em que *será* quente.[3] Proposição escandalosa —

---

[1] Richard Rorty, *Consequences of Pragmatism*. Minneapolis: University of Minnesota Press, 1982, p. 167.

[2] Jonathan Barnes, *The Presocratic Philosophers*. Londres: Routledge & Kegan Paul, 1982, 2ª ed. revista; William K. C. Guthrie, *The Sophists*. Cambridge: Cambridge University Press, 1971 (tradução francesa, *Les Sophistes*. Paris: Payot, 1976).

[3] Como no título da peça de Pirandello, *Cosi è (si vi pare)*.

que recebe refutação idêntica de Demócrito e de Platão. O pecado da proposição é que ela envolve uma *peritropé* (literalmente, revolução dos astros, aqui, o movimento da proposição que se volta sobre si mesma e se anula). Sextus Empiricus resume o argumento:

> Ninguém pode dizer que toda *phantasía* é verdadeira, por causa da *peritropé*, como Demócrito e Platão nos ensinaram em seu ataque a Protágoras; pois se toda *phantasía* é verdadeira, mesmo a proposição segundo a qual nem toda *phantasía* é verdadeira, sendo ela própria objeto de *phantasía*, será verdadeira, donde resulta falso que toda *phantasía* é verdadeira.[4]

O interesse da análise que Barnes faz da proposição de Protágoras reside em sua tentativa de subtrair — usando os recursos da moderna análise lógica — aquela proposição ao alcance do argumento democritiano-platônico, liberando-o da aparência de *peritropé*. Sua tese é que a proposição não apenas não é autodestrutiva, mas abre campo para "uma epistemologia sistemática e sofisticada, e representa em parte uma contribuição, original e não desinteressante, para a filosofia".

Uma via fácil, para absolver a proposição da acusação de contradição, seria insistir na dimensão "fenomenológica" ou pré-predicativa do *phaínetai* (parece, digamos, aos meus olhos), por oposição do *dokeî* (parece, no sentido de "estou inclinado a julgar que..."). Mas esse caminho é descartado por Barnes, que quer conservar o sentido *judicativo* da proposição de Protágoras.

---

[4] *Apud* J. Barnes, *The Presocratic Philosophers*, *op. cit.*, p. 543. Sublinhemos que, na linguagem da filosofia grega, a palavra *phantasía* corresponde ao que chamaríamos de *representação*.

E é assim que Barnes reformula a proposição nos seguintes termos: "Para qualquer homem, X, e objeto, O, se X julga que O é F, então O é F, e se X julga que O não é F, então O não é F". Uma vez assim fixado o sentido da proposição, Barnes faz intervir a teoria protagórica segundo a qual, a propósito de cada tópico, existem dois argumentos opostos e esses argumentos são equipolentes. Se os dois argumentos têm força desigual, a arte do sofista consiste justamente em tornar mais forte o argumento mais fraco. Ou seja: "Para qualquer objeto O e o predicado aparentemente objetivo F, qualquer razão para julgar que O é F pode ser contrabalançada por uma razão igualmente forte para julgar que O não é F". Não se trata de contrariar o princípio de contradição, mas, talvez, de sugerir que a simples lógica não é suficiente para dirimir as *quaestiones disputatae*. E "dizer que a contradição é impossível não é afirmar que a proposição e sua contraditória podem ambas ser verdadeiras ao mesmo tempo; é asseverar a tese muito distinta de que você não pode contradizer-me".[5] Assim traduzida, a proposição perde algo de seu aspecto escandaloso. Basta pensarmos na famosa "indestrutibilidade" das filosofias, sobre a qual tanto insistia a historiografia francesa "estrutural" da filosofia (Martial Guéroult e Victor Goldschmidt). Afirmar que as filosofias são "mônadas" ou fortalezas argumentativamente invulneráveis é dizer que a lógica não é instrumento que nos permita falsificar alguma delas em proveito de uma filosofia privilegiada. É essa, pelo menos, a consequência que Oswaldo Porchat retira de sua reflexão sobre o "Conflito das filosofias".[6] É bem a apologia de Protágoras, incluída no *Teete-*

---

[5] *Idem, ibidem*, p. 348.

[6] Oswaldo Porchat, *Vida comum e ceticismo*. São Paulo: Brasiliense, 1993, pp. 5-21.

to de Platão, que serve de ponto de partida para a sua reflexão metafilosófica ou para a sua filosofia da história da filosofia. De um lado, a decisão de estudar as filosofias de maneira não *dogmática* (isto é, de interpretá-las *ad mentem auctoris*), respeitando a ordem instauradora de suas razões, de outro lado, o reconhecimento realista do *fato* da *diaphonía*. O reconhecimento de que "os diferentes discursos filosóficos constroem-se segundo diferentes 'lógicas' que, em se constituindo, vão também instaurando; e assim as teses que engendram se tornam indissoluvelmente solidárias dos métodos que as produzem e fundamentam".[7] Poderíamos traduzir: "Para qualquer filósofo X (se interpretado *ad mentem auctoris*), e o objeto O (o mundo na sua totalidade), se X julga que O é F, então O é F; se julga que O não é F, então O não é F". Para esta metafilosofia (que dificilmente pode ser considerada *irracionalista*, tanto insiste na construção lógico-argumentativa das teorias), parece haver, como na sofística, privilégio da ideia de *produção* (*poíesis*) sobre a de *descoberta* (*alétheia*) da verdade. Estamos tão longe assim de Protágoras? Com Oswaldo Porchat, creio que não. Quem poderia, por exemplo, derrubar *positivamente* as muralhas do solipsismo, já que não há ninguém, nem qualquer aríete fora delas?

A tese torna-se mais forte se, à equipolência dos argumentos *pró* e *contra* juntarmos a teoria da "relatividade" ou a teoria do caráter cripto-subjetivo das proposições. Assim, "é uma verdade elementar que nem todo par de sentenças da forma 'O é F' e 'O não é F' exprime proposições contraditórias". Um exemplo, "Os irmãos Marx são engraçados" e "Os irmãos Marx não são engraçados" podem ser consideradas equivalentes a "Os irmãos Marx me fazem rir" e "Os irmãos Marx não me fazem

---

[7] *Idem, ibidem,* p. 15.

rir".[8] Proposições que obviamente não são contraditórias e que abrem campo para argumentos dos dois lados e à estratégia da *persuasão*.

Centrando a proposição do homem-medida dentro do triângulo definido pelas três teses da equipolência, da impossibilidade da contradição intersubjetiva e da cripto-subjetividade das proposições, estamos além do alcance da imputação de *peritropé*. Protágoras poderia retorquir, contra Demócrito e Platão, que: a) a proposição do homem-medida não tem a forma "O é F", e sua negação não predica nada; b) com a teoria da relatividade, muda o sentido de juízo verdadeiro; ele é verdadeiro *para*...; c) na conclusão do argumento Demócrito-Platão ("A proposição é falsa"), o predicado "... é falsa" é cripto-subjetivo e deve ser traduzido por "H é falsa para S". Numa palavra: não há contradição lógica entre duas *deíxeis*.

Mas o que dá mais verossimilhança a esta nova apologia de Protágoras, é que ela torna mais compreensível os efeitos ético-políticos da proposição do homem-medida. Sem essa mínima positividade (ou com a ideia de que a proposição nos faz mergulhar no não sentido), seria difícil explicar o fato de que a sofística assume, com seu primeiro herói, a primeira grande figura da *Aufklärung*. É certo que toda a filosofia pré-socrática é *aufgeklärte* de estilo — e Xenófanes já fazia uma forma de relativismo funcionar como arma contra a tradição e a mitologia. Contra a tradição, Homero e Hesíodo, diz o *Aufklärer*:

> Os mortais creem [...] que os Deuses têm um nascimento, e roupas, vozes e corpo iguais aos seus (fragmento 14). E os etíopes representam os seus Deuses platirríneos e negros, e os trácios dizem que têm olhos azuis e os cabelos

---

[8] J. Barnes, *The Presocratic Philosophers*, *op. cit.*, p. 549.

vermelhos (fragmento 16). Mas se os bois, os cavalos e os leões tivessem mãos e com elas pudessem desenhar e realizar obras como os homens, os cavalos desenhariam figuras de Deuses semelhantes aos cavalos, e os bois aos bois, e formariam seus corpos à imitação do próprio (fragmento 15).[9]

Com Anaxágoras, a *Aufklärung* destrói a tradição da mitologia através do relativismo teológico. Movimento de clarificação retomado por Protágoras, que decide pelo agnosticismo em matéria de religião — nada podemos dizer sobre os deuses, nem o que são, nem se são ou não são. O agnosticismo teológico, de Protágoras, acompanhado da negação da *indiferença* ético-política, parece confirmar a interpretação compreensiva de Barnes. Sem um mínimo de positividade na epistemologia de Protágoras (ou se toda opinião equivalesse à contrária, de maneira absoluta ou em todos os casos), não haveria como esvaziar a mitologia, uma opinião entre outras, e fixar critérios para a ética e para a política.

Há, portanto, opiniões *melhores* do que outras, mesmo se não são mais *verdadeiras*. Guthrie esclarece esta distinção explicando o sentido sofístico da *sophía*. O *sophós* (sábio) é quem transforma o que parece ou é *mau* no que parece ou é *bom*. O alimento parece amargo para o doente: e essa opinião, a do doente, não é menos verdadeira do que a contrária, a do homem são. Mas o médico, que é sábio e conhece as regras da arte de curar, pode (*agindo*, de maneira alternativa, sobre a situação) fazer com que o alimento pareça (e *seja*) doce e apetecível. Da mesma maneira, o educador, o político ou o sofista usam as pa-

---

[9] Apud Rodolfo Mondolfo, *O pensamento antigo*, vol. I. São Paulo: Mestre Jou, 1971, p. 79.

lavras como o médico, os remédios. Não substitui o erro pela verdade ou ignorância pelo saber — leva o discípulo a uma situação *melhor* ou mais *vantajosa, redescrevendo* a situação em que ele se encontra. Quando o homem se encontra em estado de carência, dor ou aflição (*ponerón*), ele o torna são de espírito dando-lhe pensamentos sãos (*khrestón*). Guthrie sublinha — como é oportuno — a continuidade do fio semântico tecido pela palavra *khrestós*: útil, eficaz, salutar, higiênico...

É particularmente esclarecedora a aproximação entre sofística e medicina: a diversidade irredutível entre o *são* e o *doente* não é obstáculo a uma discriminação *pragmática*: é melhor a saúde do que a doença, a calma do que a aflição. E é essa discriminação que permite que, a despeito do relativismo epistemológico e antropológico, a sofística possa sugerir uma ética e uma política universalistas, para além do etnocentrismo que caracteriza tanto o pensamento tradicional como o pensamento clássico grego. Nesse sentido, a sofística parece antecipar o cosmopolitismo do pensamento helenístico e de sua versão latina. Como se Protágoras, estrangeiro que conheceu o exílio de Atenas, pudesse dizer, antecipando o exilado poeta latino: *Barbarus hic ego sum.*[10] De fato, para o estrangeiro e o exilado, o lugar *externo* revela a relatividade do espaço e da cultura, bem como a amplitude do mundo. E, de fato, pertence à essência do relativismo essa técnica de "reconversão do olhar" (ou de distanciamento do olhar, como diria Lévi-Strauss) ou de "redescrição" que inverte os termos das oposições fixadas pela tradição.

Não é verdade, com efeito, que Sócrates considera necessário submeter-se à injusta lei da cidade, mesmo à custa de sua própria vida? O antitradicionalismo da sofística implica marcar

---

[10] "Aqui sou um bárbaro", verso de Ovídio (43 a.C.-18 d.C.) em *Tristia*, V, 10, 37. [N. da E.]

O relativismo como contraponto

fortemente o hiato entre *nómimom* e *díkaion*, lei positiva e lei moral: a convenção social não mais recebe o suporte absoluto dos Deuses ou da razão que, mesmo no descarrilamento da lei positiva, era sacralizada pelo *pólis-centrismo* de Sócrates e Platão. É claro que o reconhecimento do caráter local ou convencional da lei política, bem como a ideia do progresso das técnicas e das instituições humanas, não transformam Protágoras num "revolucionário". Mas talvez se possa dizer que ele opõe, pela primeira vez, o *policentrismo* ao *pólis-centrismo*.

Progressismo reformista, talvez fosse essa a melhor etiqueta (com todo o anacronismo que implica) aplicável a Protágoras. As leis existentes têm substância racional, mesmo se, em sua positividade, contrariam a *díke*. Mesmo no caso da injustiça do *nómos*, este sempre terá a vantagem de assegurar as forças centrípetas do corpo social. Numa palavra, toda transformação só será aceitável se a nova lei for aplicada por consentimento comum e processo constitucional. E é aqui que intervém a arte do *sophós* ou do sofista: é a ele que cabe convencer a *pólis* de que é melhor (mais saudável ou proveitoso para o corpo político) mudar as leis que lhe asseguram a existência.

Não estamos querendo aqui atribuir a Protágoras o papel de inspirador de uma crítica revolucionária da razão, da sociedade e da cultura, como Sloterdijk faz com Diógenes. Decididamente, Protágoras não pode encarar a aura, o *appeal* ou o charme indiscreto da "contracultura", mesmo que seja subversivo à sua maneira, no contraponto ao racionalismo grego clássico. Nosso propósito era apenas mostrar o aspecto *positivo* do relativismo, com a ajuda dos historiadores da filosofia, opondo-o à caricatura que dele encontramos na melhor tradição do racionalismo.

Mas e hoje? Recentemente, Paulo Arantes perguntava: Que significa, hoje, ser pirrônico? Sloterdijk já perguntou: Que significa ser cínico neste fim de século? Minha pergunta é a seguinte: De que nos serve a referência à sofística antiga, no debate contemporâneo sobre o relativismo? É preciso cuidado, para evitar os anacronismos. Barnes sublinha justamente o anacronismo e a pouca utilidade de etiquetas como *subjetivismo*, *idealismo* etc. Como Heidegger já protestava, no seu monumental *Nietzsche*, contra a interpretação literalmente moderna ou "humanista" da proposição do homem-medida.

Mas não poderíamos falar de *pragmatismo*? Para quem não tem antipatia pela sofística e já foi exposto à sedução do pensamento e da escrita de William James, a ideia pode não parecer insensata. Penso, aqui, num dos herdeiros (de William James, certamente, de Protágoras, talvez). Falo de Richard Rorty. Se pudermos mostrar a coincidência parcial, pelo menos, entre os pensamentos de Protágoras e de Rorty, teremos, pelo menos, mostrado alguma *atualidade* na velha sofística grega.

Tarefa que não parece difícil. Assim, por exemplo, já tivemos a oportunidade de apontar — através da discussão de um belo livro de inspiração rortiana[11] — a cumplicidade entre o neopragmatismo e a "retórica" no sentido antigo do termo. No fundo, a conjunção entre algum realismo ou a necessária modéstia intelectual (a filosofia não demonstra nada de maneira absoluta) e uma inegável vontade ética (nas palavras de McCloskey, o imperativo *be honest, be fair*, acoplado ao lema *rhetoric is good for you!*) redunda na decisão de que é necessário minimizar a *retórica da verdade*, incentivar uma mudança dessa retórica ou incentivar a *retórica da mudança*. Se não há verdade absoluta, se uma proposição *interessante* não é exatamente uma *picture* (ou um espelho, um mapa) de um estado de coisas, por que não valorizá-la, se ela pode mudar nossa visão das coisas, *redescreven-*

---

[11] Donald N. McCloskey, *The Rethoric of Economics*. Madison: University of Wisconsin Press, 1985.

O relativismo como contraponto

do-as, e abrindo o espaço para uma nova forma de vida, talvez melhor porque mais democrática?

A arte da *redescrição* é a arte essencial do sofista. Vejamos um exemplo da retórica judicial (deixando de lado a política e a epidíctica). Alguém é acusado de ter surrado alguém e tudo indica que isso ocorreu. Resta sempre a ordem do discurso e da verossimilhança. Sendo menor que o acusador, dirá: "Olhem-me; será possível que um homem como eu enfrente um homem tão grande e forte como ele?". No caso contrário, se for um gigante, dirá: "Seria eu tão estúpido para atacar alguém, quando seria a primeira pessoa sobre a qual pensariam as suspeitas?". Num caso como no outro, desprezando a dogmática verdade dos estados de coisa ou da coisa em si, o que importa é a consistência das *versões*, das *descrições* ou, sobretudo, das *redescrições*, como abertura de novas formas possíveis de pensamento ou de *ação*.

E é justamente a ideia de re-descrição que serve de instrumento fundamental para Rorty em sua batalha contra as ilusões da metafísica e em prol da restauração do belo pragmatismo norte-americano, infelizmente eclipsado pelo surto de filosofia técnica, universitário-profissional, que prosperou nos E.U.A., graças aos professores imigrados da Europa (confessemos que é difícil discordar do diagnóstico rortiano). Se a própria filosofia analítica, de maneira suicida, chegou à conclusão de que cada forma ou estilo de linguagem, holisticamente compreendido, é um *way of worldmaking* (reatando com o "pragmatismo" ou o "perspectivismo" nietzschiano, para o qual *Es gibt keine Tatsachen, nur Interpretationen*), e o mundo não é independente das diferentes versões que dele damos, como conservar o absolutismo e o universalismo da metafísica, da lógica em sua pretensão semântica, ou a ideia de que a Razão e a verdade conservam valor regulador, no sentido kantiano da palavra?

Bento Prado Jr.

Em sua resposta a Thomas McCarthy,[12] e militando contra a tradição kantiana, Rorty, na verdade, leva ao extremo a operação crítica de Kant e radicaliza a tese da autonomia da Razão Prática. Já Kant dizia ser necessário limitar o conhecimento, para abrir espaço para a fé e para a moral. Rorty acrescenta: é preciso neutralizar a ideia de verdade para dar lugar ao exercício da liberdade.

Podemos dizer que Rorty "redescreve" o projeto crítico kantiano: onde se lê *ideia reguladora* (o "trabalho infinito da Razão"), leia-se a possibilidade permanente de oferecer "alternativas concretas" ou o reconhecimento da incontornável "falibilidade" do juízo humano. Com Protágoras, temos o reconhecimento de uma esfera pública livre, onde argumentos podem ser trocados e a persuasão exercida, sem a postulação de qualquer instância *incondicional*. Ainda com Protágoras, reconhecemos que a *Aufklärung*, ou o progresso intelectual, moral e político, não depende de nenhum absoluto trans-histórico: a morte de Deus ou o vazio do céu platônico das ideias não transforma necessariamente a história humana numa história contada por um idiota, cheia de rumor e de furor. É possível ser ateu e antimetafísico e ser perfeitamente razoável e civilizado. Basta reconhecer o *kairós* da boa mudança.

Mas os percursos de Protágoras e de Rorty não são exatamente paralelos. Se as duas epistemologias niilistas (ou antiepistemologias) são parecidas, são díspares os efeitos ético-políticos que delas se retiram. Ao universalismo da ética e da política protagóricas, opõe-se o etnocentrismo confesso de Rorty. A ideia da boa cultura *democrática* de Rorty (com Protágoras, as boas mu-

---

[12] Jean Pierre Cometi (org.), *Lire Rorty: le pragmatisme et ses conséquences.* Paris: Éditions de l'Éclat, 1992.

O relativismo como contraponto

danças são sempre as permitidas pela *democracia parlamentar*) está mais ligada à ideia de *liberdade* do que à ideia de *igualdade*. Numa palavra: o "naturalismo" de Rorty talvez parecesse excessivamente "culturalista" aos olhos de Protágoras.

Acompanhando com simpatia a resposta de Rorty a McCarthy, não podemos acompanhá-lo no seu passo final, lá mesmo onde parece desviar-se da boa tradição da *Aufklärung* sofística, ou do radicalismo do liberalismo norte-americano original. A dificuldade parece ser a recusa, por Rorty, do valor *pragmático* da teoria social. A tese de Rorty é a seguinte, se a entendi bem: para compreender o fenômeno do imperialismo (e tentar, como é justo, mudar alguma coisa no mundo) não é necessário analisar o funcionamento do capitalismo ao longo do século XX. Literalmente, a ideia é: o cidadão não precisa de filosofia para guiar sua prática política; ideia, digamos, pouco grega e nada sofística. O que essa desqualificação da "teoria social" deixa escapar, ou não percebe, por sob a diversidade local das formas políticas e culturais (por voluntário etnocentrismo), é a unidade global dentro da qual elas estão combinadas e que as carrega todas num único movimento. O próprio pulular contemporâneo dos nacionalismos e dos racismos revigorados parece ser o sintoma (mesmo que à contracorrente) desse processo de unificação que não é puramente econômico. Não se trata aqui de montar uma complicada teoria da Razão ou da verdade de alcance transcultural ou de edificar uma metafísica do social. Trata-se de um *fato* — a economia globalizada ignora as fronteiras culturais e governa as diferentes *Lebensformen* — e para descobri-lo basta a leitura cotidiana dos jornais. Como promover as boas e desejáveis mudanças locais, sem levar em conta o grande rio que nos leva, a todos, em deriva? Penso aqui em Robert Kurz, que mostra os efeitos destrutivos da globalização do capitalismo que exprime mesmo uma "terceiro-mundização" do Primeiro Mundo:

Bento Prado Jr.

por exemplo, nos eventos recentes de Los Angeles, que mostram a explosão de Ruanda no coração da Califórnia.[13]

Um discípulo de Dewey não deveria abrir-se para essa dimensão da *experiência contemporânea*? Será que ler os jornais e refletir sobre o que eles contêm implica incorrer no pecado de regressão à metafísica?[14] Tudo se passa como se Rorty tivesse que inflacionar a pretensão epistêmica da teoria social, para poder recusar-se a devolver ao liberalismo norte-americano seu radicalismo original. Nesse sentido, parece inevitável acompanhar Thomas McCarthy, na conclusão de sua resposta à réplica de Rorty.

3

Mas acompanhá-lo significará, necessariamente, instalar a maquinária transcendental do professor Karl-Otto Apel? Ou melhor, para deixar de ser etnocêntrico, será necessário restaurar a soberania da Razão clássica, recorrendo à ideia de "contradição pragmática", isto é, promovendo um *aggiornamento* de antigos argumentos invocados contra a sofística?

É o que veremos, a seguir, analisando um ensaio de Apel, em que ele tenta justificar a necessidade contemporânea de constituir, contra a onda invasora do relativismo, a muralha de uma "macroética universalística da corresponsabilidade".

---

[13] Entre abril e maio de 1992, explodiu em Los Angeles uma revolta social contra a absolvição judicial de três policiais brancos responsáveis pela morte do motorista negro Rodney King. Confrontos com a polícia, saques, incêndios e depredações em série, terminaram depois de seis dias com um saldo de 53 mortos e milhares de feridos. [N. da E.]

[14] Pergunto: podemos nós sair da metafísica ou do impasse pascaliano?

O relativismo como contraponto

Nesse ensaio (apresentado em conferência na Universidade Federal de São Carlos, em 1992), Apel propõe-se realizar três tarefas: 1) mostrar que nosso tempo (ou a sociedade planetária em que vivemos) exige de modo urgente essa nova disciplina racional que batiza de "macroética"; 2) desmontar as objeções que a filosofia se acostumou (no período do positivismo ou da decadência da filosofia) a opor aos projetos de fundamentação racional de uma ética universal ou universalística; 3) apresentar uma solução positiva para tal fundamentação, nos termos de uma "pragmática transcendental da comunicação humana ou do discurso argumentativo".

Entendamo-nos, desde início, sobre o vocabulário utilizado. *Macroética* é palavra plasmada para indicar o nível mais universal da reflexão ética que visa à humanidade como um todo, ou a humanidade que se descobre como totalidade solidária da responsabilidade por sua autopreservação e da preservação do planeta (o ecúmeno generalizado), como a equipagem de uma nau em perigo num oceano adverso ou inimigo. Nível de reflexão superior àquele que denomina de *mesoética*, que delimita, como a maior parte da tradição filosófica, de Platão a Hegel, a responsabilidade dentro do campo da *pólis*, ou do Estado Nacional. Mesoética, que representa, por si mesma, um salto na direção do universal, ao transcender à chamada *microética*, que se circunscreve à esfera da solidariedade setorial do grupo, do clã ou da família (e que se exprime, por exemplo, na *omertà*, na solidariedade do silêncio na máfia ou em organizações semelhantes).

Em cada um desses níveis, Apel visa a relação horizontal da comunicação inter-humana no seu cruzamento com a relação vertical que, através da técnica, liga grupos, nações e a própria humanidade com seu solo ou seu horizonte natural, numa palavra, à Terra, que é simultaneamente residência e matéria de trabalho para homens em sociedade. Está claro que esses três níveis (micro, meso e macro) figuram, na ótica de Apel, três momentos sucessivos da história social da natureza, no cruzamento entre comunicação inter-humana e transformação técnica da natureza, que correspondem às figuras antropológicas do *homo faber*, do *homo sapiens* e do *homo universalis*.

Pouco importa aqui a consistência desse esquema genético (como pouco importava, para Rousseau, o caráter factual de sua reconstrução hipotética da gênese da sociedade humana, no *Discurso sobre a origem da desigualdade entre os homens*). Aqui como lá, a "construção" hipotética tem sentido semelhante ao que se chama de "construção" em psicanálise. O que importa é o *fato presente*, que é preciso iluminar com este ou outro esquema genético. E o fato presente é, de algum modo, o fim do Estado Nacional como limite da Razão Prática. O caráter transnacional da ciência, da técnica e da economia *planetarizou* irreversivelmente a humanidade e recoloca a questão da responsabilidade também em termos transnacionais. Numa palavra, o Terceiro Mundo (na esfera da economia) e a própria natureza (do ponto de vista dos cuidados éticos da ecologia) são a evidência da ilimitação dos efeitos da política e da economia e da urgência de uma ética planetária. Se a qualidade moral de minha ação pode ser medida pelos seus efeitos (ainda que o efeito, como resultado, não fosse intencionalmente visado), é claro que a responsabilidade se generaliza na medida mesma da ampliação, mesmo involuntária, dos efeitos de meu gesto. Se os efeitos da política europeia (ou do Primeiro Mundo) repercutem tão drasticamente fora de seus limites, é preciso ampliar correlativamente a esfera da responsabilidade. Aldous Huxley se inquietava, depois da Primeira Guerra Mundial, com a emergência do *Brave New World*; hoje a inquietação visa à dura realidade do *Poor Third World*.

O diagnóstico é simples, mas, aparentemente, não poderia ser mais verdadeiro. E não seríamos nós, brasileiros ou terceiro-mundistas, que deveríamos protestar contra a exigência de uma ética planetária da corresponsabilidade, que protegesse tanto a natureza quanto nossas sociedades que percorrem sua órbita à distância do sol do Primeiro Mundo, mas tão miserável e vulneravelmente expostas às menores instabilidades e explosões da estrela central.

O que interessa não é a generosidade da intenção, que, no entanto, deve ser sublinhada, mas os argumentos que lhe dão corpo racional. E o argumento começa de maneira negativa. Trata-se de desmontar dois argumentos diferentes que se opõem, tradicionalmente, ao projeto de fundação universalística da ética. Um primeiro, mais pobre, de natureza puramente epistemológica, é aquele que atribui à Razão uma vocação exclusivamente teórica (contemplativa ou descritiva) e que lhe proíbe, portanto, qualquer palpite no domínio dos valores. De Max Weber ao neopositivismo, com efeito, ciência e Razão são definidos como essencialmente neutros, do ponto de vista moral. Mas não é difícil a Apel apontar como o *ideal* da racionalidade, neutra moralmente, pressupõe algo como uma moralidade implícita, ou uma hierarquia de valores sem a qual a ideia de Razão neutra desmorona por si mesma. Ninguém ignora, com efeito, que a objetividade ou a neutralidade são mais um *ideal da Razão* do que um fato ou uma prática corrente na cidade científica. Mas a própria prática científica, antes de qualquer decisão moral explícita, parece implicar *regras* de produção, comunicação, transmissão e controle do saber positivo. Nas entrelinhas do projeto de um saber neutro e universal, infiltram-se, insidiosamente, as normas do projeto de uma *humanitas universalis*. A simples colaboração epistêmica, com o ascetismo que implica, renova a ideia da submissão dos homens e dos grupos aos fins universais da razão. Quer queira, quer não queira, a Razão Prática reflores-ce inevitavelmente no coração da fria Razão Teórica.

Outro argumento, mais forte, a ser considerado, é um argumento que poderíamos qualificar como *antropológico* ou *sócio-histórico*. É o argumento que Apel vai exumar na filosofia contemporânea, naquilo que ele denomina como neoaristotelismo ou neo-hegelianismo. Contra a tradição de neutralização da Razão Prática, essa literatura florescente (Apel fala do *boom of ethics*, numa expressão que é melhor conservar em inglês) não é capaz de restaurar, com a ética, o ideal universalista, porque a liga à decisão *prática* de conservar o éthos tradicional de uma forma de vida sociocultural particular. Contra uma razão neu-tra e universal, projetamos nossa forma de vida (Apel insiste no vocabulário do segundo Wittgenstein, talvez nem sempre com boas razões), resguardamos essa forma particular da humanida-de. Não sabemos se aqui se deve falar de conservadorismo ou de conservacionismo (no sentido de multiplicar, na medida do pos-sível, reservas socionaturais para a preservação de humanidades locais, nem sempre afinadas com o movimento cosmopolita da história). E, sobretudo, Apel distingue, nessa vaga neoaristotéli-ca ou neo-hegeliana, tendências (do ponto de vista da tonalida-de sentimental ou política) mais progressistas no mundo anglo--americano, mais conservadoras no mundo germânico. A refe-rência a Aristóteles, no caso, com a oposição entre *theoría* ou *episteme* (que conduzem à universalidade da Razão) e a *phrónesis* (prudência ou sabedoria, que circunscreve o ideal da "boa vida" à circunstância concreta do sujeito moral), não será, talvez, a melhor para qualificar esse estilo de restauração, digamos, re-gressiva da reflexão ética. O melhor paradigma seria o fornecido por Rousseau, na sua crítica ao universalismo do cristianismo, religião da humanidade, que não serve de cimento para conso-lidar a coesão da cidade e de horizonte para a reconciliação do

O relativismo como contraponto

indivíduo singular com sua própria existência em seu contexto político, sempre local.

Neste ponto, o argumento de Apel busca apoio na crítica endereçada por Luc Ferry e Alain Renaut ao pensamento francês pós-moderno (em particular Lyotard) no livro já traduzido entre nós, sobre o chamado *Pensamento 68* (livro tão pouco rico do ponto de vista do pensamento, quão interessante e informativo do ponto de vista da história das ideias).[15] É claro que o estilo desse livro e o do ensaio de Apel não coincidem, que cada um tem o seu estilo local, e que os inimigos comuns são visados de perspectivas muito diferentes. A crítica de Apel a Rorty é feita dentro de um horizonte que não é nem de longe semelhante, é claro, às críticas que Alain Renaut e Luc Ferry dedicam a Lyotard ou Derrida; as atmosferas e os estilos locais são muito diferentes e só podem comunicar-se na atmosfera extenuada do conceito reduzido à sua magreza máxima.[16] Isto não impede que haja uma decisão, ao mesmo tempo filosófica, ética e política de mesma natureza: trata-se de promover a volta a Kant e ao bom espírito da filosofia das luzes, única herdeira da boa tradição grega da filosofia. Imaginemos uma Atenas planetária (sem trabalho escravo, é óbvio), onde predomine a argumentação racional sobre interesses individuais, grupais ou classistas. Eis o ideal filosófico, ético e político, que é preciso restaurar neste momento em que, por causa da internacionalização da ciência, da técnica

---

[15] Luc Ferry e Alain Renaut, *Pensamento 68: ensaio sobre o anti-humanismo contemporâneo*. São Paulo: Ensaio, 1988.

[16] A intervenção de Paulo Arantes, como debatedor, por ocasião da exposição desta conferência, descreve com rigor e riqueza estas diferenças a que aqui aludo — ele nos fornece a necessária geo-político-metafísica *diferencial* para diagnosticar desacordos profundos sob concordâncias de superfície e concordâncias profundas sob discordâncias superficiais.

e da economia, ele se aproxima das condições materiais de sua realização.

Uma palavra, apenas, de, digamos, "psicanálise" ou de genealogia dos projetos teórico-práticos dessa natureza. Seria interessante, para quem dispusesse da cultura necessária, nos diferentes domínios da história da filosofia, da cultura e da sociedade, nos últimos cem anos, fazer a periodização e a história recente dos sucessivos "retornos a Kant" que reiteramos desde o fim do século XIX, nos domínios diferentes da filosofia política e da filosofia da ciência. Retornos que não caracterizam sempre a retomada da nobre tradição da *Aufklärung*. Assim, não era exatamente como *Aufklärer* (pelo menos segundo seus críticos alemães ou franceses) que Foucault, em seu livro *Les mots et les choses*, pensava reatar, com a suspensão *arqueológica* do valor de verdade do discurso filosófico, os fios de ligação com a empresa crítica de Kant.

Mas, repitamos, para maior clareza: os resultados desse percurso pelos obstáculos erigidos contra a razão prática, somados à experiência da fisionomia do mundo contemporâneo, impõem ao filósofo, segundo Apel, uma tripla tarefa: 1) a fundamentação de uma ética universalmente válida, que não seja prisioneira dos estilos locais ou nacionais de vida; 2) a fundamentação de uma ética universalmente válida que, no entanto, não fira as diferentes formas-de-vida, ou seja, que não imponha um modelo uniforme de boa vida ou de vida boa; 3) o estabelecimento de uma espécie de tribunal da Razão Prática (a ser situado, digo *cum grano salis*, talvez em Haia, talvez em Genebra), que garanta a pluralidade dos estilos de vida, responsabilizando-se por limitá-los quando se tornam concorrentes, por assegurar-lhes direitos iguais e por impor-lhes igual corresponsabilidade e que *administre* o irredutível *diferencial* da condição humana.

Mas essa necessidade histórica e urgente de um tribunal

O relativismo como contraponto

dialógico da Razão Prática ainda carece do seu bom fundamento filosófico radical, que Karl-Otto Apel se propõe a oferecer. Tarefa que a conferência que estamos analisando procura definir de maneira clara, embora reconhecidamente programática. Programa que consiste em restabelecer o vínculo kantiano entre *autonomia moral* e *Weltgeschichte* ou a história mundial do gênero humano, com os instrumentos fornecidos pelo *linguistic turn* da filosofia analítica e pelo espírito, por assim dizer "lógico", do pragmatismo de Peirce.

Mas para atingir tais alvos, é necessário despojar a ideia de racionalidade prática de sua dimensão exclusivamente pragmática ou técnica: alguns projetos na boa direção, diz Apel, malogram por limitar-se a uma concepção exclusivamente técnica (onde o modelo é fornecido pelas teorias formais do *decision making*) da racionalidade social, que não distingue entre o pacto hobbesiano entre os lobos e a bela cidade kantiana dos fins da Razão.

Mas qual é o ponto arquimediano que nos permitiria separar o joio do trigo, ou o pragmatismo naturalista de um Rorty (que é reconhecido por Apel como subjetivamente progressista, embora "objetivamente" regressivo) do bom pragmatismo transcendental a ser erigido? É o ponto crítico em que o argumento de Apel visa a seu inimigo principal: o *relativismo histórico*. Ou a ideia mais geral de que o argumento racional tem pés de barro, ou está assentado num senso comum fluido, a ideia de uma pré ou infraestrutura nocional, que precede necessariamente a análise racional, e que está presente na obra e no pensamento de autores tão diferentes como Collingwood, Heidegger, Gadamer, Wittgenstein, Searle e Rorty (numa enumeração disparatada que não é de minha responsabilidade).

Para sair do embaraço (já que, desse ponto de vista ao menos, quase todo mundo é relativista), Apel, como bom kantiano, recorre ao *coup de force* do *Fato de Razão*. Como passar do fato à Razão, do empírico ao transcendental, do patológico ao normal, senão com o apoio no ponto arquimediano de um *Fato de Razão*, de uma situação empírica que, por sua peculiaridade, *impõe* a norma da Razão?

O argumento de Apel é uma armadilha simples. Não se trata de retomar, pura e simplesmente, o argumento democritiano-platônico, mas de escavar, no *fato* da *diaphonía* ou da discórdia, o ideal de comunicação intersubjetiva que parece impregná-la, como que à revelia. Ao argumentar *contra* alguém, parece que já estou amarrado pelas cláusulas de uma espécie de contrato social comunicativo. Ao rés da experiência mais imediata, torna-se visível o horizonte transcendental-pragmático. *Pragmático* porque é o meu *ato de fala* que me condena a submeter-me ao tribunal dialógico da Razão; *transcendental*, porque tal tribunal se impõe *a priori*, mesmo se emerge no nível do fato. Numa espécie de "argumento ontológico" invertido, onde o fato (ou a existência) implica o direito (ou a essência). Estilo próprio da filosofia crítica — pelo menos a crer em Nietzsche, que lembra que a exposição kantiana da possibilidade dos juízos sintéticos *a priori* se explica *Vermöge eines Vermögens*, isto é, *em virtude de uma virtude ou de uma faculdade*, um pouco como o médico de Molière, que explicava que o ópio fazia dormir por possuir uma *virtus dormitiva*. No mesmo texto, Nietzsche utiliza — em francês — a expressão: *niaiserie allemande*.[17]

Antes de discutir o argumento de Apel, lembremo-nos de uma passagem dos *Memorabilia* de Xenofonte (IV, 4) que opõe, de maneira curiosa, Sócrates a Hípias. Hípias contrapõe a Só-

---

[17] Cf. o belo comentário desse texto de *Para além do Bem e do Mal* por Rubens Rodrigues Torres Filho, em *Ensaios de filosofia ilustrada* (São Paulo, Brasiliense, 1987, pp. 30-3).

O relativismo como contraponto

crates a antítese entre justiça natural e legalidade convencional. Sócrates, por sua vez, elogia, ironicamente, a familiaridade de Hípias com a essência incondicional da justiça, que lhe tornaria possível pôr fim às divergências dos jurados em seus veredictos e eliminar definitivamente todos os litígios, as revoltas e as guerras. Aqui é Sócrates (e não o sofista) que sublinha o fato da discórdia e da *diaphonía*, pondo em xeque a ideia de uma "comunidade comunicativa ideal".

O problema talvez resida na passagem sub-reptícia, efetuada por Apel, na transição de uma ética do diálogo para uma ética dialógica. Sendo a primeira condição necessária da segunda, não chega a ser sua condição suficiente. A transparência argumentativa não elimina toda a capacidade do diálogo. Pelo menos é o que sugere Wittgenstein no #612 de *Sobre a certeza*: "Disse que 'combateria' o outro homem — mas não lhe daria eu razões? Certamente; mas até onde iriam elas? No fim das razões ergue-se a *persuasão* (Pense no que ocorre quando os missionários convertem os nativos)".

É essa alternativa de *conversão* ou *exclusão* do Outro, descrita por Wittgenstein, que parece estar presente no belo espaço iridescente da comunidade comunicativa. É nesse sentido, creio, que Barbara Cassin, referindo-se à filosofia de Apel, fala de uma "exclusão transcendental".[18] Exclusão que se superpõe exatamente ao gesto de banimento através do qual o pensamento grego clássico projetava o sofista para fora do *logos* e da humanidade.

---

[18] Barbara Cassin, *Ensaios sofísticos*. São Paulo: Siciliano, 1990.

4

O que ganhamos com esse zigue-zague extravagante? Dizer, simplesmente, nem relativismo nem absolutismo, não nos leva a lugar algum e deixa as coisas como estão. De que serve alinhavar alguns argumentos contra o pragmatismo (naturalista ou transcendental), se nada colocamos no lugar?

Mas, justamente, ao usar, como epígrafe, o belo texto de Pascal, eu procurava antecipar essa objeção e marcar meu alvo. Não se trata de suspender ou de ultrapassar o conflito enunciado na frase, mas de fazer trabalhar a tensão que a atravessa. Fazê-lo, é reconhecer os limites da filosofia (lá onde ela se comunica com a não filosofia) como definidores de sua essência: como se a possibilidade da filosofia nascesse de sua mais interna impossibilidade. Ou reconhecer que não se pode *tudo* conceder à retórica (com a ideia de redescrição),[19] mas que não se pode ne-

---

[19] Bento Prado Jr. e Mark Julian Cass, "A retórica da Economia segundo McCloskey", *Discurso*, nº 22, 1993. Nesse texto, reconhecendo que McCloskey (bem inspirado por Rorty) recorre aos instrumentos adequados em sua cruzada contra o positivismo que ainda obscurece a ideia que os economistas norte-americanos têm de sua prática teórica, apontamos para o perigo de jogar o bebê com a água do banho. Nossa pergunta, na ocasião, era: "estamos nós condenados a seguir os passos de Dewey, pelo simples fato de recusar a megalomania do fundacionalismo?". Toda a epistemologia está morta já que morreram o positivismo e a *unified science*? Será que a descrição da epistemologia, apresentada em *Philosophy and the Mirror of Nature* é razoável? Ser antipositivista não significa necessáriamente ser rortiano. Não ser rortiano, no caso, significa propor ou aceitar uma arqueologia alternativa do modernismo, ou aceitar a ideia, no entanto sensata, de que, por exemplo, o ceticismo humiano não é supra ou desumano, como fica claro no ensaio de Gérard Lebrun sobre Hume ("La boutade de Charing Cross", *Manuscrito*, vol. I, nº 2, 1978. Publicado posteriormente em Gérard Lebrun, *A*

O relativismo como contraponto

gar-lhe tudo (com a exigência de restauração transcendental do absoluto e do universal).

O que eu queria não era opor a visão relativista à visão absolutista do mundo para problematizar a ambas. Era, antes, sublinhar uma ligação interna, a estrutura de contraponto, que articula esses dois pontos de vista. Quando falo nesta articulação *interna* entre absolutismo e relativismo, penso também no que há de *comum* entre os pragmatismos naturalista e transcendental, isto é, uma concepção *conversacional* da filosofia. Por diferentes que sejam as atitudes de Rorty, de um lado, e Apel/Habermas, de outro, todos partilham a definição *liberal-positivista* da racionalidade como lugar público de troca de argumentos, ou a definição do Ocidente como a tradição da *Great Conversation*. Como se houvesse uma arena neutra no teste da pretensão de verdade das *interpretações metafísicas*, ignorando a natureza "arquipelágica" da filosofia.[20] Num caso como no outro, quem é o excluído desse grande simpósio conversacional? O pensador solitário. Aquele que se opõe ao *homo loquax*, como diria Bergson, ou seja, Montaigne, Pascal, Rousseau, Schopenhauer, Nietzsche, Kierkegaard, Chestov e Don Miguel de Unamuno.

Mesmo sem endossar a dialética de Adorno, é impossível não subscrever, aqui, a seguinte proposição de seu livro *Dialética negativa*: "A dialética opõe-se tão abruptamente ao relativismo quanto ao absolutismo; não é buscando uma posição intermédia entre os dois, mas, ao contrário, passando aos extremos, partin-

---

filosofia e sua história. Organização de Carlos Alberto Ribeiro de Moura, Maria Lúcia Cacciola e Marta Kawano. São Paulo, Cosac Naify, 2006).

[20] Gérard Lebrun, *Kant et la fin de la métaphysique*. Paris: A. Colin, 1970, p. 504. É curioso que um filósofo perfeitamente "continental" afirme, contra os "insulares", que a filosofia não é um continente.

do da ideia deles, que ela procura mostrar sua não verdade".[21] Embora tal não seja a intenção de Adorno, essa proposição parece iluminar esse pensamento de Pascal e a dialética pascaliana em geral.

Através da dialética relativismo-absolutismo, o que se visava era à oposição entre filosofia e visão do mundo. A bem dizer, e quase involuntariamente, com esse objetivo acabei apenas por comentar, à distância, as duas frases de Pascal, com efeitos, talvez, para a totalidade das *Pensées*. Nem retórica de mais, nem de menos? Nas próprias *Pensées*, Pascal diz, mais ou menos: "Dê-lhe vinho de mais ou de menos, não encontrará jamais a verdade". Dê-lhe retórica de mais ou de menos, relativismo de mais ou de menos... restar-lhe-á, no máximo, uma "visão do mundo", jamais uma *filosofia*. Não se trata, em nenhum desses casos, do elogio aristotélico da temperança e do meio-termo. Talvez, pelo contrário, de um elogio dos *extremismos* e suas reviravoltas, ou de uma crítica da estabilidade exigida pelas visões do mundo. Mas isso já é tema para outra discussão.

---

[21] Theodor W. Adorno, *Dialectique négative*. Paris: Payot, 1978, p. 35.

Alta-costura parisiense:
nem Apel, nem Rorty

Pelo que acabamos de ouvir na exposição do professor Bento Prado Jr., podemos imaginar como eram boas as aulas no velho Departamento Francês de Ultramar. Alguns, uns poucos, conhecem o figurino da perfeita dissertação francesa. Ele é exemplificado pela pequena obra-prima que ouvimos neste momento, caracterizada com indevida modéstia pelo próprio Bento, dizendo que se trata de um zigue-zague extravagante. É claro que se trata de um zigue-zague: toda graça, todo charme, está na extravagância, como justamente vincular, por exemplo, um eminente filósofo americano *à la page* à figura de Protágoras.

Essa alta-costura parisiense, aprendemos a fazer com o professor Bento Prado Jr., entre outros, há mais ou menos 25 ou 30 anos, em São Paulo, junto com outras manobras sub-reptícias, é claro. Se todo mundo prestou atenção, a simetria é uma falsa simetria: a exposição não é isenta. É claro que toda simpatia do Bento vai para o lado do relativismo. O pobre professor Apel, como bom alemão, foi tratado com muita gentileza, mas com senso de ridículo, como o velho ilustrado alemão chamado Nicolai, que era editor de panfletos, livros, *Aufklärer* alemão na virada do século XVIII para o XIX, que era gentilmente escarnecido pelos jovens de vanguarda do romantismo de Iena, o que finalmente o levou ao desespero e, parece, ao suicídio. Isso foi apenas uma caracterização estilística, não é argumentação coisa nenhuma, é apenas uma impressão simplesmente para me situar.

Bento reativou um velho *trópos* franco-uspiano da Vila Buarque, que consiste em contrapor o bom sofista, que é este aqui, à toupeira, que é, no caso, o pobre Apel. Vou mudar de personagem porque Apel é muito pesadão. É fácil dar uma trombada nele, ele tem boas intenções — é evidente —, mas boas intenções não bastam. Vou passar para o sócio, que foi aluno de Apel e uma das figuras mais eminentes do cenário filosófico contemporâneo, que é Habermas.

Digamos, então, que o jogo tem que ser feito entre dois pesos-pesados. Mas, enfim, a exposição do Bento Prado Jr. não é isenta, ela é claramente favorável ao relativismo, como era de se esperar, pois foi justamente uma perspectiva relativista, como a dos sofistas, que era uma perspectiva cosmopolita, que nos desprovincianizou na época em que esse estilo se firmou em São Paulo. Era necessário justamente combater o doutrinarismo, o dogmatismo, a concepção absolutista de verdade, assim por diante, isto é, mostrar que as filosofias não se refutavam como se podia imaginar. E, no limite, eram decididamente irrefutáveis, como bem lembrou Bento Prado Jr. nesse momento a propósito da historiografia estrutural, que consistia justamente em mostrar que Protágoras tinha razão. Cada filósofo era a medida de sua própria filosofia e, portanto, nós temos é que entender o que diz o filósofo e não tentar refutá-lo, o que gera uma lição de boas maneiras filosóficas. Isso foi decisivo e explica por que o prato da balança tende para esse lado relativista, não *stricto sensu*, porém mais amplo e simpático ao professor Rorty que finalmente — diria o Bento nas entrelinhas, mas não pode dizer com toda a veemência — descobriu, trinta anos depois de nós, o charme da filosofia francesa. É portanto um dos nossos!

Alta-costura parisiense: nem Apel nem Rorty

Isso posto, já que estamos em casa, eu gostaria de, com o devido respeito ao Bento, fazer uma ou duas observações sobre o teor da exposição e depois mudar um pouquinho de assunto dentro do seu texto, isto é, não de contrapor, mas de justapor algumas observações a respeito do seu texto. Digamos assim, invertendo a ordem do que eu disse, gostaria de chamar a atenção para o seguinte: na verdade qual é o verdadeiro assunto do debate atual sobre relativismo?

É claro que o Bento sabe perfeitamente que não se trata de um lugar-comum ou de uma controvérsia filosófica que tem 2.500 anos de idade. Não é isso que está em jogo. O Bento fez a vinculação, mas não completou o raciocínio. Queremos saber o que está efetivamente em jogo no debate atual, na querela atual entre relativismo e antirrelativismo. Como acontece, por que e de que maneira, um filósofo uspiano exemplar como ele sente-se ou não se sente à vontade nessa querela e de que maneira opina? Vimos como tratou o tema, de uma maneira evidentemente auspiciosa, engenhosíssima e, evidentemente, inimitável. Poucos conseguiram chegar a essa efervescência estilística. Mas, enfim, o assunto que está em debate é alguma coisa que eu não diria estritamente norte-americana, mas uma grande querela ideológica, de grande alcance, da maior importância, cuja cena é americana e lá está. De certa maneira, nessa cena americana, concentram-se vários protagonistas ideológicos contemporâneos, vindos de vários lugares e de várias tendências que não são simplesmente americanas, mas franco-americanas. Uma é o neopragmatismo do professor Rorty, aqui presente; outra, desconstrucionista, que vem do campo literário, incorpora outras tendências da filosofia francesa que são lidas de maneira diferente pelo professor Rorty, e, ao que se acrescenta, no campo oposto, por assim dizer, uma espécie de filosofia germano-americana, um tanto ecleticamente misturada: a implantação local da última versão da teoria crítica que começou nos anos 1920 ou 1930, em Frankfurt, na Alemanha, e que tinha opiniões precisas a respeito do capitalismo. São esses os protagonistas. Nós aqui estamos, por enquanto na plateia, e temos de encontrar uma maneira, uma porta, uma brecha a partir da qual possamos opinar, com alguma pertinência, a respeito desse debate. Bento já colocou os times em campo. Apel e o professor Rorty: são esses os dois contendores. Precisamos descobrir o assunto real que está em jogo. E isso é que eu gostaria de fazer. Mas antes, na observação a respeito da estrutura geral do texto do Bento — que não posso comentar no seu detalhe, pois é enorme, há coisas curiosíssimas, divertidas, reminiscências... o que não vem muito ao caso.

Um dos truques dessa dissertação francesa, que o Bento converteu na pequena obra-prima que ouvimos aqui, é o seguinte. Na verdade, como brasileiro, *je m'en fous*, estou me lixando se o professor X, se o professor Y, se o alemão diz isso, se o alemão diz aquilo, o que eu quero mesmo é aproveitar a oportunidade desse convite para glosar o mote que é de minha preferência pessoal há três ou quatro décadas, o que Pascal *a postulé*, justamente isso, que eu usei, em outros momentos, para explicar o meu amigo, o professor Oswaldo Porchat, que ora é pirrônico, ora dogmático e que, no momento, quer ser os dois, ao que parece. É isso que me interessa comentar. Assim, passo do pirronismo ou do relativismo protagórico-rortiano, para o dogmatismo apeliano-habermasiano e vice-versa. Tudo se complica um pouco porque o Bento cita Adorno. Seguramente seriam nossas pazes que deveríamos celebrar agora. Não vai, porém, ser desta vez, Bento, senão nunca mais vamos ter o que discutir. No caso, você tentou mostrar, citando Adorno, que há uma ligação interna e que ambas se desqualificam, ou que ambas expõem sua não verdade. Mas, como você está glosando o mote pascaliano, devo

Alta-costura parisiense: nem Apel nem Rorty

dizer que, no caso de Pascal, para usar o termo "dialética" no sentido mais amplo possível, é uma outra dialética, uma dialética indecidível e propriamente cristã, no sentido em que é agônica, agoniada. "Tenho razões e não consigo provar aquilo que me interessa"; "tenho uma certa ideia da verdade e não consigo provar", portanto é uma impotência da prova dogmática e, por outro lado, é uma ideia de verdade que nenhum pirronismo pode vencer. Portanto, nessa alternância eu me defino indefinidamente e não há solução. E Deus está escondido. Se não estivesse, haveria solução. E é justamente nessa alternância que existe um lado cristão, digamos, sério, que se faz repetir novamente numa outra forma de dialética, por assim dizer, degradada, atenuada, que Kierkegaard vai opor a Hegel, que é o *aut aut* indefinidamente. "Não sei se Abraão escolheu ou não", e assim por diante. A comicidade está justamente em mostrar que é assim que funciona meu amigo Porchat. Ele vai oscilar eternamente. Nós vamos mudar de milênio e ele será uma hora pirrônico e uma hora dogmático e, assim, sucessivamente, sem haver aí propriamente uma progressão, de modo que o termo "dialética" aí seria improcedente.

Bento Prado Jr. acrescentou uma coisa, na conclusão da exposição oral: que não estava na primeira nem na segunda versão escrita. Dizia o seguinte: entre essas duas posições, relativista e antirrelativista — chamemos a última impropriamente de "absolutista" —, há uma ligação interna e elas se desmentem reciprocamente. Pascal tem razão, uma remete à outra sucessivamente. A estrutura é de paradoxo, mas há uma convergência. Ambas são filosofias centradas na ideia de conversação ou de ação comunicativa. Ou então partilham do mesmo último capítulo desse famoso *linguistic turn*, que é a guinada, o giro pragmático. São ambas filosofias pragmáticas. Uma transcendental, no caso de Apel, e outra quase transcendental, envergonhada ainda, no caso de Habermas. Portanto, é essa convergência que nos interessa estudar, essa convergência que você, Bento, aponta e que não estava no seu texto anteriormente. E que portanto me iluminou. Era o gancho de que eu precisava. É nessa convergência que precisamos explorar em que elas concordam e em que elas divergem. Voltamos assim ao debate metropolitano e, depois, vamos ver como a periferia pode intervir nele. Lembro-me de um ensaio justamente do professor Rorty. Vejam só a curiosidade de nossas respectivas situações: estar eu falando dele e de seus amigos, dos habermasianos americanos e do próprio Habermas. À simetria trocada dos adversários, o Habermas costuma dizer — o Rorty é quem o cita — o seguinte: "Curiosamente, na Alemanha, eu passo por um *Aufklärer*. Sou universalista, sou iluminista, acredito na razão, só que numa razão já diferente, não é a razão dos clássicos, é uma razão já meio desfibrada, por assim dizer, desossada, uma razão mais flexível. Mas, enfim, estou do lado de uma tradição que, na Alemanha, sempre foi minoritária, de oposição e subalterna, ou subordinada. Sinto-me reconfortado, me sinto confirmado nas minhas posições, porque meus adversários à direita são historicistas e relativistas, isto é, pertencem à velha tradição alemã, antiocidental, isto é, antifrancesa, anticapitalismo manchesteriano e assim por diante. É a filosofia da particularidade histórica, da particularidade nacional e, portanto, a defesa da via prussiana original, desviante do processo de racionalização moderna".

Ora, no caso americano, Rorty diz a mesma coisa: "Também me sinto confortado, digamos, na vocação progressista, por assim dizer, de minha escolha historicista, porque os meus adversários à direita justamente são o quê? São *Aufklärer* e querem que eu me fundamente na verdade das coisas, que dê uma justificação baseada numa ordem social justa da sociedade americana, do capitalismo americano e assim por diante". De modo

Alta-costura parisiense: nem Apel nem Rorty

que há esse cruzamento. Se não me engano, a conclusão do professor Rorty é: "o que me separa do ponto de vista político-social do Habermas não é nada, é apenas uma questão filosófica". Questão filosófica, vejam só!

O debate filosófico aqui é o menos importante. Habermas não gostaria disso, ele ainda é filósofo. No caso de Rorty, não, porque, como ele é neopragmático, a filosofia é já alguma coisa que foi passada para trás. Foi passada para trás justamente pela marcha batida desse processo de *Aufklärung* com sentido já sociológico-weberiano, de racionalização do Estado tradicional, metafísico, humanístico, herdado do Antigo Regime.

Nós, portanto, podemos perfeitamente dispensar, nesse momento, essa divergência filosófica que, na verdade, é entre um neopragmatismo naturalista, mais sociológico, naturalizado — a expressão vem da epistemologia naturalizada de Quine —, e outro, digamos, mais transcendental pragmático no sentido também americano de Peirce.

Colocados esses pequenos adornos de lado, trata-se, portanto, não de uma oscilação entre dois polos antagônicos, mas de uma convergência, como você, Bento, disse muito bem, mas que localizou apenas no plano do modelo filosófico da mudança de paradigma. No que convergem? Bem, não posso evidentemente fazer uma explanação circunstanciada dessa convergência, porque eu deveria expor, deveria narrar a evolução, a trajetória de cada um deles, pois um vem de uma tradição marxista no seu tempo e cuja conclusão não tem mais nada a ver com o marxismo e ele *s'en félicite*. E o outro filósofo, o americano, vem da tradição, digamos, da filosofia analítica americana, ou anglo-americana, dotada de uma peculiaridade característica, muito estranha, ou, aliás, muito curiosa, que é uma espécie de superação interna da própria filosofia analítica, através de argumentos ou de teses clássicas de Quine, de Davidson, de Sellars e assim por diante, que culminam numa espécie de limpeza de terreno em que a última filosofia transcendental, que seria o neopositivismo americano — o neopositivismo lógico, que veio do círculo de Viena depois da guerra —, fosse arquivada, fosse aposentada. Assim, o quadro geral que tenho em mente é o seguinte. Temos uma espécie de convergência ou uma história entrecruzada entre um processo de modernização, de racionalização das relações sociais de produção, isto é, um processo de expansão, de mudança de figura do capitalismo, ao mesmo tempo nos dois lados do Atlântico, tanto nos Estados Unidos como na Alemanha, e, ao mesmo tempo, um processo, digamos, uma trajetória, uma história intelectual, de destranscendentalização da filosofia. Nisso tenho a impressão de que ambos concordariam. E qual o resultado? Diria que tanto o objeto de um e de outro, o assunto real, o que nos interessa de fato é um assunto ético e político. Não é mais, portanto, uma questão epistemológica, não se trata mais de uma teoria do conhecimento. Por isso o Richard Rorty, em certo momento, diz: "é meu interesse reatar com a tradição americana pragmática do intelectual público, portanto, do filósofo público. A transformação da filosofia, da qual eu sou um dos protagonistas, é impulsionada por uma intenção política explícita. Quero voltar a influir na educação, quero voltar a influir no esclarecimento do público, para não deixar isso à mercê dos desconstrucionistas literários franceses, que vendem um outro peixe".

Também no caso de Habermas, o itinerário é complexo e não posso resumi-lo. Também se trata de uma reviravolta com objetivos políticos de esclarecer, justificar, legitimar um novo estado de coisas que começou a se configurar a partir da Segunda Guerra Mundial. Quando o capitalismo se modifica e passa a ser, por assim dizer, organizado pelo Estado — para usar uma expressão de Hilferding, *Welfare State* — e essa transformação do capitalismo exclui as crises sistêmicas, como se dizia antigamente, ele aposenta a velha profecia apocalíptica dos seus mestres frankfurtianos, como Adorno. O caso está encerrado, mudou de figura. Ora, e o que mudou, por que eles convergem nesse momento? Tenho que ser sumário e, possivelmente, injusto e, aparentemente, arbitrário. O que faz com que ambos coincidam, no que eles coincidem? A atual lógica cultural do capitalismo dispensa ou não admite mais, dependendo da perspectiva de um e de outro, aquilo que poderíamos chamar, na velha guarda, "crítica imanente", porque não existe essa razãozinha atuando aí, não existem mais tendências históricas definidas e postas pelo próprio modo de produção no seu desenvolvimento, não há mais a possibilidade de crítica imanente, não há filosofia da história. Não há mais, portanto, a famosa contradição entre forças produtivas e relações sociais de produção. Isso é uma outra questão.

A crítica imanente era baseada em quê? Na suposição da validade de alguma coisa como direito racional natural. Era isso, era a partir dele, no próprio interior do capitalismo, que se poderia fazer a crítica, através da teoria do valor, da troca de equivalentes, que não era uma troca de equivalentes porque havia a expropriação da mais-valia. Isso ficava visível porque se tratava de um esbulho no sentido do direito clássico. Ora, no momento em que o Estado intervém para regular esse esbulho, ele controla, expõe esse esbulho e, nesse momento, como dizem os alemães, a classe dominante capitalista torna-se cínica e sabe disso. A crítica ideológica não esclarece ninguém. Eles estão cansados de saber. É nesse sentido que se aplica bem a expressão de Peter Sloterdijk: "O cinismo atual é justamente a falsa consciência ilustrada".

No caso americano, posso, a partir de argumentos epistemológicos, citar nomes, posso citar dez, quinze nomes. Quine, o mais eminente deles, ao mudar, ao destranscendentalizar a epistemologia, ou naturalizá-la, desassocia normas de justificação ou procedimentos, justificação de conhecimentos, da ideia de verdade, que é inteiramente descartável.

Ora, essa politização da filosofia neopragmática, que sai da filosofia analítica, como no caso de Rorty, quer justamente dizer o seguinte: na sociedade liberal ou na boa sociedade americana, as ideias de justificação e verdade, na descrição do funcionamento do capitalismo, estão dissociadas. Os adversários de direita de Rorty, esses reaganianos, são liberais clássicos, associados ao cinismo de Reagan. Essa ordem social, a ordem com a qual é solidário, não se funda na objetividade de uma verdade, Rorty pode legitimá-la descrevendo os procedimentos em que a solidariedade dessa sociedade se cimenta — maximização do lucro, leis de mercado e assim por diante. Essa legitimação, porém, não tem nada a ver com a ideia de verdade, e ele, portanto, não vai sair por aí fazendo guerra com Saddam Hussein em nome da verdade. É um escândalo, mas na verdade não é um retrocesso, é um passo a mais na direção dessa *Aufklärung*, dessa racionalização que implica menos escrúpulos, não no sentido moralista, para justificar essa nova ordem, que é a ordem internacional.

De fato, então, os nossos dois antagonistas da exposição de Bento Prado Jr., as duas posições filosóficas antagônicas, na verdade, convergem no mesmo paradigma pragmático-linguístico para mostrar de que maneira nós podemos conviver ou de que maneira nós poderemos administrar alguma coisa que eles estão supondo já estabelecida, a normalidade do capitalismo que veio aí para ficar. Essa é a forma final na qual felizmente nos livramos dos grandes chatos que são os ideólogos, os intelectuais teóricos ou os filósofos, na acepção antiga do termo. Por isso, a observação dos que cobram coerência de Rorty — dizendo que ele está abandonando a velha tradição radical do pensamento político

Alta-costura parisiense: nem Apel nem Rorty

americano desde a fundação, desde a constituição — está errada. Se há um pragmatismo, no sentido estrito do senso político americano, ele começa nesse momento, aparece pela primeira vez na interpretação da Constituição americana, em que os agrários, os pequenos proprietários são derrotados. Aliás há um belo ensaio do Rorty a respeito da prioridade da democracia sobre a filosofia. Vejam só! A democracia é mais importante que a ideia de verdade na filosofia. Por quê? Ele começa comentando o que diz Thomas Jefferson. Jefferson separa da ideia da verdade a justificação de uma forma de organização política. A ideia de verdade não interessa mais, não está fundada na natureza. Ontem, neste evento, o Ernst Gellner comentava com sarcasmo como, no preâmbulo da Constituição americana, é *self-evident* que todos os homens são criados iguais. É claro que, naquela época, no fim do século XVIII, isso não era *self-evident* para absolutamente ninguém no mundo. O que era de fato evidente? Que, ao elaborar a Constituição, eles estavam de acordo em que era essa a melhor maneira de viver para a liberdade, para a prosperidade dos negócios e assim por diante. Assim, o famoso radicalismo americano já está aí. O resto serão "melhorismos", será uma coisa de engenharia social, será aperfeiçoar uma ordem que já está legitimada por esse procedimento de justificação. Isso diz respeito a essa convergência dos dois teóricos quanto à normalidade capitalista, cuja cena é americana. Acontece que ela é tudo, menos normal, porque tudo está pela hora da morte, está pegando fogo e já nos próprios Estados Unidos. Então, qual é o grande problema dos Estados Unidos? É a desintegração social por essa aparente normalidade, que é uma economia-mundo que está desintegrando o país e, ao desintegrar o país, faz ver o fato de que a periferia está, por assim dizer, sendo introduzida lá por *n* razões. Isto é, é no momento em que temos os povos pós-coloniais presentes na cena americana que a ideia de relativismo cultural aparece. Já o epistemológico passou para o segundo turno, para o segundo plano. Sendo assim, é esse o ponto (segundo turno não, que não vai ter, vai ser no primeiro, já aviso).

É esse o problema na casa da filosofia americana específica. Portanto, quando Quine, por exemplo, substitui o programa kantiano e desmancha a oposição entre o empírico e o transcendental, o sintético e o analítico, e assim por diante, ele passa a substituir esse programa por uma descrição de práticas sociais de justificação. Essas práticas sociais podem ser entendidas de maneira cultural. Então o problema é o confronto das várias práticas sociais e a justificação de crenças. Aí vamos encontrar duas grandes estratégias na cena americana, que são aquilo que podemos chamar de "neopragmatismo", de um lado, e aquilo que se costuma chamar de "esquerda cultural americana".

Já me prolonguei demais, mas insisto. Nesse esquema cultural americano, o conflito se dá em torno da ideia de relativismo cultural. Uns insistem na barganha cultural, na negociação; outros insistem no separatismo, no confronto, na quebra de hierarquia, e assim por diante. Tudo, porém, se passa como se, na desintegração social em curso nos Estados Unidos — e que ninguém saiba mais dizer o que são os americanos, porque as relações econômicas se dão com o mundo todo —, o problema seja transferido para o plano cultural, e a questão material ou (como diriam os velhos do século XIX) a base terrestre do problema é escamoteada. Tudo se vai passar numa grande conversação cultural mais intransigente, mais tresloucada, no recinto dos *campi* americanos, um pouco mais arejada, no plano da cultura *highbrow*, que é onde circula o professor Rorty.

Portanto, é nesse momento, é diante desse (com o perdão da má palavra) idealismo cultural que surge a questão premente do relativismo cultural.

Alta-costura parisiense: nem Apel nem Rorty

Mas, como o relativismo é demonizado, percebe-se que todos sabem que o problema não é apenas cultural, é um problema grave, sério, global, que se repete de uma maneira exponencial na cultura, no cenário americano, que atualmente é onde se concentram todos, porque é a capital do Império. Ora, seria preciso mostrar como isso se dá na periferia e qual é a nossa experiência.

Como ilustração do nosso ponto de vista a respeito da questão do relativismo, acho que o texto de Bento Prado Jr. é um extraordinário preliminar.

Ideias ao léu:
uma digressão a propósito
de *O avesso da dialética*

Mes pensées, ce sont mes catins.

Diderot

Por que ler Hegel à luz de Nietzsche, como quer Gérard Lebrun?[1] Com o perdão da enormidade, não seria muito mais razoável passar de uma vez à ordem do dia e, antes de prosseguir, examinar à luz da experiência contemporânea a possível atualidade de um clássico que afinal fez justamente da capacidade de elevar o Presente ao plano do Conceito a prova dos noves de toda filosofia? Além do mais, onde a vantagem na substituição de uma mitologia por outra, salvo a graça involuntária na troca do Saber Absoluto pela Vontade de Potência? A resposta não deve ser procurada exclusivamente nas preferências do Autor. Tampouco seria o caso agora de procurá-la — e encontrá-la facilmente — no tributo pago ao espírito do tempo, que tornou o confronto Nietzsche x Hegel um tópico obrigatório do pensamento francês desde os idos de 1960. Pelo menos o primeiro impulso na origem desse alinhamento em perspectiva pode ser encontrado nas idiossincrasias do gênero cultivado por Lebrun com mão de mestre.

---

[1] Gérard Lebrun, *O avesso da dialética: Hegel à luz de Nietzsche*. Tradução de Renato Janine Ribeiro. São Paulo: Companhia das Letras, 1988.

Por mais que modifique seus procedimentos, a assim chamada Escola Francesa de História da Filosofia continua funcionando em circuito fechado. Ora, quem se formou nesta Escola sem janelas sabe muito bem que não tem o menor cabimento submeter uma filosofia ao teste da realidade. E sabe também que se deve justamente ao professor Lebrun a mais notável demonstração de que a autonomia moderna do discurso filosófico tem como contrapartida a evaporação do seu referente.

Nessas condições, dar satisfação às exigências do dia não faz sequer sentido. Por incrível que pareça, ocorre que estamos batendo na porta certa. Dentre os historiadores franceses da filosofia, ninguém mais integralmente devotado à denominação dos impasses da vida moderna do que Gérard Lebrun. Só que nos moldes de uma estratégia argumentativa centrada nos usos e costumes de um gênero pouco prestativo. Percebe-se mesmo nos seus escritos a clara intenção de reanimar um domínio tradicional da cultura ensaística francesa sob permanente ameaça de asfixia. Assim, "avaliando" a dialética hegeliana a golpes de martelo nietzschiano, o ponto de fuga incansavelmente perseguido por Lebrun foi sempre o da mais estrita atualidade — até demais, pois também se atina com a hora certa do presente pela distância que se toma dele. — Resta ver no que dá tal programa de atualização a todo vapor quando se proíbe ao mesmo tempo os meios de realizá-lo. Dentre eles o cuidado preliminar em restituir às ideias filosóficas sua espessura histórico-social de origem, laminada por esse constante atrito entre elas a que se costuma dar o nome de história da filosofia.

Ideias ao léu: uma digressão a propósito de *O avesso da dialética*

1

Sirva de amostra o seguinte passo. A certa altura de sua interpretação do paradoxo hegeliano que é o descrédito da potência no campo político — um "poder sem a força" —, Lebrun sugere que as variações de Michel Foucault em torno do "poder invasor e insidioso" descrevem em última análise *também* o "aperfeiçoamento do Estado hegeliano". Admitamos que a descoberta tardia da sociedade administrada que se espelha parcialmente na "microfísica do poder" — mais por contato direto do que em virtude de uma reflexão histórica que jamais ultrapassou o limiar do século XX — resuma o mais substantivo da hora presente. Seria preciso então explicar como foi possível a um professor de filosofia na Berlim da Restauração, lidando com sobras bem encasteladas do Antigo Regime e percepções modernas as mais desencontradas, antecipar formas atuais de controle social. Não estou afirmando que esta convergência é impensável — ela até que é mais frequente do que se pensa, a ponto de ser considerada expressão da natureza mesma do desenvolvimento da ordem capitalista. Pelo contrário, estou apenas procurando reapresentá-la como uma expectativa razoável porém em termos, estes sim, impensáveis do ângulo expositivo segundo o qual Lebrun encara a contemporaneidade de um sistema filosófico. Para que o parentesco presumido entre o Estado-ético concebido por um intelectual alemão (de fato mais de uma geração deles) nos primórdios da Era Burguesa e o complexo político-econômico-social que é o *Welfare State* (pois foi nesse colosso que esbarrou Foucault quando pensava estar aposentando a noção de Estado) lance alguma luz sobre os dois extremos da equação, seria preciso antes de tudo identificar o processo que os unifica, e ajustar em consequência a interpretação do discurso hegeliano à matéria social formalizada por ele, que de resto não é jamais bruta e necessita ser reconstruída. Só então poderíamos começar a responder à pergunta que realmente conta: o que tem a dizer hoje o comentário do raciocínio hegeliano? Quase nada, enquanto não soubermos reconstituir os termos historicamente exatos da comparação.

Voltemos ao Estado hegeliano aperfeiçoado. Relendo os textos, Lebrun redescobriu nele, em lugar da "mera dominação", a principal instância da *Bildung* (melhor não traduzir). Um letrado alemão do século XIX não empregaria esta palavra em vão. Picado no entanto pela mosca da polêmica imediata (de resto curiosamente alicerçada numa funesta escolha civilizacional que remontaria aos gregos do século IV), Lebrun aparentemente não se interessa pelo que de fato estava em jogo na associação de época entre *Bildung* e Estado, sem a qual não se compreende mesmo o que enuncia um teorema especulativo acerca da potência interna de convencimento da Ideia. No que nosso Autor andou bem inspirado. Caso entrasse por esse desvio histórico que sem dúvida lhe cheira a análise ideológica, sua linha de tiro estaria seriamente comprometida. Pois veria o professor de filologia clássica Friedrich Nietzsche colocar entre aspas o conjunto das "ideias modernas" em nome daquela mesma *Bildung* (ou quase, pois as coisas pioraram um pouco desde os tempos de Goethe) que empurrara a dialética para os lados justamente da *formação* do Estado. Ocorre ainda que, sendo tão mandarim quanto seus antecessores, Nietzsche andava encharcado de literatura naturalista "moderna". O segredo de sua dissidência consistia em saber que face mostrar em qual momento. Contra os modernos filisteus da cultura, o breviário de um filho legítimo da *Bildungsbuergertum*. Contra esta última, o prazer suplementar de revelar um segredo de família, dissecando em público tudo o que havia de pulsão atrofiada no subsolo do processo quase secular ao longo do qual o melhor da inteligência alemã sublimou sua posição

Ideias ao léu: uma digressão a propósito de *O avesso da dialética*

em falso — que era a dele próprio afinal, uma espécie de dissonância apologética. Mas são acessórios que não comovem Lebrun. Mas nem por isso deixam de embaraçá-lo. É natural que toda a simpatia de Lebrun vá para a reputação de pensador maldito que Nietzsche profetizou para si mesmo; não obstante, Lebrun acaba encarecendo inadvertidamente verdadeiros requisitórios de inspetor de ensino resmungando contra a "decadência", para variar estampada, por exemplo, na "existência maquinal" dos estudantes que não sabem mais seu grego. "Adestramentos", "domesticações" e outras tecnologias naturalistas de recalque e sublimação correm por essa falsa pista de mão dupla. Não surpreende então que ao traduzi-las na língua de Foucault, apresentando o *Kulturstaat* hegeliano como um aparelho aculturador e assimilante, instalado no centro "normalizador" do Ocidente contemporâneo, acabe reduzindo a *Bildung* — se for permitido por uma só vez não resistir à tentação de imitar Lebrun — a um *knut* brandido por um funcionário prussiano, não por furor ideológico, está claro, pois não se pode honestamente atribuir à índole original de um homem o que é puro efeito de um *a priori* de civilização. Um imbróglio sem dúvida animado. Fosse outro o humor da demonstração e haveria por certo interesse em despachar, a título de variação experimental, protagonistas de *Bildungsroman* para temporadas de "disciplinarização" no *Panopticon* de Bentham, ou enviar para a *ménagerie* de Wedekind espíritos bem formados na escola da *Bildungsreligion*. Uma brutalidade que jamais ocorreria a Lebrun cometer, pois em matéria de compartimentação cultural — como veremos — é tão intratável quanto o educador Nietzsche.

Em suma, para que o raciocínio hegeliano ainda possa assustar e desencaminhar, é necessário despojá-lo da matéria histórico-social que delimita o âmbito prático imediato do seu valor de verdade. Mesmo assim, a última palavra de Lebrun sobre a dialética — uma estratégia cristã de culpabilização e dominação indolor — sugere mais uma assombração vinda dos confins dos tempos do que uma ameaça tramada no coração do presente.

2

Retomemos sob outro ângulo a determinação lebruniana de ventilar com os ares do tempo a antiga disciplina, não sem antes reconhecer, quando se tem em mente a impaciência dos doutrinários, a inegável função profilática que a neutralização provisória da verdade material das filosofias sempre exerce. Acontece que a compreensão interna, porém sem horizonte, preconizada pela Escola, principalmente em sua versão estruturalista mais radical, viu-se condenada a um interminável comentário de interesse local. Homem de espírito, Lebrun temeu menos a exegese de costas para o fuso histórico das formas e seu lastro material do que a danação da monotonia. Fugindo com razão da redundância de que a fábula borgiana do leitor rigoroso do Quixote é a apoteose, preferiu não a mitologia comparada e reciprocamente anulada, mas por assim dizer encadeada. Explico-me. Seus admiradores, alunos e leitores, sabem como reconhecer à primeira vista um verdadeiro Lebrun — nesta *boutade*, por exemplo: "o Espírito-do-Mundo não passaria, então, do Gênio Maligno do sublunar?". Pela ordem (inversa), Hegel, Descartes e Aristóteles emparedados numa só frase, cujo efeito aliás não é difícil presumir.

Os que passaram pela Escola cuja fundação se costuma datar mais ou menos dos tempos longínquos de um Boutroux, de tanto virar e revirar os fascículos da monumental História de Bréhier — justamente quem afirmou que o essencial de uma filosofia é uma certa estrutura —, acabaram embalando a fantasia

Ideias ao léu: uma digressão a propósito de *O avesso da dialética*

de dominar um dia na ponta da língua, com requintes de especialista, todo o elenco de situações, autores e citações da História da Filosofia, o que nem de longe sequer era o caso do próprio Bréhier — enfim, completar o álbum de figurinhas como dizia, se não me engano, Ruy Fausto. Menos um sonho pueril de onipotência do que a inversão do pesadelo recorrente do aprendiz condenado aos trabalhos forçados em que consistia a maratona de dissertações prescrita pela regra francesa e para as quais, colhido sem dúvida *dans les textes*, o léxico a que se resumia uma História da Filosofia onde tudo se compara e as querelas ficam sempre em família, fornecia a matéria-prima obrigatória.

Boa parte do crescente fascínio exercido pela personalidade filosófica de Gérard Lebrun ainda se deve à impressão muito forte de que tal fantasia se encontra na iminência de se realizar. O que de fato está ocorrendo, na forma de uma incomparável *mise-en-scène* de ideias sem território. Sobre o fundo da História da Filosofia percorrida de A a Z, de preferência em todas as direções e com o tirocínio do perito em cada um dos seus capítulos, Lebrun vai multiplicando as referências cruzadas, as filiações insólitas onde as diferenças de hora histórica importam menos do que a velocidade migratória dos grandes temas e palavras-chave do repertório. E aos poucos vai se delineando a imagem de uma enorme farândola em que os pensadores, dançando em roda, interpelam-se uns aos outros. Não há dúvida de que a má sina da exposição monocórdia, que punha chumbo na dicção cinzenta dos mestres do método estrutural, foi banida para sempre, em benefício de uma presteza inigualável na inteligência polêmica. Em compensação é difícil descartar a sensação de fantasmagoria entre quatro paredes. — Essa a estufa retórica onde germinou o projeto sem atmosfera de passar a dialética hegeliana não pelo crivo da atualidade reconstruída na sua complexidade mas pelo filtro de um outro capítulo da história da filosofia.

3

Isso posto, é preciso acrescentar novamente que Lebrun é o primeiro a abrir e escancarar janelas por todos os lados. — Aqueles para os quais ler, ouvir e, se possível, imitar Gérard Lebrun tornou-se uma segunda natureza filosófica sabem que não exagero se evocar suas aulas, conferências e escritos sob o signo de uma avalanche de repentes, apartes improvisados em cena aberta, leitura dramática de paráfrases (onde convivem lado a lado conceitos cabeludos e sintaxe coloquial), provocações entre parênteses, digressões burlescas, alusões picantes, farpas e *boutades* de toda ordem e sobretudo muitas analogias e comparações inesperadas. Não se trata apenas dos recursos usuais de carpintaria (empregados porém com arte inimitável) destinados a manter acesa a imaginação de ouvintes e leitores. São também variantes surpreendentemente animadas da exemplificação didática imprescindível, que começa na sala de aula e continua sob outras formas no texto impresso. Uma técnica inconfundível, a rigor indiscernível do modo expositivo assinalado há pouco: no meio do redemoinho, o *exemplo*, nas suas mais diversas encarnações mas entendido antes de tudo como uma antena do discurso sem tempo dos filósofos ligada nas idas e vindas da maré ideológica contemporânea. Tudo somado, quem poderia exigir mais? Sirva de contraste uma breve reflexão melancólica.

Quem por dever de ofício precisa ensinar filosofia e, portanto, trocar em miúdos na sala de aula terminologia e argumentos sem continuidade evidente na cultura viva do momento (e esta é tudo menos uma evidência), não esquece facilmente (pois o trauma se renova impiedosamente) o mal-estar constrangedor que envolve a todos sem exceção na hora difícil da exemplificação. Invariavelmente despencamos de algum píncaro abstruso na mais vexatória indigência. Inépcia de um tempo de pigmeus

Ideias ao léu: uma digressão a propósito de *O avesso da dialética*

ou sina de um gênero *literalmente* imprestável? E não é só o professor: o filósofo também morre pelo exemplo. Se alguém com apetite se dispusesse a reescrever a história dos sistemas filosóficos através dos seus exemplos mais característicos, na certa se defrontaria com um *sottisier* monumental. Há sem dúvida um lado pueril nas perguntas radicais, responsável em boa medida pela infantilização do argumento filosófico à cata de exemplos na experiência próxima. O mais provável é que a arte de exibir uma significação de outro modo inabordável numa imagem elementar — e que por isso mesmo deixaria de sê-lo — ande tão proibitiva que não esteja mais ao alcance de um simples professor de filosofia. Como pedir-lhe em circunstâncias tão adversas que transponha esse abismo no fundo elementar? Como Lebrun não é qualquer, continuaremos insistindo.

Houve é claro períodos de exceção, em particular na tradição francesa que nos interessa mais de perto. Refiro-me à Era *Temps Modernes*, ao longo da qual também foram ao menos abalados alguns dos mais arraigados hábitos dissertativos da filosofia universitária francesa. No capítulo comprometedor da exemplificação filosófica então, o panorama alterou-se substancialmente. Com o enxerto francês no edifício abstruso da fenomenologia alemã de matéria recolhida de uma experiência social da inteligência quase única na Europa, inverteu-se a arquitetônica dos valores filosóficos. Pensemos nos tijolos sartrianos: no topo, teoremas arrevesados hoje em dia quase ilegíveis, na base, arejada pela mão bem assentada pela experiência intelectual referida acima, a aclimatação milagrosa daquela algaravia na forma de *situações exemplares*, variando da quase ficção à polêmica política quase nada provinciana malgrado o atraso relativo do país. Sob todos os aspectos, uma mescla estilística capital de resultados por certo desiguais, do melhor ensaio francês finalmente reinventado ao mais caricato jornalismo insuflado pela fraseologia da autenticidade. Não nos esqueçamos todavia que o "exemplo" atingia enfim a maioridade cultural por obra de autores formados igualmente na escola francesa da Dissertação filosófica: em larga medida o novo ensaísmo ainda procedia daquela tradição, bem como as inevitáveis recaídas.

4

Parece inegável que a tradição verdadeiramente moderna firmada por essa guinada decisiva na cultura filosófica francesa acabou ajudando Lebrun a contornar a provação assinalada acima. A renovação dos assuntos citáveis, por outro lado, também rejuvenesceu a índole dissertativa característica da história da filosofia segundo a Escola francesa — da qual não estou em absoluto maldizendo, basta pensar por contraste na pasmaceira dos estudos alemães por assim dizer correspondentes. Digamos que nosso Autor desenvolveu-a superlativamente, na forma ainda pouco usual de uma história da filosofia aplicada. Na falta porém de uma reconstrução histórica material, abafada por grandes filiações genealógico-culturais, o que há de vertiginoso e desconcertante na arte lebruniana de citar situações do repertório filosófico se deve em grande parte à aplicação imediata de noções mal aclimatadas e que assim fulminam à queima-roupa os altos e baixos da paisagem ideológica próxima, conservando embora o atrativo infalível da justaposição erudita. Nem sempre foi assim. Salvo engano, esta tendência declarou-se e reforçou-se em meados dos 1970 a partir da estreia brasileira de Lebrun no "jornalismo" de ideias.[2] Os dois livros anteriores (respectivamente,

---

[2] Artigos escritos em sua maioria para o *Jornal da Tarde* e reunidos posteriormente em *Passeios ao léu: ensaios* (São Paulo: Brasiliense, 1983). [N. da E.]

Kant e Hegel), mesmo impregnados sem alarde pela conjuntura intelectual do momento (a Ideologia Francesa nos seus primeiros e mais sóbrios capítulos), eram teses austeras.[3] O gênero de *espírito* que está nos interessando agora encontrava-se praticamente confinado na sala de aula, nas "dissertações" e outros pequenos escritos de circunstância que deixava circular na intenção dos alunos e colegas mais jovens. Sem dúvida um acontecimento: nas páginas culturais da imprensa diária, Lebrun ia completando nossa educação filosófica. Finalmente passara à ordem do dia, mas arrastando consigo antigos obstáculos. Fingindo *passear ao léu* como o ensaísta que procura e acha o seu caminho na lógica interna dos objetos jogados à praia pelas alternâncias de um processo cultural de cujos conflitos se alimenta, Lebrun na verdade esgrime sem descontinuar o mesmo alvo, o *homo ideologicus*, a seu ver o grande espectro a rondar o nosso tempo. Não é esta a única incongruência. São escritos de combate — o Autor cogitou por um momento chamá-los, como Sainte-Beuve, *Meus venenos* — que no entanto descartam frontalmente a noção (teoria e prática) de Crítica, sem a qual nenhum ensaio sobrevive enquanto tentativa de esclarecimento. Devassar o que os conceitos dissimulam? A formulação é propositadamente moralista: só os espíritos religiosos estão interessados em desmascarar, desmistificar, desalienar etc. Não é a primeira vez que veremos Lebrun revertendo a tradição crítica no seu contrário, alegando temer o risco da contaminação ideológica do crivo ao qual se costuma submeter as ideias e os seus interesses, de sorte que o verdadeiro doutrinário vem a ser o próprio crítico. Daí o pior: o impulso

---

[3] *Kant e o fim da metafísica* [1970]. Tradução de Carlos Alberto Ribeiro de Moura. São Paulo: Martins Fontes, 1993; *A paciência do conceito: ensaio sobre o discurso hegeliano* [1972]. Tradução de Silvio Rosa Filho. São Paulo: Editora da Unesp, 2006. [N. da E.]

emancipatório sem o qual a crítica perde a sua razão de ser sempre acaba indo longe demais. Ao contrário, a "suspeita" do "avaliador" se detém nos primeiros passos, por esse lado não há o que temer pois nada nem ninguém será efetivamente julgado, muito menos pelo famigerado "tribunal da história": ao avaliador não interessam posições de classe (para falar no jargão que nosso Autor mais detesta) mas "interpretações", códigos culturais através de cujas grades hermenêuticas as coisas são nomeadas — no limite, uma "agonística" em que todo conflito é de interpretação e toda luta, entre "tomadas de posição infrarracionais", contra as quais não adianta mesmo argumentar.

Como não se pode portanto pensar sem pré-juízos, não custa imaginar o caleidoscópio formado por escritos polêmicos que paradoxalmente não têm parte com a crítica, tomada em sua acepção mais enfática. *O antiensaio na forma do ensaio*. Pois nesses comentários venenosos de ideias fixas, livros e outras ameaças político-ideológicas, o vezo exemplificador não só achou ocasião de retemperar-se como refluiu renovado para o estudo historiográfico propriamente dito. Puxando mais para o lado profissional nesta vertente, mais abundante em fórmulas de impacto na outra (os adoradores da *Weltgeschichte*, a pacificação final hegeliana etc.), o manancial é sempre o mesmo, a História da Filosofia: induzidas ou não pelos hábitos do ofício, o fato é que as ameaças vêm sempre da "razão raciocinante", que antes de mais nada é a da tradição metafísica ocidental, onde entram marxismo, psicanálise, cristianismo, neokantismo... e mania de criticar. Se couber ainda uma última observação sobre o caráter compósito desses "passeios ao léu" que acabaram dando o tom à atual avaliação lebruniana da dialética, seria o caso de voltar a reparar que estão sempre na defensiva, conjurando alguma tentação ideológica, jamais subordinados à construção de um problema: como notou certa vez um crítico (evidentemente), Lebrun,

Ideias ao léu: uma digressão a propósito de *O avesso da dialética*

quando invoca grandes impasses da história contemporânea, "está mais interessado em plantar espantalhos que em colocar problemas".[4] Em seguida, que nesses escritos recheados de filósofos, filosofias e filosofemas comanda sempre a perícia técnica insuperável do historiador francês da filosofia (queira ou não queira, de extração radical-raciocinante como a Terceira República dos Professores), patente no arranjo de textos e esquemas a mobilizar, mas o sobrevoo das "ideias modernas" que tutelam o Ocidente é curiosamente (vindo de quem vem) heideggeriano: em lugar do Ser e seu Destino, mentalidades e estilos de civilização, mas igualmente consolidados pela filosofia, em linha direta de Platão a Hegel. Por fim, única proteção contra a incessante e funesta demanda de ideologia, a evocação da experiência, um desvio que por momentos (e estes são sempre os melhores) nos restitui à atmosfera do ensaio: mas são por assim dizer referências avulsas, não somam, têm até um claro timbre inglês na maneira de antepô-las à ruminação dos críticos como um derradeiro antídoto, mais ou menos como Burke se instalava nas prerrogativas da experiência (de classe dominante que sabe mandar por conhecimento infuso) para rebater a geometria política dos jacobinos.

Voltando: prevalecendo, como penhor de modernidade e interesse, a exemplificação acelerada e direta enquanto ponto nevrálgico da História da Filosofia aplicada, permanece no mínimo o risco considerável do desencontro fatal assinalado pági-

---

[4] Roberto Schwarz, "Resposta a Gérard Lebrun", *Discurso*, nº 12, 1980, p. 155. O texto de Lebrun, "Algumas confusões, num severo ataque à intelectualidade", comenta dois livros de Roberto Schwarz, *Ao vencedor as batatas* (1977) e *O pai de família e outros estudos* (1978). Foi publicado no *Jornal da Tarde* e no referido número de *Discurso* antes de compor o volume *Passeios ao léu* (São Paulo: Brasiliense, 1983). [N. da E.]

nas atrás. Digamos para encurtar que Lebrun simplesmente incorporou, na intenção polêmica que se viu, o referido descompasso.O desnível flagrante entre os termos, realçado ainda mais pela justaposição imediata, acarreta a desmoralização recíproca deles. Fosse materialista a inspiração original, o efeito ainda não seria um argumento mas o grande aparato filosófico em queda livre, pelo menos um prenúncio de esclarecimento. Não é bem este o caso, o resultado então é mesmo o inverso do esperado, pois afinal o que se tem em mente é a restauração, noutro figurino, das altas paragens das escolhas ontológicas.

Deixando para mais adiante outra especialidade de Lebrun, igualmente tributária da lógica por vezes involuntária da montagem incongruente, a *boutade* do exemplo-piada, atenho-me a uma dentre muitas passagens similares do primeiro capítulo, onde a ilustração-aplicação histórico-política segue de perto a tradição moderna de que falávamos. Não que Lebrun ressuscite sem mais a desenvoltura com que um Kojève, nos idos de 1930, procurava correspondências contemporâneas para as figuras da *Fenomenologia do espírito* — mas sabemos o quanto pesou tal fantasia no ensaísmo filosófico daquela geração. Reforçado é claro pelos cacoetes da Escola, algo daquele vezo ainda levaria Sartre a aplicar aos antiobjetos surrealistas, para melhor denunciar-lhes a impostura, nada menos do que a dialética hegeliana da consciência cética — mesmo nos maiores, Dissertação em estado puro.

A ideia desenvolvida no trecho em questão é mais ou menos a seguinte: o atalho especulativo chamado "grande homem" serve apenas para nos incutir a sensação de que o trabalho do Espírito-do-Mundo não tem medida comum com nenhuma "política finita" (a do "entendimento" em crise tematizada nestes termos não por acaso por Merleau-Ponty), de sorte que a ação histórica desenrola-se meio às cegas; o Entendimento não pode mesmo dominar um processo que "devasta e nada edifica". Con-

Ideias ao léu: uma digressão a propósito de *O avesso da dialética*

venhamos, terminologia imprópria à parte, e à revelia do Autor: um interregno materialista preparando um desfecho niilista-cristão. Mas acompanhemos Lebrun:

> [...] que fosse inevitável ruir o Império, na China, ou o regime do Kuomintang, isso o Entendimento histórico (ou seja sociológico) ainda pode explicar mediante uma combinação de causas. Porém, como compreenderá, partindo delas, que a China tenha se transformado numa nação líder do Terceiro Mundo? Daquilo para isso, que continuidade — inteligível — ele poderia descobrir? Como a História poderia albergar a previsão e as estratégias bem dirigidas, essa História que só aparece sob a forma da ruptura? E, no vocabulário hegeliano, para formularmos — neste caso — que só existe ruptura, diremos, simplesmente, que Mao é um "grande homem". Só que isso não implica, absolutamente, que consideremos o mundo fadado a um nacional-comunismo cujos desígnios começariam a se realizar em Mao. (pp. 30-1)

Em suma, mediante o expediente extremo do "grande homem", foco irracional que designa a escansão niilizante do drama histórico-mundial, graças portanto a essas defasagens é que o Espírito-do-Mundo se deixa entrever em sua atividade, que já sabemos a esta altura ser nadificante. — Admiremos mais uma vez a extraordinária perícia de Lebrun. Podemos entretanto nos perguntar onde está de fato o verdadeiro descompasso, mais exatamente no que redunda uma exemplificação cujos termos atuais estão na dependência dessas linhas desniveladas.

Para começar, por que "falar hegeliano" fora de época? Já do ponto de vista meramente didático, não seria mais razoável ilustrar o desencontro no coração da *Weltgeschichte* através da reapresentação do seu verdadeiro assunto, a Revolução Francesa e a nova ordem social em escala mundial que daí se segue? E só então, depois de comparar esta última com o curso de uma Revolução Camponesa na periferia do capitalismo moderno, retornar ao filósofo e constatar a instrutiva impropriedade de sua linguagem? Se o propósito era além do mais o de arrematar o processo da dialética pela evocação da desgraça do maoismo — desmoralizando-se por acréscimo, segundo o mesmo expediente das associações incongruentes, todas as "longas marchas" na direção do "universal concreto", como é dito noutra parte —, o prejuízo não poderia ser maior. Teria sido melhor não tocar no assunto chinês. Não só pela evidente e desastrosa incomensurabilidade entre a (melhor) prosa universitária da história da filosofia e um acontecimento de inegável importância *histórico-mundial* como a Revolução Chinesa, seja dito na língua desacreditada das filosofias oitocentistas da história. É que uma vez desperta, a atenção do leitor não conseguirá mais se desviar de novos curto-circuitos, dessa vez de segundo grau. Não faltará então quem lembre, ao sabor dessas mesmas associações, que a ruína intelectual e política do maoismo acabou arrastando consigo a do seu principal parceiro ideológico, a filosofia francesa da Transgressão, que a certo momento erigiu a Diferença chinesa pedra de toque do seu edifício fraseológico. Passados tantos anos, o maoismo é hoje apenas uma estrelinha no céu da filosofia francesa. Naturalmente a aversão de nosso Autor pela Revolução Cultural é de nascença, mas fossem outros os tempos até o "nacional-comunismo" encontraria abrigo sob a "alteridade" em torno da qual gira a campanha lebruniana contra a vontade filistina de segurança. Digamos que ambições de virar pelo avesso o Ocidente cultivadas *in vitro* filosófico, cedo ou tarde sucumbem à falta de atmosfera no momento de dar-lhes configuração histórica, sobretudo na forma aparentemente inócua da exemplificação.

Ideias ao léu: uma digressão a propósito de *O avesso da dialética*

5

Passemos ao filtro nietzschiano, que faz as vezes de retrato invertido dos tempos modernos. Como o propósito é dizer a quantas anda o mundo através da história da filosofia, Lebrun é o mais interessado em passá-lo a limpo. Não sem paradoxo. Para trazer de volta ao futuro o prisma nietzschiano, precisou promover o vácuo histórico em torno do seu passado, varrendo para debaixo do tapete o entulho *fin-de-siècle* sem o qual um monumento ao *kitsch* como o *Zaratustra*, por exemplo, perde todo o interesse de um termo de comparação ancorado no seu tempo. Para tanto não lhe faltam recursos. Neste caso extremo, o último recurso do método se reduz a um estratagema tão arriscado quanto desconcertante que consiste em "deixar *operar*" um conceito — de preferência de origem duvidosa — cuja interpretação prévia foi deliberadamente posta de lado, por se temer, como ficou indicado, tanto a simples reiteração do comentário tradicional quanto o *déjà vu* da malfadada crítica ideológica. Esses "analisadores" — como os denominou seu criador — ao mesmo tempo em que, por definição, neutralizam o lastro doutrinário de um sistema — como se exigia na escola do método estrutural —, transformam o sistema assim expurgado numa "grade hermenêutica" destinada a comentar, ou melhor, a "avaliar" os contendores arrastados no torvelinho do *agon* contemporâneo — extrapolação que o mesmo método prudentemente inibia. Aliviados de sua ganga histórica, *Übermensch* (melhor também não traduzir), Eterno Retorno, Vontade de Potência, Vida, Decadência etc., não ascendem por certo ao céu das ideias mas ao plano mais pragmático de meros "analisadores" reunidos numa espécie de caixa de ferramentas sem data de fabricação nem prazo de validade. Mas quem poderá confiar em "analisadores" não analisados? Até mesmo em psicanálise nenhum paciente se arriscaria. Não ignoro a resposta: os que não temem o "perigo que vem do que é incerto", os que deixaram para trás a obsessão do ponto fixo etc. Pode ser: como estamos no terreno das "avaliações", por que não o voo cego de um "avaliador" que opera a esmo? Mas não é bem esse o caso de Lebrun, que sempre escolhe a dedo os seus alvos.

Pensando bem, Lebrun é muito mais inflexível do que o mais intransigente dos seus adversários materialistas, pois uma faxina assim tão metódica e inexorável só mesmo da parte de quem não admite que um pensamento de direita possa ser interessante — ao contrário dos amigos da "ideologia", de cujo fundo falso raramente desesperam. Sejamos justos. Sei que não é fácil ser nietzschiano hoje em dia. Ninguém mais tem o *physique du rôle* — nem mesmo, quando os tempos eram mais favoráveis, o saudoso professor Helmut Institoris. Prevenidos por algum sexto sentido, os nietzschianos são os primeiros a evitar Nietzsche como quem foge da peste. Daí multiplicarem as salvaguardas. — Um caso local: publicando em 1974 sua tradução das *Obras incompletas* de Nietzsche, Rubens Rodrigues Torres Filho não dispensou a caução moral de um velho rodapé de Antonio Candido, republicado em apêndice;[5] na intenção de recuperar Nietzsche — um radical bissexto — para o convívio da cultura de oposição, o artigo de 1946 principiava aconselhando que se rejeitasse o conteúdo de suas ideias, retendo apenas para ponderação a técnica de pensamento, a título de propedêutica...

---

[5] Com seleção de textos feita por Gérard Lebrun, o volume foi publicado pela editora Abril em 1974 na coleção *Os Pensadores*. Relançado em 2014 pela Editora 34, acrescido de textos de Gérard Lebrun e Márcio Suzuki. [N. da E.]

Ideias ao léu: uma digressão a propósito de *O avesso da dialética*

6

Um verdadeiro Lebrun também se reconhece na *boutade* do exemplo-piada, menos que um argumento mas sempre uma pedra no sapato. — Vejamos pelo ângulo do piadismo no que dá a "avaliação" da matriz civilizacional da dialética — por certo o mais rasteiro produtivismo ocidental — através do "operador" não analisado *Übermensch*. Citando os trechos famosos do *Manifesto comunista* onde Marx enumera os feitos da burguesia, Lebrun, fingindo de reacionário rabugento, depois de aludir à argumentação de um parágrafo em que o surgimento de uma literatura universal é o ponto final de um processo, ou melhor, de uma frase que principiara pela expansão mundial da economia de mercado, nosso Autor, como dizia, arruma jeito de encaixar um breve reparo, a título de comparação explicativa e expeditiva, a propósito da formação, assinalada por Marx, de novas necessidades que "requerem para sua satisfação os produtos das regiões mais longínquas e dos climas mais diversos": que a seu ver a mercearia de luxo Fauchon (Place de la Madeleine), especializada nesses produtos, nunca lhe pareceu propriamente um santuário goethiano. — Os maiores de 40 anos hão de lembrar que a Fauchon era um dos alvos prediletos de expedições punitivas gauchistas depois de 1968. É de se esperar que a reminiscência contribua igualmente para o descrédito do velho progressismo do *Manifesto*, e da reviravolta do pró ao contra que o inspira. Mas Lebrun não é gauchista. Será um dissidente mais pacato da sociedade industrial? Um "bom europeu" partidário do crescimento zero? Consideremos então o templo goethiano ameaçado pela formação de um mercado mundial. O próprio Goethe não parecia encarar o fenômeno como sinal inquestionável da decadência vindoura: basta lembrar a tentação desenvolvimentista do último *Fausto*, de cuja família intelectual fazem parte sem dúvida tanto a *Fenomenologia do espírito* quanto o *Manifesto comunista*. Mas a Lebrun interessa muito mais a intangibilidade do santuário do que as ambivalências da cultura clássica alemã: repugna-lhe a promiscuidade entre cultura superior — cujo reino não é deste mundo — e civilização material, em particular, a insinuação filistina de que devemos a desprovincianização da vida intelectual moderna ao zelo comercial dos antepassados do Sr. Fauchon. O antiprogressista Schopenhauer não seria tão ingrato assim. Caso se desse ao trabalho de pensar um pouco no assunto, verificaria que suas tiradas contra a inépcia das filosofias da história eram ditadas menos pelo pessimismo em escala metafísica, do que pela exasperação diante do espetáculo constrangedor oferecido pelo acanhamento local metido em fórmulas hiperbólicas, impaciência de um espírito que devia muito do seu tirocínio ao tempo em que, cuidando dos negócios de família, precisara percorrer o mundo justamente através dos canais do famigerado comércio internacional.

Para encerrar esse brevíssimo inventário de procedimentos, passemos ao outro *corner* do ringue, onde também abundam os exemplos-*boutade* destinados a fixar na imaginação do leitor a maneira nietzschiana de fazer murchar as "ideias modernas": juntamente com a ideologia, a sua crítica. Apenas uma amostra. — Como não há por princípio falsa consciência, ninguém é enganado, cada um escolhe a perspectiva que mais lhe convém, como quem calcula vantagens depois de um... "estudo de mercado bem-feito". Sorriso garantido outra vez e sobretudo, cinicamente moderno, embora postiço como o brilho de uma estrela extinta há muito tempo: seu impulso vem de longe, da época em que alinhar chapéus e bons sentimentos, dissolvendo a liga secular de antigas servidões, limpava o terreno — no fundo, o

Ideias ao léu: uma digressão a propósito de *O avesso da dialética*

repente desabusado que acabamos de citar é um pastiche involuntário do *Manifesto*, inspirado pela maré anônima do iluminismo de massa. Agora, a simples menção de técnicas de *marketing*, ao soterrar sob toneladas de sabão em pó o romance ideológico de La Rochefoucauld — como denomina Lebrun uma das supostas matrizes moralizantes da Crítica moderna —, também converte esta última numa etiqueta entre outras, ou melhor, numa marca de "avaliação" a mais. Evitemos todavia debitar na conta de nosso Autor uma reviravolta inerente à natureza do processo. Os clássicos da Era Burguesa em formação asseguravam que ganhávamos a cada ilusão perdida; a "grande suspeita" nietzschiana advogada por Lebrun continua extirpando ilusões em escala industrial mas sem nada oferecer em troca: ou melhor, a tagarelice ideológica abominada por Lebrun já está nas coisas e quando baixamos a guarda, aflora espontaneamente.... nos exemplos. A graça está na intenção ultrailuminista deles. O comparatismo indiscriminado de que resulta essa bagatelização universal alimenta-se justamente de um dos procedimentos mais característicos da polêmica iluminista, a exemplificação em curto-circuito, detonadora de uma espécie de irresistível disparate progressista. — Com licença da má comparação, digamos que a mesma tendência que garantiu uma relativa sobrevida às técnicas da já então muito combalida arte de vanguarda no domínio exclusivo da publicidade e adjacências, concentrou igualmente a massa de espírito outrora acumulada na crítica filosófica — cuja existência separada não tem mais razão de ser — numa coleção de expedientes argumentativos especializados no confronto direto entre o discurso filosófico apanhado em pleno voo e os dados imediatos e não analisados da vida contemporânea. Quer dizer: *ideias ao léu de um lado, mosaico ideológico do outro.*

7

Gérard Lebrun é pela transparência dos preconceitos. É sob esta forma desabusada porém petrificada que os exemplos--opinativos trazem a atualidade para o interior de sua história da filosofia aplicada. Hegel lido à luz de Nietzsche é simplesmente uma formação cultural filtrada sem rodeios por um outro sistema de avaliações brutas. Ao contrário do crítico impertinente, o "avaliador lúcido" limita-se a abrir as torneiras-exemplificadoras e a deixar fluir cruamente pré-juízos que brotam do fundo da alma. Por isso em política é adepto da sinceridade na dominação, exercida *sans phrase*: por que se envergonhar, em nome do que censurar a vontade de potência que se apresenta de peito aberto? Já em matéria de pensamento, o "espírito livre" prefere manifestar-se no seu oposto, o sólido bom senso do homem comum, desprezado pela "razão raciocinante" dos críticos: neste ponto Lebrun também quer que pensemos como de fato pensamos.

Vê-se que no fim das contas uma história nietzschiana da filosofia distingue-se da outra, monotonamente mais "técnica", apenas pela desinibição ideológica: o acanhamento do pai de família, antes padecido em silêncio, pode agora ser transfigurado. Não sem lapsos que fazem todo mundo se sentir em casa. O livro, como sabemos, transcorre entre grandes escolhas civilizacionais, a cada página sonha-se com outras Europas abortadas. Ao fechá-lo e abrir os jornais, cessa o frenesi transgressivo que o professor se oferece e aos seus leitores estudiosos, e principia a temporada de caça aos *parti-pris* dos amigos da idelogia, mas agora em nome do Ocidente caluniado pelo ressentimento que grassa na periferia do capitalismo. São páginas e páginas cordatas da mais afiada polêmica: até o implacável *agon* dionisíaco torna-se quando muito um conflito bem temperado pelo hábito

Ideias ao léu: uma digressão a propósito de *O avesso da dialética*

civilizado do compromisso, cultivado não por acaso pelos "espíritos livres"... de preconceitos. Congratulemo-nos: nada mais brasileiro do que a luz nietzschiana sob a qual o professor Gérard Lebrun retomou a leitura de Hegel.

Hegel, frente e verso:
nota sobre achados e perdidos
em História da Filosofia

> Que a vida dessa faca
> se mede pelo avesso
>
> *João Cabral de Melo Neto*

O que se descobre quando viramos do avesso a dialética hegeliana? Segundo Gérard Lebrun, nada de muito animador: tudo somado, uma estratégia cristã de culpabilização da existência, mais o seu cortejo de paixões tristes, a que no fundo se resume o trabalho do negativo. Embora previsível, essa adesão por extenso ao anti-hegelianismo militante da Ideologia Francesa (alimentado no entanto com recursos próprios e nenhuma concessão à terminologia em voga) só se apresentou, pelo menos na forma acabada de um livro, em 1988 — justamente *O avesso da dialética*, publicado em São Paulo naquele ano.[1] Até aí nada de mais, se não nos lembrássemos de que quase duas décadas atrás, mais precisamente em 1972, a dialética não tinha nenhum avesso que a incriminasse: ela era literalmente *"imprenable"*. Refiro-me ao primeiro livro de Lebrun sobre Hegel, *A paciência do conceito*.[2] Aqui a grande novidade. Visto de frente, o discurso

---

[1] Gérard Lebrun, *O avesso da dialética: Hegel à luz de Nietzsche*. Tradução de Renato Janine Ribeiro. São Paulo: Companhia das Letras, 1988.

[2] *A paciência do conceito: ensaio sobre o discurso hegeliano* [1972]. Tradução de Silvio Rosa Filho. São Paulo: Editora da Unesp, 2006.

hegeliano não encobria nenhum fantasma ideológico, nenhum apogeu metafísico ou ontoteológico etc. Todavia, dois anos antes, nada permitia antecipar tamanha reviravolta, pelo contrário predominavam as prevenções de costume: na sua grande tese (como se dizia então) sabre a Terceira Crítica, Lebrun não perdia ocasião de lembrar que o hegelianisno era mesmo uma teodiceia, que a confiança na presença de uma razão atuante na história só deixaria de ser a especulação de um visionário para se tornar realidade cotidiana dos estados policiais etc. A lei do gênero assim ordenava: se o autor a ser explicado era Kant, Hegel nunca poderia estar certo, e vice-versa, como se veria no livro seguinte. Também não deve ter sido pequena a surpresa de seus admiradores brasileiros: os que tiveram a chance de acompanhar, durante a primeira metade dos anos 1960, seus cursos na USP, sabiam muito bem que a aversão de Lebrun pela dialética era a bem dizer congênita, tão antiga e arraigada quanto os preconceitos da filosofia universitária francesa — como se sabe, um híbrido espiritualista de neokantismo e positivismo. Inútil lembrar que tamanha alergia se manifestava em exposições magistrais, como a aula histórica consagrada ao comentário da convicção hegeliana de que as feridas do espírito se curam sem deixar cicatrizes. Por certo os motivos anti-hegelianos de Deleuze, Derrida e Cia. já não tinham mais nada a ver com as implicâncias de um Brunschvicg e sucessores — como se sabe, entroncavam na fraseologia da transgressão, um veio até então subterrâneo e tardio do "modernismo" francês, um arco heteróclito que se estendia de Bataille a *Tel Quel*. Quanto a Lebrun, como lembrado, não precisava anunciar que estava em campanha contra o Logocentrismo ocidental e seus derivados, ou empenhado na formulação de uma filosofia da Diferença. Bastava seguir as regras de seu *métier* — o de um professor formado na escola francesa de filosofia —, deixando-se no entanto impregnar discretamente pelos ares do tempo. De qualquer modo, embora partilhasse com a França intelectual do momento o ponto de honra que mandava maldizer da dialética em todos os quadrantes, o fato é que naquele ano de 1972 Lebrun resolveu não obstante contrariá-lo. Presumo que também por natural espírito de contradição, sem descartar entretanto o cálculo retórico de só confirmar mais adiante o credo reinante depois de fazê-lo confessar a opinião oposta. Um passe de armas que só mesmo a índole dissertativa de um gênero sem problemas facultava, nas não a qualquer um.

* * *

A paciência do conceito é antes de tudo um notável exercício de desdogmatização de um sistema filosófico, além do mais executado, nada mais nada menos, na figura do mais dogmático sistema de todos os tempos. Sem muito exagero, são cento e cinquenta anos de ilusões desfeitas por um dos mais inventivos livros da historiografia filosófica francesa. Simplesmente ficávamos sabendo que não existia "filosofia hegeliana" alguma, nem mesmo filosofia disso ou daquilo (História, Arte, Direito etc.). Numa palavra, erradicando-lhe todo e qualquer resíduo afirmativo, Lebrun reduzia o hegelianismo ao que lhe parecia ser o essencial, à Dialética, e esta, a uma espécie de revolução discursiva sem precedentes (ou melhor, havia um e logo saberemos qual é), uma "máquina de linguagem" especializada em pulverizar as categorias petrificadas, as fixações arcaicas do pensamento dito "representativo", encarnado no caso pelo famigerado (depois do Idealismo Alemão) Entendimento. Comprimidas por tal engrenagem, as significações correntes se punham a flutuar para finalmente confessar que no fundo não eram nada mesmo, a não ser um ninho de contradições cujo resultado se desmanchava no ar. Não havia doutrina portanto, nada a ensinar ou informar.

A Dialética, no final das contas, nada mais era do que *uma maneira de falar*. Apenas isto, ou então um delírio, um conto de fadas. Esta a alternativa, de fato muito apertada, na qual Lebrun encerrou então o hegelianismo, no claro intuito de reabilitá-lo à contracorrente, embora remasse a favor dela. Aí todo o sal do episódio.

(Diga-se de passagem que, sendo o eixo do livro uma interpretação que pela primeira vez levava às últimas consequências a palavra de ordem hegeliana que decretava a absorção da Ontologia pela Lógica, seguia-se daí o que para muitos deveria ser uma revelação, a saber: que a Dialética não era nem poderia ser de modo algum uma outra Lógica, por definição superior, empenhada em rivalizar com — e no limite, desautorizar — uma fama de pensamento relegada então às tarefas mais corriqueiras do espírito. Só por essa tentativa, que poderia libertá-los de um cativeiro secular, a sociedade dos amigos materialistas da Dialética hegeliana deveria erguer um monumento a Gérard Lebrun, ainda que ele tenha retomado a palavra dada, pois afinal armara o livro para isso mesmo.)

De onde teria vindo a Lebrun a ideia tão insólita de apresentar a dialética como um simples modo de falar? (Aliás, não tão simples assim.) Quanto à inspiração mais remota, confiemos em sua tarimba profissional. Sendo a História da Filosofia um feixe de referências cruzadas sem antes nem depois, é possível que o trabalhasse certa reminiscência de Aristóteles que não soubesse onde encaixar, justo na primeira hora em que procurava um *sôcle* para a dialética hegeliana. Fosse esta última encarada como a "dialética superior do Conceito" (como se exprimia Hegel acerca do momento positivo-racional da exposição especulativa), e o caminho mais natural das remissões em circuito fechado conduziria à visão sinóptica de Platão, ande se recobriam por inteiro Dialética e Ciência. Mas no caso da dialética propriamente dita, seu persistente "negativismo" não a aparentava à recusa aristotélica de conceder à dialética — desfigurada pelo amálgama platônico — mais do que um saber negativo? Inversamente, aquele poder que Aristóteles lhe reconhecia, de enfrentar os contrários sem o apoio de definições prévias nem a promessa de um fundamento futuro, não parecia anunciar Hegel expondo o caráter antinômico das determinações finitas numa espécie de terra de ninguém, onde o Entendimento perdia o pé e a Razão ainda não chegara? Não se pode descartar a hipótese de que à vista de tal analogia, a primeira sugestão lhe tenha vindo da leitura do livro de Pierre Aubenque, *La problème de l'être chez Aristote*, de 1962. É que a certa altura do livro (mais precisamente à p. 293), Aubenque definia a dialética aristotélica como uma *façon de parler*, cuja força libertadora lhe advinha da desenvoltura com que se movia num domínio situado muito além do reino das essências estáveis (como se diz em linguagem dissertativa) — por isso os homens podiam se entender mesmo quando não falavam de nada. — É bem possível que para essa identificação surpreendente não tenha contribuído pouco uma outra lembrança, a de um velho livro de Jean Hyppolite sobre Hegel, *Logique et existence*,[3] todo ele centrado também na absorção especulativa da Ontologia pela Lógica e na consequente liberação de una linguagem inédita, em condições de substituir o discurso-sobre pelo vir-a-ser do sentido em pessoa, um processo de explicitação de significações ao término do qual encontrava-se igualmente abolida a transcendência de um suposto referente separado. Assim, de comparação em associação, Lebrun acabou se defrontando com a evidência da natureza discursiva da dialética, arrematada todavia pela conclusão radical que era

---

[3] Jean Hyppolite, *Logique et existence: essai sur la logique de Hegel*. Paris: PUF, 1953.

preciso tirar: certo, apenas um modo de falar, mas por isso mesmo livre da obrigação (metafísica) de falar sobre alguma coisa. Sem a menor dúvida, um verdadeiro achado, mas os achados em História da Filosofia são logo perdidos. Não obstante ser muito bom, o livro de Hyppolite era apenas uma excelente fonte de dissertações. Quanto a Aubenque, sua redescoberta da dialética (negativa) de Aristóteles vinha a ser um sintoma a mais da errância (*sic*) heideggeriana que lhe servia de horizonte e cuja retórica meditativa da perplexidade pela perplexidade não era por certo do gosto do nosso Autor. O que fazer? Por que não se deixar levar pelo timbre ultramoderno daquela fórmula? Pois ela não sugeria finalmente que a dialética hegeliana deslizava para o coração da atualidade? Impregnado pelas linhas de força do momento, Hegel voltava a ser um filósofo legível.

Outras peças do quebra-cabeça no qual encaixar este primeiro achado proveniente dos guardados da História da Filosofia vinham igualmente de casa. Em primeiro lugar, do método historiográfico preconizado pela referida Escola Francesa, segundo o qual o significado de un sistema filosófico permaneceria letra morta caso não desconsiderássemos a intenção doutrinária que o animava. Compreende-se que o exercício continuado desse método suspensivo tenha predisposto seu usuário a encarar raciocínios que não lhe diziam mais nada como outros tantos discursos enrolados sobre si mesmos. Lebrun por certo não ignorava o que havia de artifício nessa decantação mas acabara de constatar — relendo Kant dois anos antes — que a partir da obra crítica deste último a filosofia mudara a tal ponto de registro que a consideração meramente arquitetônica poderia ocupar sem violência o primeiro plano, pois de direito já não havia mais nenhuma verdade a ensinar. Noutras palavras, constatara que a historiografia dita estrutural e a assim chamada autonomia do discurso filosófico revelada por Kant tinham a mesma idade, entendendo-se no caso por autonomia a dieta muito magra de uma disciplina concernida exclusivamente pela observação de seu próprio funcionamento. (Um regime autárquico que Husserl levará ao paroxismo.) Por que não estender essa reviravolta até Hegel? Lebrun não hesitou: assim como a Crítica Kantiana ocupara o lugar da Teoria, do mesmo modo o foco do discurso hegeliano só poderia estar na Dialética, por sua vez decididamente negativa e intransitiva.

Por outro lado, também deve ter pesado muito na heresia de Lebrun certezas herdadas da tradição epistemológica local — o outro pilar da filosofia universitária francesa —, abafadas durante a temporada existencialista de caça ao "concreto", ao "vivido" etc. A reação acadêmica, a que no fundo se resumia a maré estruturalista, trouxe de volta antigas distinções, como a sempre assinalada diferença epistemológica entre objeto de conhecimento e objeto real, convicção tão entranhada a ponto de reunir sob o mesmo programa o respeitável professor Gilles-Gaston Granger e o "ideólogo" Louis Althusser. Entre outras coisas, ambos convergiam na rejeição do "mito especular da visão", como se referia Althusser aos esquemas perceptivos que sustentavam a noção clássica de conhecimento. Comentando certa vez (numa resenha de 1969, para ser preciso) a segunda edição do livro de Granger, *Pensée formelle et sciences de l'homme*,[4] Lebrun se engajaria por seu turno na luta contra esse mesmo mito (realimentado pelos melhores amigos do "vivido", os fenomenólogos) da homogeneidade entre formas percebidas e objetividades construídas, responsável pela confusão antiquada entre saber científico e "teoria". Um ano depois, essa evidência da epistemologia francesa reapareceria no seu lugar de origem, segundo Lebrun,

---

[4] Gilles-Gaston Granger, *Pensée formelle et sciences de l'homme* [1960]. Paris: Aubier-Montaigne, 1967, 2ª ed., revista e aumentada.

Paulo Eduardo Arantes

a crítica kantiana da ilusão "teórica" que vitimara as metafísicas do passado. Mais um pouco e reencontramos aquela mesma evidência convertida agora na conclusão (que Althusser sem dúvida aprovaria) de que o assim chamado problema do conhecimento nada mais é do que uma construção ideológica (mais exatamente, uma miragem induzida por uma concepção instrumental da linguagem), ilusão que acompanha todo ato de referência a conteúdos que se trataria então de alcançar e compreender: esse o passo dado pelo hegelianismo enquanto máquina discursiva de triturar significações finitas. Ou melhor, o passo surpreendente dado na verdade por Lebrun, emparelhando a dialética hegeliana aos últimos desdobramentos da epistemologia francesa — o que aliás Althusser fizera com Marx.

Mas ainda faltava o principal, sugerir os antecedentes vanguardistas da revelação — anunciada em sua intensidade filosófica máxima pelo discurso hegeliano na figura da negação indeterminada em que se resolvia a dissolução polêmica das categorias do Entendimento — que representava a descoberta de que um tal modo muito pouco filosófico de falar não dizia, nem poderia dizer, *rigorosamente nada*. Assim sendo, a última palavra caberia ao novo surto "modernista" francês, que irrompera no início dos anos 1960 e cuja plataforma a bem dizer se concentrava no seguinte ponto doutrinário: tudo se passa como se o processo cultural no seu conjunto girasse em torno de uma experiência-limite, no caso a experiência abissal dos limites da linguagem, mais exatamente de uma linguagem irredutível que, sem jamais se calar, "*ne dit rien* [...] *qui soit*". Desta fonte originária brota a Literatura, espécie de ato puro voltado inteiramente para o enigma do seu nascimento, que nada designa além de si mesmo, um ato marcado portanto pela mais absoluta intransitividade. Dissipada a ilusão referencial, ficava claro finalmente que o verdadeiro assunto da Literatura sempre foi a própria Literatura. Aliás ninguém entra em Literatura (o galicismo diz tudo) porque tem algo a dizer, mas para enunciar a experiência-limite de que justamente já não há mais nada a dizer. Essa fraseologia vinha de longe, pelo menos (e noutra chave) desde os tempos em que Malraux via nas telas de Manet pintura sobre pintura. Bataille e congêneres acrescentaram-lhe o *pathos* sublime da transgressão. Barthes e a *Nouvelle Critique* forneceram-lhe um suplemento científico, cabendo enfim a Foucault redigir a Suma desse último sobressalto "modernista", *Les mots et les choses* (1966). Arrematando os momentos de apogeu retórico do livro com breves incursões à região mais remota em que a linguagem reencontra o seu ser bruto, Foucault dava a entender que também estava balizando uma espécie de história subterrânea de invenção da Literatura, cujo marco zero recuaria até Mallarmé para depois saltar até a linha de frente da mais perfeita experimentação telquelista — derradeiro *pétard mouillé* de uma vanguarda há tempo desativada, como atestam modelos inverossímeis como um Raymond Roussel ou tal página retardatária de Maurice Blanchot. Mas naquele derradeiro arranco contava menos a inviabilidade artística de tais obras terminais do que as alegações que deveriam ilustrar, a começar pelo livro-manifesto de Foucault acerca do nada semântico em torno do qual girava o discurso literário. Deixando-se envolver pelo panorama entreaberto por Foucault (verdadeiro mito de origem acerca da preeminência moderna da forma), compreende-se que Lebrun, fechando o círculo, tenha finalmente atinado com o destino que esperava seu tema. Afinal as leituras hegelianas de Mallarmé não estavam abundantemente documentadas? Pois agora ficaríamos sabendo que a palavra poética que enunciava "*l'absente de tous bouquets*", minando a presença plena do mundo, tinha a mesma idade arqueológica do contradiscurso hegeliano. Assim, sem precisar forçar muito a nota, Lebrun foi empurrando a autonomia do discurso filosófico moderno, um discurso sem território, personificado superlativamente pela dialética hegeliana — como antes, de maneira mais branda pela livre Reflexão das filosofias transcendentais —, até os confins da Literatura que por definição (francesa) só vem ao mundo uma vez rompida a barreira ilusionista da figuração. Quem diria? Hegel no álbum de família da Ideologia Francesa. Antes de tirar o chapéu, admiremos também, na sua justa e espontânea ambivalência, o humor (nunca se sabe até que ponto calculado) dessa reconciliação intempestiva.

* * *

Como ficamos? Sendo a História da Filosofia aquilo que se sabe, não espanta que num certo sentido continuássemos na mesma. A demonstração de que a dialética hegeliana tinha a mesma idade discursiva do momento filosófico francês — cuja certidão de nascença não obstante era a ruptura espalhafatosa com as *fadaises* da dialética humanista do período anterior — esgotava-se em si mesma. O paradoxo valia por certo como prova de atualidade mas, como todos nadavam a favor da corrente, o assunto estava encerrado. Nem mesmo se chegou a colocar a questão do que fazer com a dialética assim entendida. Numa palavra, uma *gageure* sustentada de ponta a ponta, porém sem futuro.

Dezesseis anos depois uma reviravolta do pró ao contra? Quanto ao fundo, de modo algum. Como ficou dito, todo o mal que a nova inteligência pensava da dialética e seus derivados, Lebrun também pensava, simplesmente decidira apresentar o seu requisitório apenas depois de expô-la em funcionamento na força da idade, aliás atualíssima. Pode-se por certo lastimar, mas não seria correto falar numa simples recaída a propósito desse retorno à rotina do Hegel cristão e metafísico. De resto, fora anunciado ao longo do livro, embora discretamente, que se es-

Hegel, frente e verso

tava reservando a questão espinhosa do Sistema — como uma polêmica em princípio sem a menor intenção de ciência podia ser ao mesmo tempo a exposição do sistema-da-verdade? — para um estudo posterior, que sabemos qual é e já devia estar quase pronto naquela mesma época. Além do mais, ficara acintosamente sem resposta a mais corriqueira objeção (coisa que o professor Lebrun não poderia fingir ignorar por muito tempo): qualquer estudante sabe que Hegel não passara a vida fechado em copas (ou cuidando exclusivamente de questões de método, o que dá no mesmo), mas opinava sistematicamente sobre tudo — se havia alguém que de fato falara sobre Deus e sua época, fora ele mesmo. Chegaria portanto o momento de redefinir o *nada* sobre o qual a dialética hegeliana também baseara a sua causa, e no qual tantos leitores otimistas apostaran todas as suas fichas.

Para começar, voltando a distinguir o que Hegel nunca confundira, apenas enigmaticamente articulara, o momento negativo da dialética e o "positivo-racional", que vem a ser a instância final do arremate especulativo. O cenário é familiar: nada deu tanta dor de cabeça à esquerda hegeliana, interessada em isolar o Método, este sim revolucionário, do Sistema conservador, quanto essa encruzilhada desconcertante. Ora, a primeira coisa que se aprende na escola (francesa de história da filosofia) é a evitar essas mutilações. Mesmo assim são essas as cartas que Lebrun gosta de baralhar. À primeira vista, no que mais se aplicava o livro de 1972 senão em flertar com aquele lugar-comum, expurgando o lixo doutrinário e retendo apenas a lição do Método? Por pura provocação, está claro. Em lugar da "álgebra da revolução" com a qual sonhava, depois da alemã, a linhagem radical da *intelligentsia* russa oitocentista, uma subversão sintática que em princípio desbancava as promessas da primeira, um abalo sísmico propagando-se através da escrita de vanguarda e outros descentramentos — em lugar de Hein e Alexander Herzen, Philippe Sollers e Kristeva. Torno a repetir que Lebrun subscrevia o credo parisiense da revolução pela linguagem sem no entanto jamais transigir com as facilidades do jargão que o alimentava. Limitava-se a aclimatar aquela substituição de radicalismos aos hábitos da escola mencionada, acalmando as consciências agradecidas pelo *aggiornamento* sem concessões.

Feita a ressalva depois de registrada a sensação familiar de que nosso Autor poderia estar ressuscitando — por certo com más intenções — uma velha tábua de salvação do pensamento progressista, voltemos à manobra de alto bordo que consiste em devolver o hegelianismo à retaguarda do Ocidente depois de uma curta porém necessária temporada nos postos avançados da vanguarda. Como ficou dito, a aparente marcha a ré precisava primeiro distinguir para depois fundir num só bloco a cara feia do verdadeiro advogado das forças reativas, das coisas de não, como diria o poeta. Atenção portanto: o hegelianismo não se reduz à dialética, sua última palavra é positiva e proferida na hora especulativa da totalidade reconstruída; e mais, é justamente nessa hora grave da "teologia integral" — ou do mais deslavado integrismo — que se fecha o ciclo negativo das dialéticas aniquiladoras que o filósofo especulativo nos fez percorrer. Não foi certamente por acaso que Lebrun — embora na forma pós-datada de uma revolução discursiva — trouxe para o primeiro plano o lado "exercício cético e niilizante" da dialética, correndo o risco sem dúvida calculado de estender indevidamente ao conjunto do pensamento hegeliano a patologia da negação indeterminada, que este último isolara como quem isola um vírus desde a Introdução da *Fenomenologia*. Desnecessário frisar a esta altura que Lebrun, melhor do que ninguém, sabia que a dialética negativa, como o próprio Hegel denominava a existência bruta dela, não era toda a Dialética, que a negação enfim comportava

Hegel, frente e verso

sempre uma segunda negação e que esta, sem transformar a primeira num miragem, tinha o condão de converter perdas em ganhos. Daí o *coup de théâtre* premeditado por Lebrun precisar apresentar-se como a súbita revelação de um contágio progressivo, o vírus do niilismo inoculado pela dialética alastrando-se até contaminar todo o sistema. A rigor, as etapas da metamorfose da dialética, a demonstração passo a passo de que o avesso de um discurso de vanguarda que por isso mesmo *não dá em nada* é justamente uma estratégia cristã *nadificante*, não se desenrola sob nossos olhos: ela já se consumou quando abrimos o segundo volume. Sobram quando muito alguns alinhavos da alta-costura que é uma verdadeira dissertação francesa, do tipo: o que *podia parecer* subversão, era na verdade a transfiguração, a manifestação, a explicitação etc., de um princípio, de uma totalidade etc., de cujos *agissements* não se pode evidentemente esperar nada de bom etc. Convenhamos que o arrombamento dessa enorme porta aberta é o preço pago pela amputação drástica a que o primeiro livro devia sua força inventiva. Não é esta que falta ao segundo, até porque o que não falta nele são argumentos novos em defesa de uma tese tradicional. O mais atraente deles é o que melhor ilustra essa inversão de sinal do "niilismo" por trás dos bastidores — pois afinal é isso o que se passa de um livro ao outro.

Mesmo para um leitor de boa vontade, nada mais desconcertante e acabrunhador do que a filosofia hegeliana da história. Por outro lado, não é a História-do-Mundo a viga mestra da tradição hegeliana, a própria máquina do mundo em pessoa — e uma das maiores fixações doutrinárias do marxismo filosofante, tanto assim que embora lhe reconheça o fundo de fabulação especulativa não consegue se desvencilhar da tentação recorrente de reeditá-la? Admiremos novamente o que ainda pode a história (francesa) da filosofia, nas mãos de um dos seus maiores mes-

Paulo Eduardo Arantes

tres: Lebrun não só encontrou uma fórmula que especifica aquele mal-estar, mas consegue juntar as duas pontas do seu argumento contra-hegeliano enquanto martela a ideia fixa de que falávamos, servindo sem querer à causa dos que gostariam de se livrar daquele atraso de vida, nas não a troco de sucedâneos. Mitologia por mitologia, ao que parece ficamos na mesma trocando a *Historia Ancilla Theologiae* (de Santo Agostinho a Hegel) pela "inocência do devir" que em princípio ela teria recalcado, ou o Espírito-do-Mundo, pelo Eterno Retorno do Mesmo. É bem verdade também que ao dinamitar a *Weltgeschichte* Lebrun dá a boa notícia para um público *blasé*, acostumado a fazer pouco das filosofias da história desde os tempos em que Lévi-Strauss encarou Sartre no último capítulo de *La pensée sauvage*. O que mais constrange, sobretudo quem ainda não tem a sensibilidade embotada do profissional, nas *Lições sobre a filosofia da história mundial* não é a habitual complicação conceitual, neste caso até bem rara, mas a sensação desoladora de estar lendo um livro que já nasceu velho, não só quando comparado com o que havia de mais vivo na historiografia da época (pensemos nos historiadores franceses que estrearam sob a Restauração), mas no que sabia qualquer jornalista inglês ou francês (ainda mais quando socialista) acerca dos grandes temas da atualidade, entre eles a Revolução de Julho, abordado nas últimas páginas das *Lições*, mesmo descontando-se o fato de que se tratava apenas de um professor de filosofia, ainda por cima alemão. Sem tomar esse rumo, muito ao contrário, Lebrun corta pela raiz a possibilidade de tais comparações, enfatizando em contrapartida a estranheza do discurso hegeliano sobre a História: nem narrativo, nem explicativo, em nenhum momento essa escrita de estatuto epistemológico indefinido pretendeu rivalizar seja com a crônica tradicional, seja com o conhecimento histórico propriamente dito, fazer da História-do-Mundo uma "super intriga" ou apresentar-se como

Hegel, frente e verso

um saber superlativo. Completemos: os grandes enunciados desse discurso também operam por assim dizer no vazio, *mas como não se referem a nada, não levam a nada*. Só que agora esse nada epistemológico — no qual se detivera, sem nomeá-lo por extenso, *A paciência do conceito* — toma corpo numa constelação de "formas meio-conceituais, meio-imaginativas" chamada *Weltgeschichte*, numa palavra, ganha uma significação precisa, ou melhor, esse nada com sinal trocado é a sombra projetada por uma espécie de busca filistina do "sentido" a todo custo (igual a segurança). Produção desenfreada de "sentido" enquanto justificação (no caso, do acontecimento): esse o traço mais saliente do "niilismo" que Lebrun traz de volta, invertendo-lhe o sinal, como se disse. O núcleo do argumento reunificado poderia então ser parafraseado mais ou menos como segue. Assim como a manifestação do Absoluto — o Sistema-da-Verdade que a redescoberta da dialética negativa não poderia pura e simplesmente cancelar — é o avesso disciplinador (na acepção que o termo adquiriu com Foucault) do discurso ultrailuminista em que as determinações tradicionais do pensamento figurativo confessam a própria nulidade, do mesmo modo a História Mundial, que nada edifica e tudo devasta (não nos esqueçamos de que algumas interpretações do conceito hegeliano de história principiam por uma meditação sobre as ruínas), também produz um sentido superior acumulando escombros, sobras da história, montes de tijolos recobertos por um "sentido" que escolheu o sofrimento como o seu portador.

O achado não está por certo na ressurreição dos temas teológicos. Onde então? Salvo engano, num conjunto de aproximações que dispensam tais referências, e por isso dão o que pensar. Se é fato que a *Weltgeschichte* hegeliana, longe de ser o sal da terra, é a exposição completa da "atividade nadificante" do Espírito-do-Mundo, por que não retardar um pouco o desfecho previsível e sondar ainda a quente o terreno recém-desobstruído? No magma de formas "meio-conceituais, meio-imaginativas" em que se decompõe o enigma especulativo do Espírito-do-Mundo, sobretudo caracterizado agora em sua atuação de maneira tão *moderna*, deve haver certamente algo mais do que Teologia, Primeiro Motor Imóvel, a culpabilização do devir inocente condenado a justificar-se etc. Inútil prosseguir pois vejo que estou simplesmente pedindo o impossível a Lebrun, que retroceda ao primeiro movimento de sua demonstração: imagino que o autor de *A paciência do conceito*, mesmo pensando na revelação de Deus como Espírito, não anunciaria *tão rapidamente* que só esta megaentidade (além do mais grega de nascença) se manifesta "devastando e destruindo". Mas isto já é uma outra história.

III

Um Hegel errado mas vivo: notícia sobre o Seminário de Kojève

Rumo ao concreto

Depois do longo eclipse que se seguiu à vitória da Contrarrevolução na Alemanha de 1848, quando a tradição hegeliana passou então a levar vida clandestina e muito simplificada no mundo paralelo da social-democracia, pode-se dizer que o hegelianismo renasceu para a cultura viva em pelo menos dois momentos. Ao longo do século XX, a leitura interessada de Hegel destacou-se em duas ocasiões da indefinida intermitência dos *revivals* acadêmicos, com vantagem evidente, para formar de saída na linha de frente da cultura de oposição.

Uma primeira vez, no heterodoxo marxismo alemão de entreguerras, dito depois ocidental, onde, sem precisar ser objeto de estudo sistemático, o hegelianismo ressuscitou na forma implícita de procedimentos a serem reativados, da exposição das formas da falsa consciência à negação determinada. Talvez por isso tenha vivido mais discretamente à sombra de problemas extrafilosóficos. Tratava-se afinal de um elenco temático datado.

O segundo momento de apogeu e interesse vivo deu-se justamente na França dos anos 1930 e do imediato pós-guerra. Ali, o renascimento da filosofia hegeliana alimentou um curto-circuito muito mais aparatoso do que o supracitado similar alemão, aliás igualmente extrauniversitário. Uma constelação na qual entravam a recém-descoberta fenomenologia alemã (uma pacata especialidade universitária que trocara de sinal ao cruzar a fronteira), sobras da fronda surrealista, transformações na prosa de ficção (que permitiram a Sartre mesclar Céline, paródia do Cogito e intencionalidade husserliana), prestígio crescente da Revolução Russa refluindo sobre a Dialética (em 1935 Henri Lefebvre publicara os cadernos de Lênin sobre Hegel). Rumava-se finalmente em direção ao Concreto (outra expressão predileta da época); cumprindo-se o programa para o qual, um pouco sem querer, na década anterior, Jean Wahl achara um nome. *Vers le concret* era o título do livro que reanimara os vinte anos de Sartre e podia abrigar tanto a "infelicidade da consciência" diagnosticada por Hegel quanto a futura vítima desta figura, a Existência segundo Kierkegaard, ponto e contraponto introduzidos na França filosófica pelo mesmo Jean Wahl, autor do livro em questão, na abertura do período que estamos considerando. Tudo isso e muito mais — da Psicologia Concreta de Politzer ao desalinho antiburguês do novo romance americano, passando pelo convite à fantasia transgressiva que se imaginou anunciado pela nova etnologia francesa — juntara-se para armar uma formidável máquina de guerra dirigida contra alguns pilares da Terceira República: as boas maneiras literárias, o colonialismo, a filosofia universitária (neokantiana, otimista, espiritualista), o bergsonismo, a vida interior, o progresso da ciência, o humanismo de Jules Ferry, a experiência dos mais velhos etc. Nessas alianças sem encontro marcado foi se configurando aos poucos a nova sensibilidade responsável pela reinvenção francesa de Hegel. Lido à queima-roupa, fora de foco porém redivivo, Hegel tornou-se um filósofo contemporâneo, reclamado como um autor de vanguarda nos círculos mais avançados do tempo.[1]

---

[1] Vincent Descombes, *Le même et l'autre: quarante-cinq ans de philosophie française (1933-1978)*. Paris: Minuit, 1979, p. 21.

O vir-a-ser mundo da filosofia

Ao lado de um outro livro pioneiro de Jean Wahl (*Le malheur de la conscience dans la philosophie de Hegel*, 1929), e dos estudos igualmente precursores de Koyré, costuma-se atribuir com razão a responsabilidade por tal metamorfose à aparição meteórica de Alexandre Kojève nesse cenário de inconformismos parisienses. E por isso mesmo mais de um observador considera o Seminário sobre a *Fenomenologia do espírito* na École Pratique (que de 1933 a 1939 conseguiu reunir em torno da figura profética de Kojève algumas futuras notabilidades, maiores e menores, da inteligência francesa do pós-guerra: entre tantos outros, Raymond Queneau, Merleau-Ponty, Jacques Lacan, Georges Bataille, Pierre Klossowski, Raymond Aron, Jean Hyppolite, Éric Weil, e mais esporadicamente a visita de André Breton, cuja estrela brilhava há mais tempo no céu de Paris) o episódio filosófico mais significativo da cultura francesa dos anos 1930.[2] E deve ter sido mesmo. De outro modo mal se compreenderia a extensão exorbitante do seguinte juízo de Merleau-Ponty: se é verdade, como ele acreditava naqueles anos de 1940, que uma civilização orgânica está para nascer, depois da tábula rasa da Guerra, encontraremos a chave cultural desse novo classicismo

---

[2] Cf. por exemplo, Roberto Salvadori, *Hegel in Francia* (Bari: De Donato, 1974), p. 111. Para as figuras do Seminário, ver Dominique Auffret, *Alexandre Kojève* (Paris: Grasset, 1990), pp. 253-63. Segundo consta, o Seminário também alcançou Sartre, graças ao trecho publicado em *Mesures* (1939), onde Kojève traduz e comenta as páginas da *Fenomenologia* sobre a Luta pelo Reconhecimento e a Dialética do Senhor e do Escravo. Como se sabe, as lições de Kojève só foram fragmentariamente reunidas e publicadas por Raymond Queneau em 1947: Alexandre Kojève, *Introduction à la lecture de Hegel* (Paris: Gallimard, 1947).

na "*raison élargie*" entrevista por Hegel há mais de um século.[3] Na verdade, esta chave fora inventada de véspera, mais exatamente, na década anterior, depois que Kojève ensinara a traduzir a atualidade na linguagem "figurada" da *Fenomenologia do espírito*. Quem acompanhasse o sobrevoo de Kojève, no entanto rente ao texto que traduzia e parecia reinventar no ato, sairia com a impressão de que finalmente assistira ao vir-a-ser mundo da filosofia, realização da filosofia à qual a geração de Sartre confiara a tarefa de arrancá-la da cultura defunta de que se alimentava a caquética burguesia francesa de entreguerras.[4]

A fantasia hermenêutica de Kojève parecia não ter limites. Nisto condizente com a extravagância do personagem: *dandy* arruinado, simpatizante da União Soviética stalinista, depois da Guerra, alto funcionário do governo francês. Quanto ao dandismo, por exemplo, tratou de lhe dar forma filosófica, concebendo a bizarrice de repassar os seus anos de *rentier* exilado em Berlim e Paris nos termos da figura hegeliana do homem do Prazer, conforme se lê num manuscrito de 1936, "Fausto ou o intelectual burguês".[5]

Devaneio de intelectual em férias, manobrando entre desejo e trabalho, propriedade e consumo, ao qual não faltava um complemento obrigatório: o proletariado, encarnado por Mefisto. Como se vê, transposições livres nos dois sentidos, sem falar nas obsessões de época estilizadas através da nomenclatura hegeliana.

---

[3] Maurice Merleau-Ponty, *Sens et non-sens*. Paris: Nagel, 1966, 5ª ed., pp. 109-10.

[4] Jean-Paul Sartre, "Question de méthode", in *Critique de la raison dialectique*. Paris: Gallimard, 1960, p. 24.

[5] D. Auffret, *op. cit.*, pp. 139-44.

Um Hegel errado mas vivo: notícia sobre o Seminário de Kojève

Note-se de passagem que esse modo muito original de ampliar o âmbito das figuras hegelianas fará escola. Em Sartre, por exemplo, não por acaso também um ideólogo do ativismo acabrunhado pelo divórcio entre vida intelectual e mundo da produção: assim, quando advoga a causa perdida dos intelectuais, vê na posição em falso que os define um caso clássico de "consciência infeliz", ou quando investe contra essa apologia do consumo improdutivo que vem a ser o objeto surrealista de um Marcel Duchamp, não encontra melhor argumento do que reexpor a figura fenomenológica do "ceticismo". Não digo que isto explique muita coisa, mas não é outra a origem das assim chamadas "categorias hegelianas" que integram o repertório do Dr. Lacan, na verdade extrapolações kojèvianas de algumas figuras da *Fenomenologia*: veja-se, por exemplo, o destino lacaniano da inexistente categoria do "prestígio" (no imaginário de um confronto de vida e morte), na verdade um enxerto do *dandy* Kojève, para o qual a razão suprema de um gesto residiria na "elegância da ausência de qualquer razão natural".[6]

Para o stalinismo, mesmo procedimento: Kojève projetava no Termidor russo o que imaginava ser o Estado Universal homogêneo de Napoleão, outra ficção quase exata à qual suspendera sua interpretação do desfecho da épica hegeliana. Como prezava a *mise-en-scène*, ninguém sabia, em tais matérias de atualidade, onde terminava o hegelianismo aplicado e principiava a ironia da vida oblíqua. De curtos-circuitos em recobrimentos inesperados, Kojève ia assim impregnando o mundo de hegelianismo graças a um enorme talento de narrador, louvado em todos os testemunhos a seu respeito. Introduzindo personagens pitorescos na galeria das figuras hegelianas, dramatizadas nesse meio-tempo, revertendo situações em cenas que se sucedem com

---

[6] V. Descombes, *op. cit.*, p. 48.

velocidade teatral, Kojève acabou transformando a austera *Fenomenologia* num folhetim onde se narra a gênese do mundo moderno.[7]

Breve *"história de desejos desejados"*

O enredo kojèviano poderia ser resumido como segue. Na origem do livro (ou no epílogo), vemos Hegel meditando cartesianamente à sua mesa de trabalho. As circunstâncias desse novo *Cogito* (histórico agora) porém são outras: quem filosofa é um contemporâneo de Napoleão vivendo num mundo antagônico moldado pelo trabalho. O Saber Absoluto não é uma doutrina a mais (mesmo derradeira), porém uma maneira de viver na qual se concentra um máximo de consciência. Nela convergem identidade pessoal e autocompreensão do processo mundial, concebido segundo as coordenadas que se viu, no horizonte derradeiro, a Revolução Francesa arrematando, na forma da luta final, uma "antropogênese" (como dizia Kojève) comandada igualmente por esta outra forma de Ação que é o Trabalho (maiúsculas de Kojève). Esses os dois princípios do universo kojèviano, Trabalho e Luta, que deixam de vigorar na pós-história de uma sociedade enfim reconciliada, isto é, sem classes, ou melhor, sem Senhor ou Escravo. Essa satisfação apaziguadora não seria entretanto concebível se o homem não fosse pura inquietude. Inquietude na qual mora a negação e da qual brota a chave do edifício, a consciência-de-si, foco de um discurso na primeira pessoa, para além da mera relação positiva de conhecimento. A esta altura nosso Autor aproveita a lição de Koyré, que havia transposto para o Espírito a fórmula hegeliana do tempo, este ser anômalo

---

[7] *Idem, ibidem*, p. 40. Cf. também, D. Auffret, *op. cit.*, pp. 239-41; Pierre Macherey, "Divagations hégéliennes de Raymond Queneau", in *À quoi pense la littérature?* Paris: PUF, 1990, p. 55.

Um Hegel errado mas vivo: notícia sobre o Seminário de Kojève

que não sendo é, e sendo não é. Esta a fonte da inquietação e do ativismo de corte agonístico do Autor.

Mas ainda não está configurado o segundo passo na direção da autoexplicação da batalha de Iena na cabeça pensante de Hegel, um pouco como se desenrolava a batalha de Borodino aos pés de Pierre Bezoukov. A primeira premissa viria a ser o momento já mencionado da quietude passiva da consciência inteiramente absorvida pela contemplação do objeto. Será preciso despertá-la desse torpor, nomeando os elementos que chamam a consciência a *si*, que a impelem a dizer Eu. Já conhecemos um deles, a temporalidade originária, cuja cisão constitutiva empurra o sujeito nascente para o futuro (vir a ser aquilo que se é). Kojève chamará Ação esse impulso cuja matriz é uma distância interior definida pela negação. E a esta negatividade à procura de satisfação, Desejo. Esta a segunda premissa, concebida em função da história a ser narrada, cuja culminação são as guerras napoleônicas, horizonte da reconstrução hegeliana. No texto, sem ser apenas isto, o Desejo é o que explica o nascimento da ipseidade a partir da Vida, ela mesmo tempo e inquietude. Kojève apresenta-o então como um "nada revelado", revelação de um "vazio ávido de conteúdo", "presença de uma ausência", "um nada que nadifica" etc. (Politizada um pouco a esmo, repare-se até onde chegou a "angústia" descrita por Heidegger na conferência de 1929; anos depois, este mesmo vazio iluminado pelo desejo reaparecerá no "manque" sartriano.)

Nosso autor nota a seguir que essa "ausência de ser" que é o Desejo, cujo alvo é um não ser que ultrapassa a coisa simplesmente aniquilada no ciclo produção-consumo, não é suficiente, no seu movimento solitário de transcendência, para engendrar um sujeito propriamente dito. Seguindo o texto, esbarra no imperativo do Reconhecimento, isto é, logo traduzido, na multiplicidade dos desejos, cuja trama, o desejo socializado de reconhecimento universal, transforma em terceira premissa do saber hegeliano. A quarta e última premissa decorre da constatação que a multiplicação de um comportamento negativo redunda em Luta, e luta de vida e morte, anulando a reconciliação prometida pela mediação recíproca dos desejos, os "desejos desejados". Um único sobrevivente não resolveria a questão. É preciso que os dois adversários permaneçam em vida, é preciso enfim que um ceda, reconhecendo sem ser reconhecido: um luta e não trabalha, o outro trabalha e não luta mais, o desejo do Senhor não é mais igual ao desejo do Outro, que se sujeitou por temer a morte. Nesta desigualdade reside o mecanismo da evolução histórica, que se deterá uma vez consumada a síntese, pela satisfação mútua dos desejos, entre o Senhor e o Escravo no Estado Universal homogêneo napoleônico. Noutras palavras, a história universal, que Kojève passa então a contar, é a história das relações entre Dominação e Servidão. Mas a partir daqui os seus ouvintes e primeiros leitores não lhe deram maior atenção, preferindo a dialética circular do desejo e do seu reconhecimento à parte possivelmente a mais engenhosa da sua fabulação. É que o Existencialismo madrugava e preferia a descrição de situações-limite à narração de desilusões cumulativas.

Existindo pelo Outro
"*L'homme n'est pas un être qui est: il est néant qui néantit*": já é Sartre mas ainda é Kojève falando através de Hegel, embora pareça um Heidegger (anos 1920) acelerado e radical. Esse *néant constitutif,* como diria Merleau-Ponty, uma ausência de ser que vindo ao mundo o torna visível, Kojève, se não o descobriu, pelo menos soube projetá-lo com verossimilhança em Hegel. O espantoso não é que Kojève seja um dos patronos do Existencialismo francês, mas que tenha influído decisivamente no rumo da cultura filosófica francesa apenas comentando Hegel — uma

idade de ouro do comentário que não voltará tão cedo. Nestas circunstâncias, também não espanta que o primeiro Hegel francês (por certo apenas o autor da *Fenomenologia*) tenha sido, além de kojèviano, existencialista.

Sirva então de primeiro termo de comparação uma outra breve recapitulação. Veio de Hyppolite a sanção do especialista e de Merleau-Ponty, a do filósofo, mais ou menos na mesma época, 1946, 47 — sendo que poucos anos antes, no *Ser e o nada*, censurando-lhe entretanto o duplo otimismo (epistemológico e ontológico), Sartre dedicara várias páginas à "intuição genial" de Hegel, ao "me fazer depender do outro em meu ser". Uma intuição invisível sem Kojève. No apanhado de Merleau--Ponty o Hegel de 1806 torna-se um contemporâneo por ter deixado de encadear conceitos e passar à revelação do núcleo mesmo da experiência, entendida esta última não como relação de conhecimento (contemplação alienante, diria Kojève), mas como uma *"épreuve de la vie"* (nela incluído o risco corrido por quem prova alguma coisa com a própria vida, como diria o mesmo Kojève). Também reaparece com o nome de "projeto" (modificado pela consciência toda vez que ela se lança numa nova figura) o que Kojève chamaria de Ação; igualmente a redefinição do homem como "inquietude" — por isso "existe" e não apenas vive —, mais o arremate característico de nosso Autor: cessando esse movimento de transcendência, a história enfim se suspenderia e o homem, ocioso, voltaria ao simples sentimento de si do animal. No fecho do programa já reencontramos o molde kojèviano transformado em lugar-comum existencialista: o duelo das consciências rivais que se trava sobre um fundo de comunicação e reconhecimento, a morte do outro inscrita em efígie no olhar objetivante que o priva do seu "nada constitutivo", o impasse em que vive o Senhor (outro motivo oriundo do Seminário), reconhecido por um desigual e que se desdobrará em novas figuras existencialistas, o ódio do outro, o sadismo etc. Merleau-Ponty não chega a empregar um dos termos preferidos de Kojève, o Desejo (devidamente desnaturalizado pela lógica não cognitiva do reconhecimento), mas obviamente sem ele não lhe ocorreria ver na consciência-de-si hegeliana um ser que não é, uma existência que é pura negatividade etc. Noutras palavras, o Hegel kojèviano não só se tornara um precursor de Sartre mas fonte de boa parte do vocabulário da novíssima filosofia francesa.

Quanto a Hyppolite, embora retorne ao trilho historiográfico universitário, o seu Hegel ainda é em boa parte o de Kojève, ajustado ao clima filosófico do momento, quer dizer um Hegel teórico da intersubjetividade e da infelicidade da consciência, cuja fonte vem a ser a "impulsão absoluta" do Desejo e as formas conflituosas de sua satisfação. Retornam as obsessões kojèvianas da luta de puro prestígio e do "impasse existencial" da Dominação, do Desejo como pura inquietude do Sujeito etc. Mais fiel à letra do Seminário (do qual entretanto não foi assíduo), Hyppolite enquadrará a Existência na dialética do Desejo: como o desejo é sempre *"desejo do desejo de um outro"*, para "existir" preciso me ver no outro — mas aqui já fala o fiel frequentador do Seminário do Dr. Lacan.

Completo este sobrevoo de generalidades de época voltando por um momento à primeira exposição sistemática da transformação kojèviana da relação dual das consciências em figura central do hegelianismo, isto é, às páginas de *O ser e o nada* consagradas à teoria hegeliana do Reconhecimento. O que Sartre concede a Hegel com uma das mãos, retira-lhe com a outra. Concede-lhe, por exemplo, na relação recíproca interna que define o ser-para-outro hegeliano, o passo à frente definitivo com respeito à relação unívoca de identidade do *Cogito*, arquivado então como ponto de partida da filosofia; concede-lhe igualmente que o outro seja de fato um espelho no qual me reflito e

Um Hegel errado mas vivo: notícia sobre o Seminário de Kojève

constituo e que, assim sendo, também é verdade que a alteridade é um estágio necessário na constituição da consciência-de-si, isto é, que o caminho da interioridade passa pelo outro, e tudo o mais enfim que se possa inferir dessa função mediadora do outro, conhecidas as coordenadas das filosofias da existência. Pois é em nome delas e que do que estipulam como "concreto" que passa a seguir a censurar o assim chamado otimismo intelectual de Hegel, vítima, no final das contas, de uma concepção no fundo objetivista da consciência, decomposta em termos de conhecimento e não de reconhecimento, dimensão mais original que a relação dual e solitária entre sujeito e objeto. Para encurtar, digamos que, sem ser sartriano *avant la lettre*, Hegel não cometeu esse equívoco. O reproche na verdade não é bem esse, mas a audácia de fundar uma sociabilidade positiva sobre tal vínculo antitético: dando sequência (como Kojève) à dialética da dominação e da sujeição, teria escamoteado o "escândalo da pluralidade das consciências", quando deveria deter-se na "dialética truncada" (Merleau-Ponty) em que se cifra a dispersão e a luta das consciências.

Isso posto, observe-se de passagem, atalhando por um momento a marcha desta Notícia, o quanto Jacques Lacan vai se mostrar, não sem paradoxo, pelo menos neste ponto, muito mais construtivo. A certa altura de sua comunicação de 1949 sobre o estágio do espelho, rejeitando em dois parágrafos a "filosofia contemporânea do ser e do nada", Lacan não apenas assinala a ideia disparatada de uma psicanálise, dita existencial, sem inconsciente, mas denuncia o propósito sartriano de confinar a consciência do outro na satisfação espúria do "*meurtre hégélien*".[8] Este espasmo bem pensante não deixa de ser curioso.

---

[8] Jacques Lacan, "Le stade du miroir comme formateur de la fonction du Je", in *Écrits*. Paris: Seuil, 1966, p. 99.

Sobretudo porque vem acompanhado de uma não menos singular percepção do Existencialismo como resposta truncada à alienação moderna: de um lado uma formação social historicamente definida pelo predomínio da "função utilitária", de outro, o indivíduo asfixiado pela forma concentracionária do vínculo social. O Existencialismo seria então uma espécie de repositório dos impasses subjetivos resultantes desse confronto elementar. Mais exatamente, uma soma de reações atrofiadas, a saber: uma liberdade que precisa dos muros de uma prisão para se afirmar; exigência de engajamento na qual se exprime a impotência da consciência em face de situações no limite insuperáveis; uma estilização sádica e voyeurista da relação sexual; enfim uma personalidade que só se realiza no suicídio. Mal comparando, um juízo muito próximo de Lukács nos seus momentos menos inspirados. Lacan ainda não reconhecia nesses avatares da intersubjetividade o efeito de sua dimensão imaginária, limitando-se (em todos os sentidos) a assinalar o ponto vulnerável da nova filosofia, a inadmissível autossuficiência do Eu, aliás, já reparava, inerente à sequência de seus "desconhecimentos" constitutivos. Uma tecla (a desmontagem do *Cogito*) na qual, como se sabe, Lévi-Strauss iria bater na próxima década. Ocorre que não era este o bom alvo, pois Sartre se antecipara aos seus futuros contendores na crítica das ilusões do Eu, do qual distinguira justamente o *soi-même* de uma consciência inobjetivável — apenas a palavra consciência punha na pista errada, ficava faltando porém fazer justiça ao insólito da fusão de autossuficiência e nada. Mas voltemos ao fio hegeliano, no caso, a meada das intenções assassinas que comandariam a luta pelo reconhecimento. Dela está excluído, pelo mecanismo bem calculado da renúncia astuciosa, qualquer desfecho mortal (para desconsolo de um Bataille). Lacan sabe muito bem disso, da *Aufhebung* camarada que suprime deixando oportunamente em vida o sujeito anulado, uma nega-

Um Hegel errado mas vivo: notícia sobre o Seminário de Kojève

ção que sujeita sem aniquilar. Neste ponto, ao contrário de Sartre, segue a lição kojèviana, fazendo surgir dessas crises — e da matriz delas, a dialética do Senhor e do Escravo —, sínteses constitutivas do vínculo social que assegure a coexistência das consciências, de outro modo impossível. Como sabemos, fora do simbólico não há salvação: quer dizer também, não interromper a dialética que conjura a dispersão das consciências seria em princípio dar um passo além da intersubjetividade visada pela negatividade dos filósofos da existência. Fica no entanto a impressão bizarra de que é preciso descentrar a consciência, confiscando-lhe a autossuficiência, para recentrar o vínculo social ameaçado) pela anarquia existencialista.

Na antecâmara da Ideologia Francesa[9]

Não foi só existencialismo que brotou no Seminário de Kojève. Curiosamente, futuros próceres da Ideologia Francesa concluíram seus anos de aprendizagem no principal laboratório da finada (trinta anos depois, ao ser desbancada pelo Estruturalismo e Cia.) filosofia da consciência, do sentido, do concreto, da práxis etc. — a começar pelo Dr. Lacan. Se lembrarmos que dois patronos da referida Ideologia, Bataille e Klossowski, também assistiam siderados ("*suffoqués, cloués...*") às demonstrações de Kojève, acabaremos surpreendidos pelo reconhecimento da atmosfera comum que impregnou os primeiros passos dos dois ramos antagônicos em que se bifurcaria o modernismo teórico francês. Por um momento, Existência e Transgressão se cruzaram sem se reconhecer. Só mais adiante a aura científica de que costumara se cercar a segunda acabará impondo, inicialmente sob o nome de Estrutura, a fraseologia epistemológica do Conceito,

---

[9] Paulo Eduardo Arantes, "Tentativa de identificação da Ideologia Francesa", *Novos Estudos CEBRAP*, 1990, nº 28. Neste volume, pp. 9-62.

como gostavam de falar os althusserianos, contrapondo, segundo uma certa tradição francesa, Conceito e Consciência, Epistemologia e Fenomenologia, por sua vez sucedida por um novo ciclo do Desejo. Do lado *Temps Modernes* (o outro lado, durante um bom tempo, foi representado por *Critique*), basta referir uma lembrança de Sartre: naqueles anos de entreguerras, recorda, costumávamos opor ao idealismo otimista de nossos professores um certo entusiasmo pela violência e sua família: insultos, motins, suicídios, mortes, e o irreparável das catástrofes.[10]

Considere-se a questão da "pluralidade das consciências", como se dizia então.[11] Costumava-se evocá-la, contra o *gâtisme* da metafísica universitária, que oscilava, segundo seus críticos, entre o solipsismo (uma objeção muito prezada no período) e um vago Espírito que parecia emanar da boa vontade de uma Liga das Nações científico-moral. A existência de uma segunda consciência subvertia os planos de concórdia universal de um Brunschvicg. Nos anos 1930, o problema do Outro tornara-se a ponta de lança da nova filosofia, a filosofia concreta, depois da existência. Para completar o argumento bastava um passo vagamente pressentido porém anulado pela simples multiplicação dos *Cogito* solitários: como introduzir a rivalidade na noção mesma de sujeito? O quanto era insatisfatória a solução transcendental husserliana, Sartre se encarregará de dizê-lo naqueles anos, até adaptar para seu uso o *"je est un autre"* do poeta. Quando então Kojève expôs a dialética do Senhor e do Escravo, dando-lhe a feição agonística que se viu, estava encontrada a nova chave.

---

[10] J.-P. Sartre, "Question de méthode", *op. cit.*, p. 24.

[11] No que segue, acompanho observações de V. Descombes, *op. cit.*, pp. 34-6.

Veja-se agora o futuro lado *Critique*. Mas antes observemos de novo o quanto a imagem da dialética hegeliana que Kojève apresentava aos seus ouvintes era tudo menos pacificadora. Nosso Autor detinha-se de preferência, na narrativa iniciática em que transformara a *Fenomenologia*, nos momentos paradoxais, excessivos, momentos que também representavam uma ameaça para a própria identidade do narrador.[12] A sabedoria final em que se resolve o Saber Absoluto representa contudo uma espécie de calmaria inesperada e derradeira, o paroxismo da trajetória se dissolve no ameno sopro utópico do epílogo. Anos depois, Queneau batizou esse desfecho de *Dimanche de la vie* (título de um romance que publicou em 1951), expressão que foi buscar numa passagem de Hegel sobre a pintura holandesa, onde o filósofo celebra a reconciliação do espírito moderno com a prosa capitalista do mundo.[13]

Pois no Domingo da Vida kojèviano a ordem instrumental capitalista se volatiliza, perdurando, fora do tempo enquanto suporte da negação, o desejo pacificado de uma vida animal depurada, pois completando-se a antropogênese, não se pode mais falar em homem. Sendo este último definido pela Ação, não haveria de fato lugar para a existência ociosa no universo belicoso de Kojève, salvo no domínio inesperado da pós-história, no reino animal da preguiça em que se exprime o Saber Absoluto do Sábio. Eliminando o negativo, a Satisfação que se instala de vez (*Befriedigung*) toma a forma da arte, do jogo, do amor etc.[14] Noto de passagem que em mais de uma ocasião Lacan irá se referir

---

[12] *Idem, ibidem*, p. 25.

[13] P. Macherey, "Divagations hégeliennes de Raymond Queneau", *op. cit.*, p. 54.

[14] A. Kojève, "Introduction", *op. cit.*, p. 435.

Paulo Eduardo Arantes

a esse Domingo da Vida, mas para descartar, como mandava o lugar-comum existencialista, a quimera de um Saber Absoluto.[15] Ou mais precisamente, voltará a insistir numa alienação recíproca irredutível, sem saída, que tem de durar até o fim; se não for assim, isto é, se esquecermos o principal (e o idílio final) da lição kojèviana, a saber, que a realidade de cada indivíduo reside no ser do outro, o discurso acabado do Saber Absoluto consagrará uma divisão bastarda: de um lado, os que imaginam ter encerrado o discurso humano, do outro, os que se contentam em "tocar jazz, dançar, se divertir, os boas-praças, os bonzinhos, os libidinosos". Mas isto foi dito em 1955.[16] Último resíduo da vanguarda existencialista? Mas esta ia ouvir Boris Vian, enquanto insistia no caráter perene da alienação recíproca. Seja como for, a existência ociosa de Kojève também comportava um forte elemento de provocação vanguardista, consagrando o reino do frívolo, do jogo etc. — era a derrisão da ordem burguesa que entronizava.[17]

Pode-se dizer que Bataille deu um jeito de introduzir o Domingo da Vida, na forma da excitação poética do heterogê-

---

[15] Por exemplo, Jacques Lacan, *Le Séminaire*, XI. Paris: Seuil, 1973, p. 201. "Lembremos aqui", escreve Lacan no primeiro número de *Scilicet*, evocando a sala do Seminário da Escola Prática onde se formou em Hegel, "a desrazão de um saber tal que pôde forjar o humor de um Queneau, ou seja, seu *Dimanche de la vie*, ou o advento do indolente e do libertino, mostrando numa preguiça absoluta o prazer próprio para satisfazer o animal. Ou somente a sabedoria que autentica o riso sardônico de Kojève, que foi para nós dois nosso mestre", *apud* Elisabeth Roudinesco, *História da psicanálise na França*. Tradução de Vera Ribeiro. Rio de Janeiro: Zahar, 1988, vol. 2, p. 159.

[16] Jacques Lacan, *O Seminário. Livro 2*. Tradução de Marie Christine Laznik Penot. Rio de Janeiro: Zahar, 1987, 2ª ed., p. 96.

[17] V. Descombes, *op. cit.*, pp. 26, 45.

neo, no desfecho da dialética kojèviana do Senhor e do Escravo, que remanejou em favor da *souveraineté* do primeiro. Na mesma época em que se entregava aos devaneios que se pode presumir quando ouvia Marcel Mauss anunciar que os interditos foram feitos para ser violados, Bataille entendia a sabedoria final de Kojève como o avesso de um desregramento bem dosado da existência profana, minada por uma espécie de vertigem vanguardista diante do espetáculo de uma luta em torno de alvos cruelmente derrisórios, mais afinada com a exaltação poética do sacrifício preditório do que com a parábola da escassez formadora.[18]

Nestes termos, já não surpreende relembrar que o anti-hegelianismo programático da Ideologia Francesa tenha se escorado nos sentimentos ambíguos dos mais fervorosos ouvintes de Kojève.[19] Veja-se, por exemplo, Klossowski em 1969, adaptando sem esforço aos desígnios do dia a versão kojèviana da dialética do Senhor e do Escravo, chamando enfim Vontade de Potência o Desejo primordial da consciência soberana culpabilizada pelas sutilezas da consciência servil.[20] É verdade que poucos anos antes, Deleuze, relendo a *Genealogia da moral*, pusera em circulação uma versão nietzschiana das relações kojèvianas entre

---

[18] Jacques Derrida, "De l'économie restreinte à l'économie générale: un hégélianisme sans réserve", in *L'écriture et la différence*. Paris: Seuil, 1967. Sobre Bataille e Kojève, cf. por exemplo, Denis Hollier, "De l'au-delà de Hegel à l'absence de Nietzsche", in vários autores, *Bataille*. Paris, UGE, 10/18, 1973; D. Auffret, *op. cit.*, pp. 359-64. Ver também a carta de Bataille a Kojève de 1937 in Denis Hollier (org.), *Le Collège de Sociologie*. Paris: Gallimard, 1979, pp. 170-7.

[19] V. Descombes, *op. cit.*, pp. 25-6.

[20] Pierre Klossowski, *Nietzsche et le cercle vicieux*. Paris: Mercure de France, 1969, pp. 31-3.

Senhor e Escravo, no propósito de mostrar na dialética uma invenção reativa dos impotentes.[21] E assim por diante.

Não haverá portanto exagero se incluirmos o Seminário de Kojève na árvore genealógica da Ideologia Francesa. Na encruzilhada, Hegel, do qual sem dúvida prevalecerá a versão existencialista, nos termos que se viu. Mas sobreviverá também a imagem de um Hegel estranhamente contemporâneo de uma outra vertente do modernismo teórico francês.

---

[21] Gilles Deleuze, *Nietzsche et la philosophie*. Paris: PUF, 1962.

Hegel no espelho do Dr. Lacan

Não é segredo para ninguém que o Hegel de Jacques Lacan não é de primeira mão. Nem poderia ser: não dá para imaginar, lá pelos idos de 1930, um psiquiatra francês lendo a *Fenomenologia do espírito* por conta própria, pelo menos com proveito. Como é sabido, a revelação se deu de fato no Seminário de Alexandre Kojève, prolongando-se até os anos 1950, quando Jean Hyppolite passou a frequentar o Seminário do próprio Lacan. Por outro lado, é bom deixar claro que simplesmente invocar em vão ou a propósito o nome de Hegel não é propriamente um argumento, nem ponto de apoio para a apreciação crítica, até porque, fora da rotina historiográfica e da apologética progressista, não sabemos direito que destino dar à experiência intelectual cifrada na especulação hegeliana. Daí o destino incerto e tateante das notas que se seguem.

O problema da constituição

Levado por Georges Bataille no inverno de 1933-34, Lacan não chegou de improviso no Seminário de Alexandre Kojève. Em 1932 terminara uma tese sobre as relações da paranoia com a personalidade e, a julgar pela acolhida, sobretudo nos meios surrealistas e também marxistas de oposição (Paul Nizan escreveu a respeito no *Humanité*), Lacan já não era mais qualquer um, sendo entretanto bizarra sua situação: um chefe de clínica em ascensão na vanguarda artística da época. Publica a seguir dois artigos na revista *Minotaure*, um deles sobre o crime das irmãs Papin, consolidando de vez sua reputação de dissidência. Também consulta Dalí e especula sobre as relações entre paranoia e conhecimento. Tudo isso é conhecido e relembrado com frequência, mas não explica o que exatamente na versão kojèviana da *Fenomenologia do espírito* lhe acendeu a imaginação. No que então concerne os primeiros passos sugeridos por tal curto-circuito, não vejo por que não nos apoiarmos de início na sóbria reconstituição de Bertrand Ogilvie, uma raridade de concisão e clareza na habitualmente prolixa literatura lacaniana.[1] É bem verdade que continuaremos um pouco na mesma, pois se trata basicamente de uma apresentação retrospectiva daqueles passos, vistos porém de textos posteriores à exposição feita no Congresso de Marienbad em 1936, quando então a incorporação dos temas kojèvianos já ocorrera. Mesmo assim acompanhemos o roteiro. Lacan teria chegado, portanto, com um problema mais ou menos armado, que poderemos chamar, com o Autor, de problema da *constituição*.[2]

Ao longo da Tese, uma expressão recorrente anunciaria o programa vindouro: "dependência do sujeito", mais exatamente o pressentimento de uma deficiência primordial que se traduzi-

---

[1] Bertrand Ogilvie, *Lacan: la formation du concept de sujet (1932-1949)*, Paris, PUF, 1987, pp. 85-95.

[2] Assinalo que este mesmo ponto de partida figura num estudo de Bento Prado Jr., no qual a seu tempo também nos apoiaremos: "Lacan: biologia e narcisismo (ou a costura entre o real e o imaginário)", in Bento Prado Jr. (org.), Luiz Roberto Monzani e Osmyr Faria Gabbi Jr., *Filosofia da psicanálise*. São Paulo: Brasiliense, 1991.

ria por uma ausência de determinação natural. O caráter social do indivíduo não se acrescenta a nenhum solo positivo e primeiro, ele é um ser social na medida em que não é absolutamente qualquer outra coisa na esfera biológica ou outra, ocupando por assim dizer o lugar de uma carência, de uma ausência específica. Não seria necessário remeter desde já à primeira síntese de 1938, o escrito sobre os "Complexos familiares", como faz nosso Autor. O artigo de 1936 sobre o princípio metapsicológico de realidade também assinala a fecundidade psíquica dessa insuficiência vital, além de se referir à inadequação do estéril conceito de instinto. Neste mesmo artigo, como se há de recordar, Lacan repudiará mais uma vez (já o fizera na Tese) o substancialismo da metapsicologia freudiana em nome de uma concepção "relativista" dos fatos psíquicos, como ressalta no privilégio que concederá à noção de complexo. Não seria razoável presumir[3] que Lacan deva ao Hegel de Kojève a revelação de uma crítica não reducionista da consciência, quer dizer, uma maneira de contornar o objetivismo da teoria freudiana conservando-lhe porém a descoberta crucial de que a existência humana não está centrada numa consciência essencialmente cognitiva. Os primeiros escritos de Politzer e o clima de opinião "fenomenológica" da época já iam nessa direção. Não é menos verdade todavia que o ativismo de Kojève — no princípio era a Ação, operação negativa de um ser vazio e ávido —, rebaixando conhecimento (mera contemplação) e substrato instintual (o desejo é antropogênico), oferecia um ponto de vista original sobre a estrutura da consciência, entendida como processo de socialização da instância que diz Eu.

---

[3] Como sugere Peter Dews em *Logic of Disintegration* (Londres: Verso, 1987), pp. 51-2.

Mas voltemos ao roteiro de Ogilvie, segundo o qual o ainda psiquiatra Jacques Lacan estaria instalando a psicanálise num terreno inteiramente novo: não a análise da gênese objetiva do indivíduo na sua dimensão psíquica paralela ao seu desenvolvimento físico, mas o estudo da discordância e da oposição que separa este desenvolvimento da constituição do sujeito enquanto ele mantém uma relação intrinsecamente negativa com a sua própria realidade.

Nisto está dito tudo: *a constituição do sujeito é a rigor uma autoafecção*. Não por acaso, perguntando-se por que as interpretações de Lacan nunca se referem à estrutura interna do indivíduo mas à sua experiência, um observador das idiossincrasias lacanianas responde reparando "que o indivíduo lacaniano típico reage a si mesmo ou ao seu próprio ser".[4] Acrescentemos que no artigo de 1936 a *constituição* se bifurca em duas vertentes: a constituição da *realidade* através das *imagens* em que se condensam os objetos do interesse do indivíduo, a constituição do Eu (*Je*) através das *identificações* típicas do sujeito, nas quais ele se reconhece.[5] Nesta formulação programática, *imago* e identificação são sem dúvida conceitos freudianos, mas não se pode dizer o mesmo do problema que ajudam a formular, aí o *tournant* que anuncia a etapa subsequente. Ou melhor, a "fase do espelho" já está presente no enunciado de nosso Autor: uma *constituição* por *identificação*, na qual o papel determinante cabe à forma ou imagem. E uma imagem de tal modo concebida que fica eliminado qualquer confronto exterior a um sujeito que parece de fato rea-

---

[4] Richard Wollheim, "O gabinete do Dr. Lacan", in Paulo César de Souza (org.), *Sigmund Freud e o gabinete do Dr. Lacan*. São Paulo: Brasiliense, 1989, p. 215.

[5] Jacques Lacan, *Écrits*. Paris: Seuil, 1966, p. 92.

gir a si mesmo. Vem daí a dependência do sujeito: ele se expõe (por exemplo: à sociedade, à família, à linguagem etc.) como quem se "abre" à transcendência por uma desigualdade interna — por uma deficiência íntima ele institui a instância que irá apanhá-lo. Vê-se também — em que pese a abstração dessas indicações apenas programáticas — que a autoafecção constitutiva do sujeito é uma relação interna e negativa.

Se entendi bem uma alusão de Ogilvie, Lacan teria aprendido com Kojève, mais do que a manejar o vocabulário da negatividade, também a identificar essas relações negativas, a começar pela matriz delas, a *mediação por uma alteridade interna* — o que estamos chamando de autoafecção. Digamos então que Lacan teria reconhecido na alienação recíproca narrada por Kojève a "estrutura reacional" do sujeito, cuja descrição (até os confins da obscura origem do narcisismo) vinha tentando ao longo da Tese sobre a paranoia de autopunição. Mais exatamente, na fórmula geral de nosso Autor:

> [...] é Kojève leitor de Hegel quem fornece a Lacan o meio de formular a ideia de que a estrutura reacional do sujeito não está ligada a uma situação que a permitiu, de maneira ocasional, mas de maneira essencial, na medida em que ela já a contém em si mesma; o sujeito não é anterior a esse mundo das formas que o fascinam: ele se constitui, antes de tudo, nelas e graças a elas; o exterior não está fora, mas no interior do sujeito, o outro existe nele, ou ainda: só há exterioridade ou sentimento de exterioridade, porque antes de mais nada o sujeito recebe nele mesmo essa dimensão que comanda em seguida a sua relação com toda exterioridade real.

Uma alteridade no âmago do Sujeito hegeliano? Só vendo.

A lógica hegeliana do reconhecimento

Comecemos pelo fim, isto é, por um pequeno estudo de 1957 onde Hyppolite aplica Lacan a Hegel com a naturalidade das evidências que dispensam considerandos. Com isso fechava o ciclo do nosso problema. Não custa relembrar que dez anos antes lera a *Fenomenologia* em chave "existencial", mais exatamente, sob o signo da infelicidade da consciência separada da vida, solo positivo e imediato perdido para sempre.[6] Ia então nesse rumo (que não era bem o de Kojève, cujo ativismo belicoso não tinha parte com este gênero de meditação sobre o irreparável e a finitude) o comentário do dito hegeliano acerca da vida do espírito enquanto doença do animal: ser-para-a-morte definidor da "existência" — como diria Merleau-Ponty, basta pensar para perder a inocência da vida unida consigo mesma. Não que este tema fácil não compareça em Hegel, pelo contrário, depois de Hobbes, foi ele quem introduziu no discurso filosófico o motivo do medo da morte violenta, só que agora como fonte prosaica de uma revelação: quem ingloriamente tremeu diante da morte aprendeu enfim o que é a consciência e a negatividade que a especifica, a saber, uma "fluidificação absoluta de todo subsistir". Ainda naqueles textos de 1946-47, Hyppolite se lembrará da ênfase kojèviana posta no desejo, mas para abrandar-lhe o caráter operoso de consumo produtivo e realçar a incompletude que nele se exprime: o fim supremo do desejo é reencontrar-se no seio da vida. (Se fizesse esse impulso rodopiar so-

---

[6] Jean Hyppolite, "Phénoménologie de Hegel et psychanalyse", in *Figures de la pensée philosophique*. Paris: PUF, 1971, vol. 1, p. 218; *idem*, "L'existence dans la phénoménologie de Hegel" [1946], "Situation de l'homme dans la phénoménologie hégélienne" [1947], *op. cit.*

Hegel no espelho do Dr. Lacan

bre si mesmo, já seria Lacan.) Nele vai se desenrolar assim o drama de uma busca: no fundo dela mesma, o que a consciência desejante procura não é o consumo óbvio do objeto, mas a si mesma. Como Hyppolite comenta um tanto livremente, o Outro, tão aguardado naqueles tempos de embate entre *l'être-pour-soi* e *l'être-pour-autrui*, surgirá um pouco *ex abrupto* como uma instância que "me afeta de um modo insuportável". Esse o trilho do ser-reconhecido. A consciência se contempla no outro onde se vê entretanto como um ser exterior e determinado, quer dizer, um *être-pour-autrui*. Esse também o trilho do "desejo do desejo de um outro" — esta definição do desejo é de Kojève e não se encontra em Hegel.

Dez anos depois, Hyppolite introduzirá o espelho lacaniano neste quadro da "intersubjetividade", como se falava na época. Quer dizer, apresentará a consciência-de-si como um jogo de espelhos. A vida desconhece esse jogo, onde tudo é "uno com o desejo" não há lugar para a alteridade, cujo esquema justamente é uma relação em espelho. Seria o caso de se ilustrar esta observação evocando de saída um aspecto do "jogo" hegeliano do duplo sentido? De fato, como num espelho, cada consciência vê a outra fazer a mesma coisa que ela faz: toda a sua operação é de mão dupla, reproduzida por uma espécie de "duplo" de origem especular; não é qualquer um que a consciência vê surgir ao seu encontro — "vindo do *exterior*, frisa Hegel —, mas um sósia perfeito. Numa palavra, *a consciência se duplica*. Está claro que não há traço de fantasmagoria romântica nesta primeira entrada em cena filosófica do Duplo. Realidade ou simulacro? No fundo, pouco importa se o efeito constitutivo for o mesmo. Mas aqui quem responde já é Lacan.

É bem conhecida a exemplificação lacaniana — do comportamento animal aos fenômenos de apercepção situacional de um sujeito ainda *infans* — a respeito dos efeitos formativos da imagem própria ou do semelhante, indiferentemente real ou simulada. Sem muito esforço podemos pelo menos imaginar no emparelhamento hegeliano das consciências algo como a gravitação a dois de uma dança recíproca como nas descrições de Lacan de comportamentos complementares desencadeados por uma *Gestalt* identificatória. Resta saber o que responderia Hegel, se o reconhecimento mútuo poderia girar em torno de uma matriz imagética, se a outra consciência, na qual a primeira se reconhece vendo-se espelhada, poderia ser uma *imago*. Desde que ela seja efetivamente encontrada e não forjada, diria Hyppolite nuançando, pois Hegel, como vimos, é taxativo: o Outro aparece vindo de fora (*es ist ausser sich gekommen*), os dois indivíduos confrontados no limiar da luta de vida e morte surgem de fato um diante do outro etc. Nada impede por certo que se entreguem ato contínuo às "sincronias das captações especulares", como quer Lacan. O importante é que essa captação se dê pela imagem, a qual, uma vez assumida no processo de identificação, transforma o sujeito. Quando no entanto a imagem é operante o exterior muda de figura, ele pode perfeitamente ser "interno". Mas no limite, assim o exige a hipótese lacaniana do espelho, como se sabe uma hipótese sobre os efeitos formativos do narcisismo. Seria difícil encontrá-la na letra da operação hegeliana do Reconhecimento, mesmo interpretada como identificação pelo Outro, quer dizer, constituição da consciência-de-si pelo reconhecimento recíproco dos que se vêm se vendo. Quem todavia concebe uma produção da identidade pela via da alteridade, está eliminando a hipótese de um interior interpelado por um exterior. Não parece que Hegel tenha tirado essa consequência extrema, a menos que reconduzamos a reduplicação hegeliana das consciências a um... jogo de espelhos, além do mais na situação experimental imaginada por Lacan. E como Hegel também insiste em vários passos que o

Outro da consciência é ela mesma, fica aberto o caminho para a imagem especular.

A certa altura Hegel afirma que a consciência está perdida para si mesma ao se reconhecer como outra. Neste momento Hyppolite recorda a báscula freudiana do *fort-da*, mas contrariando o repertório lacaniano, onde este esquema da alternância binária é visto como o momento em que o indivíduo nasce para a linguagem ao ingressar na ordem simbólica. Lembra então nosso Autor que neste jogo da presença e da ausência a criança se perde a si mesma colocando-se abaixo da linha do espelho, para tirar desta variante da hipótese do espelho uma conclusão em linguagem hegeliana: fazendo desaparecer o outro, eu mesmo desapareço, mas fazendo reaparecer o outro eu também me perco, me vejo fora de mim pois me vejo como outro. E isto é Hegel mesmo, menos o que vem antes e depois, e assim também poderia ser Sartre ou qualquer outro fenomenólogo da intersubjetividade. Quer dizer, mais singelamente, que Lacan deixou que a *Fenomenologia* lhe falasse livremente à imaginação porque Sartre ainda não publicara *O ser e o nada*, onde não por acaso se pode ler um extenso comentário da "intuição genial de Hegel" a respeito da verdadeira natureza da intersubjetividade. Assim, quando em 1946, por exemplo, nos *Propos* sobre a Causalidade Psíquica, Lacan sustenta que é no outro que o sujeito se identifica (e mesmo é posto à prova), poderia referir a autoridade de qualquer filósofo do momento. Kojève não dizia exatamente isto, mas todos estavam convencidos de ter ouvido exatamente isto. De fato, interpretara a lógica hegeliana do Reconhecimento em termos de Desejo e Satisfação do desejo — nada que implicasse a alteridade como negação interna, quando muito uma relação triádica em que estavam em cena dois desejos e um objeto imaginário em disputa, o "prestígio", como veremos a seu tempo nos termos em que Lacan glosou esse dispositivo.

Reparemos na ousadia de outro passo de Hyppolite, onde define a dimensão em que se desloca a consciência-de-si por um certo grão de... loucura, justamente a loucura que consiste em dever sua identidade à alteridade. Isso posto, depois de vincular loucura e constituição da consciência em espelho, Hyppolite considera "paranoica" apenas a figura hegeliana óbvia dita "delírio da presunção", deixando de lado, sem emprego, a concepção lacaniana mais abrangente de "conhecimento paranoico". Ou melhor, sem aproximar, como seria de se esperar, conhecimento e paranoia, Hyppolite, não obstante, também vai longe, ao fazer depender a história que se reconstrói na *Fenomenologia* de uma relação especular originária que não hesita em chamar de "louca". Daí em diante, acrescenta, o caminho percorrido pela consciência é uma história de alienações (sem especificar, joga com a acepção clínica do termo), cuja base é o objeto imaginário da consciência-de-si, isto é, ela mesma. Quanto a Hegel, inútil lembrar, a evolução subsequente constitui de fato um sistema da ilusão ou, se preferirmos, uma exposição completa das formas da falsa consciência, está claro que com um desfecho positivo. Causalidade psíquica à parte, Kojève também narrava uma história da alienação, porém social em sentido estrito, sujeição incluída: como entretanto o impulso dessa peripécia que culminava na Revolução Francesa provinha do desejo de reconhecimento — socialmente interpretado todavia —, estava aberto o caminho para a livre fantasia dos ouvintes.

Voltando ao Dr. Lacan dos anos 1930 e 40, sabe-se que a sua concepção da "dialética social que estrutura como paranoico o conhecimento humano" foi exposta numa série de conferências médicas contemporâneas da redação de sua Tese. Desconhecemos o exato teor delas, salvo as poucas indicações nos escritos da década de 1940, suficientemente heterodoxas, de qualquer modo, a ponto de incorporar as cogitações de um Salvador

Dalí a propósito de um possível método paranoico-crítico atuante nas montagens surrealistas. Na comunicação de 1949 sobre a Fase do Espelho, para assinalar a ruptura entre o organismo humano e seu *Umwelt*, ainda evocará o discurso surrealista sobre o *"peu de réalité"*. Digamos que tenha reconhecido alguns elementos do conhecimento que chamou de paranoico no processo hegeliano de constituição da certeza de si da consciência. De Dalí veio-lhe quem sabe a ideia da percepção não deformante da imagem dupla.[7] Em Kojève deve ter notado que uma fase *sui generis* se encerrava com a introdução, assinalada há pouco, de uma relação a três, o Sujeito, o Outro e o Objeto do seu desejo, e que portanto na relação dual anterior haveria alguma coisa da "identificação objetivante" definidora de um reconhecimento paranoico, o fato primordial que reside na conjunção de identificação e alienação, a ambivalência primitiva que se exprime num "sujeito que se identifica no seu sentimento de si com a imagem do outro e que a imagem do outro vem aprisionar neste sentimento". A partir daí, como se sabe, é toda a intersubjetividade, onde impera a relação dual do Olhar, que irá bascular no domínio do imaginário. Neste sentido, *a lógica hegeliana do reconhecimento, devidamente filtrada, é uma lógica do imaginário*, que precisará no entanto esperar por Sartre para ser exposta.

Ainda a hipótese do espelho
Hegel é convocado duas vezes pelos espelhos do Dr. Lacan. Alusivamente, sempre que vem à baila, nos escritos dos anos 1940 e 50, o assim chamado "estágio do espelho". Diretamente,

---

[7] Elizabeth Roudinesco, *História da psicanálise na França*. Tradução de Vera Ribeiro. Rio de Janeiro: Zahar, 1988, vol. 2, p. 128.

por ocasião da apresentação de uma versão ampliada do experimento do buquê invertido (Seminário de 7 de abril de 1954). Nem por ser direta esta última menção deixa de ser menos alusiva e hermética — para variar. Como se há de recordar, o referido experimento, montagem de prestidigitador como o chama o próprio Lacan, onde se manipula, graças a um espelho côncavo a composição de uma figura híbrida de ilusionista, metade objeto real, metade imagem, destina-se a ilustrar "um mundo em que o imaginário pode incluir o real e, ao mesmo tempo, formá-lo". O acréscimo do espelho plano, onde o sujeito (mítico) se vê em efígie ao lado da imagem virtual daquela figura compósita, traz de volta a fórmula do escrito *princeps* de 1949, e com ela, desempenhando as mesmas funções, Hegel. Em todas as suas versões, a metáfora óptica de Lacan diz o mesmo, a saber, a constituição da identidade através da alteridade por duplicação de uma imagem própria que o indivíduo carregaria consigo. Fenômeno imaginário atestado pela operação — cujos exemplos Lacan encontra na etologia — que no animal faz coincidir um objeto real com "a imagem que está nele".

São estas convergências que sugerem a Bento Prado Jr. (no estudo citado) a presença no pensamento de Lacan de uma espécie de narcisismo mais abrangente, nada ortodoxo, mais especificamente uma relação narcísica primordial, sem a qual não haveria relação com o mundo transcendente do objeto. Um breve apanhado do roteiro cumprido pelo Autor nos permitirá voltar a Hegel por um outro ângulo. É bom lembrar que a excursão lacaniana de Bento Prado é uma sondagem de caráter local, interessada sobretudo na vocação filosófica da obra de Lacan, mais exatamente, num capítulo da filosofia francesa da psicanálise, gênero singular identificado pelo mesmo Bento Prado ao estudar-lhe os primórdios na obra de Georges Politzer. (Seja dito de passagem, estamos vendo, também numa investigação de detalhe, de que modo, na sua evolução, este gênero cruzou o caminho da aclimatação francesa do hegelianismo.) Estaríamos assim às voltas com uma crítica original, obviamente de inspiração analítica, da ilusão objetivista: ao lado de uma denúncia da confusão entre realidade e objetividade, uma teoria correlata justamente da constituição *centrípeta* do sujeito e da correspondente formação do objeto. A certa altura do escrito de 1949, para ilustrar o efeito formativo de uma *Gestalt*, recorrendo a exemplos da etologia do instinto animal, Lacan lembra como a vista de uma simples imagem especular de um congênere é suficiente para desencadear o processo de maturação de um indivíduo; cinco anos depois, no primeiro livro do Seminário, volta ao tema etológico do "sujeito essencialmente logrável": essa a pista explorada por Bento Prado, revelada pelo "peso do imaginário da emissão do comportamento", como diz o Autor. Um roteiro que por via comparativa (articulando etologia do instinto animal e teoria freudiana das pulsões) alcança finalmente a condição primordial de qualquer objetivação do mundo exterior, a saber, a relação narcísica do Eu ao Outro, sem a qual não há estruturação da esfera objetal. Narcisismo sem dúvida paradoxal, para além do *Solus Ipse* do primitivo enclausuramento do Eu, na junção do *Ipse* e do *Alter*. Mas isto não é tudo. Para nosso Autor interessa sublinhar o quanto a constituição do "exterior" depende da "imagem pretendida" e não da percebida, o quanto pesa a irrealidade na instituição da objetividade, o quanto o não-ser da pura imagem condiciona a emergência do existente. Voltamos assim à apresentação da constituição como uma autoafecção: se o imaginário não é instância segunda, mas fundante, é porque a fantasia originária que abre o acesso à realidade se confunde no limite com a finitude de uma ipseidade que se institui na forma da autoafecção, no caso pela imagem unificadora de si mesma. Na base da relação narcísica, a autoafecção pelo espelhamento do Mesmo numa imagem que implica desdobramento.

Compreende-se que neste ponto os lacanianos se sintam tentados a rebater esse mecanismo da constituição na reflexão duplicadora da consciência-de-si hegeliana. Tanto mais que, páginas antes, Hegel já se desvencilhara da "tautologia sem movimento do Eu = Eu". Mas daí não passa a possível analogia. Ocorre que o tema transcendental da constituição (esta a sua árvore genealógica, como reconhece o mesmo Bento Prado Jr.) foi substituído em Hegel por um problema de *formação*, onde não há mais lugar para qualquer instância originária: estamos desde o início no terreno da mediação, no qual os novos objetos vão surgindo por reflexão interna de constelações que têm a idade histórica do mundo, cujo processo de socialização a *Fenomenologia* reconstrói. A dialética simplesmente desconhece qualquer configuração primeira e irredutível, como parece ser o drama da alienação refletido no espelho de Lacan: esse momento de uma relação primordial consigo mesmo que é irremediavelmente (o *pathos* vem da literatura lacaniana) e para sempre uma relação com um outro.[8] Em Hegel é justamente isso: apenas um momento, embora consciência e alienação também sejam coextensivos. Havendo em contrapartida constituição originária em Lacan, e constituição no âmbito da finitude, constituição e perda são simultâneas, e da ordem do irreparável.

Não gostaria de passar adiante sem antes registrar um outro efeito do espelho de Lacan, referido por ele nos seguintes termos: "o outro que somos está fora de nós, na forma humana; esta forma está fora de nós, não enquanto feita para captar um comportamento sexual, mas enquanto fundamentalmente liga-

---

[8] B. Ogilvie, *op. cit.*, p. 107.

da à impotência primitiva; o ser humano não vê sua forma realizada, total, a miragem de si mesmo, a não ser fora de si".[9]

Ora, a essa imagem especular, a um tempo instituinte e alienante, corresponde ponto por ponto, porém simetricamente invertida no que concerne às relações de interior e exterior, à voz no gravador ouvida na abertura de *A condição humana*, e assim interpretada pelo mesmo Bento Prado Jr:

> Malraux começa um de seus romances com um episódio onde um personagem é surpreendido (mais que isso) pelo som de sua própria voz, reproduzida por um gravador, e exprime seu espanto mais ou menos nos seguintes termos: não é a minha voz, *aquela que escuto com a minha garganta*. O abismo entre o ser-para-si e o ser-para-outrem, eis o escândalo que apavora. O que designa o enigma incontornável da subjetividade. Noutras palavras, o hiato que, separando-me do exterior, separa-me de mim mesmo. Tal incapacidade de se ver de fora parece implicar uma deficiência ou uma fratura do próprio ser. Ser assim é também uma maneira de não ser.[10]

Desconheço melhor projeção do ideário francês do sujeito clivado, especializado na denúncia sistemática da miragem da "unidade diamantina do Eu" (na expressão predileta de Bento Prado), na estação existencialista que o precedeu e costuma renegar. Onde afinal a descontinuidade tão alardeada? Ela existe,

---

[9] Jacques Lacan, *O Seminário. Livro 1: Os escritos técnicos de Freud (1953-1954)*. Rio de Janeiro: Zahar, 1983, p. 164.

[10] Bento Prado Jr., "O boi e o marciano", in *Alguns ensaios: filosofia, literatura, psicanálise*. São Paulo: Max Limonad, 1985, p. 247.

é inegável, sem prejuízo, entretanto, como deixa entrever este passo precioso, de uma certa remanência do *frisson* vanguardista, visto que o incontornável *pour-soi* não é bem o Eu filistino do Sr. Brunschvicg. Lacan teria andado depressa demais ao implicar com a presumida coincidência consigo mesmo do sujeito da enunciação existencialista. Digamos que a carreira de Lacan, no sistema de empréstimos que a define, de Kojève a Lévi-Strauss, teria unificado esses dois ciclos numa mesma polêmica com o sujeito, desde os tempos em que o primeiro Sartre rejeitava o Eu transcendental de Husserl e, na mesma época, Lacan assinalava na matriz identificatória em que o Eu se precipitava na fase do espelho, uma linha de ficção para sempre irredutível. O resto viria por acréscimo, segundo o gosto do tempo e o progresso unidimensional da reificação — com perdão da má palavra, pois conforme ensina o lacanismo, "não é um movimento no qual um sujeito preexistente se perde em outra coisa", sendo um fato do sujeito, a alienação é de nascença.[11] Ora, é bom lembrar mais uma vez que em Hegel nada é de nascença.

A ordem do desejo
Pode-se dizer que se deve ao lacanismo a metamorfose do desejo plural em Freud (uma multiplicidade de atos psíquicos e uma consequente pluralidade de destinos conforme a localização no aparelho, a natureza do obstáculo etc.) numa instância central, sempre enunciada no singular e com uma ênfase reservada pela tradição às grandes entidades metafísicas.[12] É verdade que boa parte da literatura lacaniana se empenha em atenuar o

---

[11] B. Ogilvie, *op. cit.*, p. 108.

[12] Renato Mezan, "O estranho caso de José Matias", in Adauto Novaes (org.), *O desejo*. São Paulo: Companhia das Letras/Funarte, 1990, p. 331.

Hegel no espelho do Dr. Lacan

passo, ressaltando as etapas de uma derivação, como no seguinte roteiro clássico de Laplanche e Pontalis: citação da definição da *Interpretação dos sonhos*, baseada na experiência da satisfação, segundo a qual o desejo, ligado a traços mnemônicos, se realiza na reprodução alucinatória das percepções que se tornaram sinais daquela satisfação; isso posto, ressalta a diferença entre necessidade e desejo, a primeira nascida de uma tensão interna e satisfeita por um objeto real e específico, o segundo, que só tem realidade psíquica, imantado pela procura de um fantasma, sendo além do mais inconsciente e vinculado a signos infantis indestrutíveis; nestas condições estão dados os elementos da irredutibilidade lacaniana do desejo, nem visada de um objeto real nem demanda articulada.[13] Resta o *pathos* do desencontro e a terminologia superlativa que o descreve. Como o desejo não tem objeto na realidade, e o fantasma é um sucedâneo, reprodução alucinatória de uma satisfação original, um logro, segue-se o cortejo da falta, da perda e do inacessível, tudo gravado com o selo do originário. Mas dito isto, ainda não se resumiu tudo, pois falta a dimensão do Outro, em torno do qual, como se sabe, gravita o desejo lacaniano. É neste ponto da passagem do *Wunsch* freudiano ao *Désir* lacaniano que se costuma assinalar os serviços prestados pela *Begierde* hegeliana, pelo menos até meados dos anos 1950. Se isto é fato, novamente Kojève teria se interposto entre Lacan e Freud, e de modo tanto mais surpreendente quanto o desejo hegeliano não tem parte com o inconsciente. Sendo no entanto o desejo em Lacan a cifra de uma alienação primordial, sua conceituação parece escapar ao campo psicanalítico estrito para integrar o domínio de uma antropolo-

---

[13] Jean Laplanche e Jean-Bertrand Pontalis, *Vocabulaire de la psychanalyse*. Paris: PUF, 1968, pp. 120-2.

gia filosófica. Aqui a argumentação do *corpus* lacaniano superpõe sem cerimônia criança e consciência-de-si: para mostrar que o desejo só pode surgir numa relação com o outro, remonta-se das primeiras experiências de satisfação da criança até o momento em que, "irredutivelmente inscrita no universo do desejo do Outro", a criança deseja ser o único objeto dele; pois no meio desse caminho em que a criança vai aprendendo a se reconhecer a partir do outro, costuma reaparecer o tema hegeliano lançado por Kojève: o desejo do homem é o desejo do outro. Novamente Lacan está atrás de uma virada, nos seus termos, um instante em que o desejo é confusamente apreendido no outro, ou ainda como diz, lembrando-se sem dúvida de Kojève: é nesse exato momento que se isola, no ser humano, a consciência enquanto consciência-de-si e o desejo aparece como pura negatividade.[14]

Para avaliar o volume da importação, recapitulo o passo correspondente na *Fenomenologia do espírito*. A consciência-de--si emerge sob o signo do duplo sentido. Muito embora seja ela mesma o seu próprio objeto, permanece no entanto tal qual o seu correlato intencional, o mundo da certeza sensível e da percepção, mais precisamente na forma negativa do ser-outro: duplicidade que ela se esforçará por anular, sob pena, é verdade, de produzir outras, e no limite a principal delas, o seu duplo, na pessoa de uma outra consciência. Como as demais figuras, a consciência-de-si não é uma entidade — no caso, um Eu idêntico a si mesmo, descartado por Hegel como resíduo coisificado — mas a história de um movimento, ou melhor, nela se exprime uma experiência que a rigor não é mais do que uma história,

---

[14] J. Lacan, *O Seminário. Livro 1: Os escritos técnicos de Freud (1953-1954)*, *op. cit.*, p. 172.

Hegel no espelho do Dr. Lacan

aqui a experiência da independência do seu objeto verdadeiro e único, um ser vivo que a duplica. Quanto ao desejo, ele se declara antes que ela se dê conta da verdadeira natureza do seu objeto real, ela é desejante na exata medida em que refere o seu objeto enquanto consciência intencional à certeza, ou presunção, de ser tudo e o mundo, nada, apenas fenômeno sem substância, com o qual se relaciona negativamente pelo desejo, expressão exata dessa convicção de onipotência. Logo verá que o objeto lhe resiste, frustrando-lhe a satisfação (*Befriedigung*) buscada — caso tal satisfação fosse obtida, provaria em princípio que a consciência retomara finalmente a si mesma a partir da relação com o objeto, cuja nulidade entretanto estava interessada em demonstrar praticamente. Todavia, o mau infinito do desejo insaciável, que renasce sob o signo da repetição, lhe ensinará que o seu objeto não é natural, que a desejada igualdade consigo mesma carece de uma outra mediação. Sem ser propriamente um "fantasma", o objeto do seu desejo aparece-lhe finalmente na figura do semelhante, uma outra consciência da qual obtém enfim satisfação, quer dizer, só numa outra consciência-de-si a consciência-de-si faz a experiência da satisfação que em vão buscara no objeto natural desejado.

Puxando a figura para o lado do "existencialismo", Hyppolite dirá que no fundo do seu desejo é a si mesma que obscuramente a consciência procurava, procurando-se em consequência no outro. *Pathos* a menos, não direi que não. Como busca supõe perda, é a engrenagem "existencial" da alienação que Hyppolite está introduzindo. Também não direi que não se possa entender assim, pois a descrição hegeliana é por vezes deliberadamente escandida por lances dramáticos: afirmará, por exemplo, que ao se ver literalmente fora de si, numa outra consciência que é ela mesma, a consciência se vê perdida, e ao tentar suprimir esse outro é a si mesma que suprime etc. Já conhecemos esse jogo de espelhos do reconhecimento. Só que, ao principiar, o desejo já tinha ficado para trás, etapa vencida graças à qual a consciência descobriu o seu verdadeiro objeto, do qual obteve satisfação — é bom não esquecer dessa reconciliação, mesmo provisória, impensável do ângulo lacaniano. Doravante contará apenas a lógica social do reconhecimento. Para continuar a ver nesta última o drama do desejo, como quer Lacan, será preciso interpretar e tomar o movimento do *Anerkennen* como um desejo de segundo grau, desejo do desejo do Outro ou desejo de reconhecimento, quase uma trivialidade psicológica que o ativismo de Kojève transformou numa luta de puro prestígio — e de fato há traços heroicos arcaizantes na caracterização hegeliana. Aliás, no confronto o desejo reflui para o objeto natural — assim, o trabalho da consciência, que apenas reconhece sem ser reconhecida, é desejo inibido, refreado, ao passo que para a outra consciência, o desejo se traduz na satisfação imediata do consumo que assimila o objeto poupado, por isso uma se "forma" enquanto a outra regride, mesmo sob o signo ambivalente do sentimento sem mescla de si. Noutras palavras, a luta pelo reconhecimento não se desenrola mais no plano do desejo que definia a consciência--de-si antes da sua duplicação e do aparecimento do rival — a partir daí a experiência de formação muda de registro, e pode-se dizer que se trata de uma compreensão excêntrica do individualismo moderno.

Não é que Lacan não pressinta o fato (todas as vezes em que se refere à dialética do Senhor e do Escravo destaca o pacto de natureza simbólica que a regula),[15] mas continua a conceber essas formas elementares de sociabilidade como mandava o figurino kojèviano, isto é, como uma "história de desejos deseja-

---

[15] *Idem, ibidem*, p. 255.

Hegel no espelho do Dr. Lacan

dos" — e como Kojève, torno a lembrar, centra a desnaturalização do desejo, o seu caráter "antropogênico", na sua mediação
pelo desejo de um outro, assimilando, como se viu, reconhecimento e desejo, sociedade e pluralidade de desejos desimplica-
dos do sistema de objetos. Nessa direção, retomará a luta hegeliana pelo reconhecimento como uma trama passional de rivalidade e concorrência (a antiga relação antagônica de prestígio em
Kojève) envolta pela agressividade generalizada, observando não
por acaso que esta nada tem a ver com qualquer realidade vital,
sendo antes de tudo um "ato existencial", outra reminiscência
kojèviana do "impasse existencial" do reconhecimento incom-
pleto.[16] Mas quando Lacan fala "existencial" quer dizer "imaginário" — o seu modo de pôr em perspectiva o Existencialismo, do qual não deixa de oferecer uma transcrição original, que
acaba afinal projetando na leitura kojèviana da *Fenomenologia*.
É nesse sentido então que a dialética hegeliana do reconhecimento lhe fala à fantasia especulativa, a saber, pela afinidade
que lhe parece manifesta com o "impasse da situação imaginária".[17] E mais, o pivô, como diz, do domínio imaginário vem a
ser justamente essa "relação intersubjetiva mortal" — de resto,
não custa insistir, intersubjetividade de inequívoca coloração
"existencialista".

Voltamos assim, mais uma vez, à hipótese do espelho, quer
dizer, o desejo com o qual se confunde a consciência-de-si também se estrutura graças à intervenção de um outro especular
funcionando como uma *Gestalt*: "à projeção da imagem sucede
constantemente a do desejo; correlativamente, há re-introjeção
da imagem e re-introjeção do desejo. Jogo de báscula, jogo em

---

[16] *Idem, ibidem*, p. 205.

[17] *Idem, ibidem*, p. 255.

espelho [...] e ao longo desse ciclo, seus desejos são reintegrados, reassumidos pela criança".[18]

Ou ainda: "a reversão perpétua do desejo à forma e da forma ao desejo ou, em outras palavras, da consciência e do corpo, do desejo enquanto parcial ao objeto amado, em que o sujeito literalmente se perde, e ao qual se identifica, é o mecanismo fundamental em torno do qual gira tudo que se relaciona ao *Ego*".[19]

A fórmula kojèviana — "o desejo do homem é o desejo do outro" — exprime portanto a segunda dimensão do imaginário, onde o sujeito consegue integrar a forma do Eu após um "jogo de báscula em que trocou justamente o seu eu pelo desejo que vê no outro".[20] Esse o grau zero do desejo, em que é *visto* no outro, em que "só existe no plano da relação imaginária do estado especular, projetado, alienado no outro",[21] é invertido no outro que aprenderá a se reconhecer. Nesse estágio da captação imaginária do desejo dá-se no entanto uma projeção que irá configurar o impasse referido acima. Cito alguns trechos, o primeiro deles referindo essa constituição especular originária do desejo, os dois outros, o limiar do "*meurtre hégélien*", uma espécie de evidência psicológica geral: "cada vez que o sujeito se apreende como forma e como eu, cada vez que se constitui no seu estatuto, na sua estatura, na sua estática, o seu desejo se projeta para fora".[22] Daí o impasse: o desejo do sujeito só pode, nessa relação,

---

[18] *Idem, ibidem*, p. 207.

[19] *Idem, ibidem*, p. 199.

[20] *Idem, ibidem*, p. 206.

[21] *Idem, ibidem*, p. 197.

[22] *Idem, ibidem*, p. 198.

Hegel no espelho do Dr. Lacan

se confirmar através de uma concorrência, de uma rivalidade absoluta com o outro [...] e cada vez que nos aproximamos, num sujeito, dessa alienação primordial, se engendra a mais radical agressividade — o desejo do desaparecimento do outro enquanto suporte do desejo do sujeito.[23]

Ou ainda em termos abertamente kojèvianos, de novo fundidos aos elementos da tópica do imaginário:

> [...] o objeto humano é originariamente mediatizado pela via da rivalidade, pela exacerbação da relação ao rival, pela relação de prestígio [...] já é uma relação da ordem da alienação porque é primeiro no rival que o sujeito se apreende como eu; a primeira noção da totalidade do corpo como inefável, vivido, o primeiro arroubo do apetite e do desejo passa no sujeito humano pela mediação de uma forma que primeiro ele vê projetada, exterior a ele, e isso, primeiro, no seu próprio reflexo.[24]

Hegel ou antropologia existencial nesse impulso ao extermínio do Outro, suporte do desejo e sede da alienação? Por certo, Existencialismo, juntamente com o seu limite. O combate de vida ou morte descrito por Hegel já não é mais um fato do desejo, nele está em jogo a *abstração* do indivíduo moderno, cuja autonomia recém-instituída vê no duplo antes de tudo o concorrente — enfim um amálgama ao gosto de Kojève —, um futuro terrorista adormecido no torpor da economia elementar dessa primeira figura da dominação. Embora não saiba o que fazer, Lacan sabe disso e por aí expõe os limites do Existencialis-

---

[23] *Idem, ibidem*, p. 198.

[24] *Idem, ibidem*, p. 205.

mo, para ele sinônimo de relações perversas, encalhadas no círculo primitivo do imaginário.[25] Por isso observa que a estrutura de partida da dialética hegeliana ainda pertence ao plano "mítico ou imaginário", ao passo que a etapa subsequente marcaria o ingresso no simbólico, quando a consciência submetida vai ao trabalho.[26]

Resta a deriva metonímica do Desejo. Mas para que ela se revele, juntamente com a falha radical que exprime, será preciso que esse desejo do desejo do outro entre no moinho simbólico da linguagem. Neste ponto todavia Lacan já não sugere mais nada que se assemelhe à negatividade da *Begierde* hegeliana, que serviu apenas para ilustrar uma espécie de intersubjetividade radical e primordial, ela mesma cifra antropológica universal, como aliás o estágio do espelho. Aqui Sartre poderia ter prestado o mesmo serviço, sobretudo porque devia também a Kojève a revelação de um Hegel teórico da esfera "imaginária" da intersubjetividade. Um Hegel por certo errado porém vivo servia assim de estopim para uma obsessão digamos "avançada" que, do Seminário Kojève às primeiras manifestações do Estruturalismo, alimentaria a especulação francesa.

Moi = Selbstbewusstsein?

Uma equação sugerida, entre outros, pelo seguinte trecho da Introdução ao Comentário de Jean Hyppolite sobre a *Verneinung*:

> [...] o eu (*moi*), tal como ele opera na experiência analítica, não tem nada a ver com a suposta unidade da

---

[25] *Idem, ibidem*, p. 249.

[26] *Idem, ibidem*, p. 255.

realidade do sujeito que a psicologia chamada geral abstrai como algo incluído nas suas funções sintéticas. O eu de que falamos é absolutamente impossível de distinguir das captações imaginárias que o constituem da cabeça aos pés, tanto na sua gênese como no seu estatuto, tanto na sua função quanto na sua atualidade, por um outro e para um outro. Dito de outro modo, a dialética que sustenta nossa experiência, situando-se no nível o mais envolvente da eficácia do sujeito nos obriga a compreender o eu, de ponta a ponta, no movimento de alienação progressiva, ao longo do qual se constitui a consciência-de-si na fenomenologia de Hegel.[27]

Como se pode ver, na década de 1950 ainda havia dialética por todos os lados. Linhas antes Lacan se referira à psicanálise como uma prática comandada por uma dialética imanente. Uma alusão ainda trivialmente inespecífica à dimensão intersubjetiva do par analítico. Veremos todavia em que termos Lacan relança a ideia de uma análise escandida nos moldes de uma dialética da "experiência", que interpreta contudo no sentido degradado da Vivência dialógica dos fenomenólogos, como se pode notar desde o escrito de 1936 sobre o Princípio de Realidade. Passemos então a equação indicada no trecho citado. Ela supõe uma escolha na teoria freudiana do Eu. Desde os tempos da Tese (1932), Lacan nunca escondeu sua insatisfação com a redução freudiana do núcleo do Eu ao sistema percepção-consciência.[28] Alguns autores atribuem a desconfiança que sempre lhe inspirou essa concepção adaptativa de um sujeito do conhecimento ao

---

[27] J. Lacan, *Écrits, op. cit.*, p. 374.

[28] Jacques Lacan, *De la psychose paranoïaque*. Paris: Seuil, 1975, p. 324.

seu passado de psiquiatra, em particular à revelação do descentramento paranoico definidor do conhecimento. Seja como for, reteve da teoria sobretudo a concepção do Eu como o resultado de um processo de identificações. Como se há de recordar, a ortodoxia sofre um primeiro entorse já na comunicação de 1949 sobre o estágio do espelho, hipótese em princípio, repetimos, impregnada de reminiscências kojèvianas. Pelo menos a palavra dialética encontra-se por toda a parte do escrito famoso. Como quer a teoria, identificação é a transformação sofrida pelo sujeito quando assume uma *imago*. A esta matriz por onde o Eu se precipita em sua forma primordial, Lacan acrescentou a operação de um Outro, a imagem do semelhante, com o qual o sujeito se identifica, condenado por sua prematuração específica a essas objetivações sucessivas. Há portanto um logro no caminho da insuficiência de origem à antecipação em que se resolve a miragem da maturação. Assim, onde há identificação, Lacan vê sobretudo "alienação", outra palavra que também não falta e cujos efeitos estão subentendidos na expressão que resume toda essa alternância, "dialética da identificação com o outro". Dialética cujas "sínteses" — outro termo do repertório da época — seguem uma "linha de ficção" segundo a qual o sujeito se constrói. Uma "alienação progressiva" enfim, escandida pelo poder de captação da *imago* que sujeita o Eu à forma do Outro.[29]

Ainda no escrito de 1949, alguns indícios sugerem a presença de Kojève nessa guinada do freudismo na direção de uma filosofia da intersubjetividade. Em primeiro lugar, a convicção

---

[29] Para a assim chamada "dialética das identificações", ver por exemplo Anika Lemaire, *Jacques Lacan* (Rio de Janeiro: Campus, 1989, 4ª ed.), pp. 229-37; e Joel Dor, *Introdução à leitura de Jacques Lacan*. Porto Alegre: Artes Médicas, 1989, capítulo 18.

central de que todo o saber humano — cuja travação ontológica se revela na fase do espelho, que aliás não é uma fase mas, como lembrado por seu criador, uma encruzilhada estrutural — se acha mediatizado pelo "desejo do outro". (Hegel, evidentemente, jamais o disse nem deu a entender, a menos que se restrinja o "saber" ao momento em que a certeza da consciência-de-si depende do reconhecimento de uma outra consciência-de-si.) Um saber que constitui os seus objetos, como a criança no espelho, sob o "olhar" do outro. Daí o cortejo da agressividade: drama do ciúme e do prestígio, concorrência, rivalidade etc., tudo no campo da mais inocente operação epistemológica. Até aqui Kojève, mas poderia ser Sartre: não falta, como assinalado, nem "olhar" nem "má-fé" nesta trama imaginária de objetivações do Eu, "forma alienada do ser".

Perdemos no entanto Kojève de vista na alegação hegeliana explícita de que partimos. Sobretudo, quando Lacan precisa que a relação do Eu ao outro, ao semelhante em função de cuja imagem se formou, culmina no *desconhecimento*, determinação fundamental do Eu, o exato oposto da síntese imaginada pelo "preconceito cientista". Esse desconhecimento deriva da estruturação da *Verneinung*, "denegação" para os lacanianos. Quando dizemos que o Eu nada sabe do sujeito, assegura Lacan, também estamos dizendo que esse desconhecimento não é ignorância: o Eu desconhece porque se recusa a conhecer, porque conhece que há alguma coisa que não quer reconhecer, porque há por trás de seu desconhecimento um certo conhecimento do que há para desconhecer etc.[30] Onde Hegel nesta coreografia do desconhecimento do *Moi*? A pergunta se deve ao fiel Hyppolite, que pelo

---

[30] J. Lacan, *O Seminário. Livro 1: Os escritos técnicos de Freud (1953-1954)*, *op. cit.*, p. 194.

menos sugere — pela transcrição quase literal das fórmulas —
ter reencontrado Lacan na *Fenomenologia*, e por aí acabaria jus-
tificando a equação que assimila as captações imaginárias do Eu
à consciência-de-si hegeliana. Para Hyppolite vale para a consciência o que Freud disse de Édipo: no fundo, ele sempre soube.
Assim sendo, para que a consciência possa dizer chegado o momento "eu sempre soube", é preciso que ela seja de fato essa
"função de desconhecimento" assinalada por Lacan, mais precisamente, que um dos traços fundamentais de uma consciência
que se ignora seja uma espécie de inconsciente, chamado por
Hyppolite de inconsciência da consciência. No trecho seguinte,
não é Lacan falando do *Moi*?

> A consciência vê e não. Conhecendo, a consciência
> desconhece; mas não esqueçamos que desconhecer não é
> não conhecer completamente; desconhecer é conhecer pa-
> ra poder reconhecer e para poder dizer um dia: eu sempre
> soube; quem se desconhece, de certo modo se conhece, de
> tal maneira que se a consciência natural é fundamental-
> mente inconsciência de si, ela também é um modo de, se
> desconhecendo, poder um dia se reconhecer; talvez esteja
> aí uma das chaves do problema do inconsciente: ele não é
> uma coisa situada atrás de outra coisa, mas fundamental-
> mente uma certa alma da consciência, um certo modo ine-
> vitável, para a consciência natural, de ser ela mesma.

De fato parece Lacan, mas é Hyppolite explicando a *Selbstbewusstsein*.[31] As fórmulas lacanianas não impedem que a noção

---

[31] J. Hyppolite, "Phénoménologie de Hegel et psychanalyse", in *Figures de
la pensée philosophique*, *op. cit.*, pp. 215-6.

analítica de inconsciente, atrelada ao modo de ser do protagonista da *Fenomenologia do espírito*, naufrague, privada do seu dinamismo próprio, na aporia clássica do ponto de partida: como posso desconhecer, para depois reconhecer, sem ter conhecido antes? Uma anamnésia platonizante na qual se esfuma a linha de sombra da consciência dita natural, no fundo um itinerário socrático, uma consciência que se ignora à procura dela mesma. Aliás não é por acaso que Sartre volta essa mesma aporia contra a noção freudiana de inconsciente: se de fato o complexo é inconsciente, se uma barragem separa o signo do significado, como o sujeito poderia reconhecê-lo?[32]

Não há dúvida porém que essa consciência hegeliana — que vai aos poucos se apresentando como um "saber não real", "apenas conceito do saber" — é um sujeito dividido, como querem os lacanianos, ao contrário do seu ancestral, o sujeito cartesiano unificado e autônomo.[33] Mas embora constitutiva, esta divisão — o processo real se desenrola às suas costas — não é irreparável: este mesmo processo é a sua instituição como Sujeito (a maiúscula aqui é de rigor), desde que tenha aprendido a renunciar ao apego obstinado às suas pequenas certezas de sujeito menor. Noutras palavras, a alienação tem fim, às custas, é verdade, da abolição do saber finito (embora um Moderno, Hegel já não tinha mais ilusões quanto ao destino do indivíduo, ao qual todavia o mundo ainda devia satisfações), ao passo que para Lacan ela apenas muda de registro, a cisão do "verdadeiro sujeito" não tem volta, pois se trata, no fim das contas, de um su-

---

[32] Jean-Paul Sartre, *L'être et le néant: essai d'ontologie phénoménologique*. Paris: Gallimard, 1966, pp. 661-2.

[33] Pierre Macherey, "Le leurre hégélien: Lacan lecteur de Hegel", *Bloc-Notes de la Psychanalyse*, s.l., s.e., 1985, nº 5, p. 33.

jeito "primitivamente desafinado, fundamentalmente despedaçado por este *ego*".[34]

Mas deixemos de lado o que há de obviamente flagrante nessas incompatibilidades máximas — Hegel não poderia pressentir o horizonte de 1930 fim de linha no qual se debateria Lacan, soubesse disso ou não —, em favor dos recobrimentos parciais, cuja razão de ser torna-se ainda mais enigmática. Se é verdade que o Eu, como quer Lacan, é essencialmente relação com o outro, que toma seu ponto de partida e apoio no outro, então é justo que Hyppolite lembre em consequência que as figuras mais plásticas da *Fenomenologia* mostram de preferência o afrontamento das consciências, do confronto do Senhor e do Escravo (marco zero estabelecido por Kojève) até a dialética do mal e seu perdão. Ora, ainda segundo Kojève, em todas essas figuras por assim dizer duais encontramos avatares da sujeição do Escravo, formas de consciência onde se racionaliza uma emancipação travada, diligentemente desviada da prática que a consumaria — enfim, uma história de identificações cujo fulcro é uma alienação básica definida pela estrutura em espelho na qual se formou a consciência-de-si. Seja como for, não deixa de ser curioso que um freudiano tenha precisado de Kojève para medir-se com a ilusão — é verdade que se trata de uma miragem a dois e que, antes de Sartre, uma concepção dramática e desabusada da intersubjetividade só estava disponível naquele Seminário da École Pratique.

Ainda um curto-circuito: basta traduzirmos a dimensão imaginária das identificações do *Moi* por ideologia, para nos aproximarmos um pouco mais da *Selbstbewusstsein* hegeliana.

---

[34] Jacques Lacan, *O Seminário. Livro 2: O eu na teoria de Freud e na técnica da psicanálise (1954-1955)*. Rio de Janeiro: Zahar, 1985, p. 224.

Esta última é de fato falsa consciência e, no limite, a crítica imanente do saber que vem a ser a *Fenomenologia* está estruturada como uma *Ideologiekritik* nos moldes do materialismo ulterior. Como o indivíduo moderno, a consciência hegeliana também se apresenta na forma do autoengano, medido pela distância entre certeza e verdade, conceito e objeto, em suma, é expressão de um logro no coração da experiência. Visando sempre o contrário do que realmente é, vítima de uma espécie de ironia objetiva, a consciência também pode ser vista como a personificação de uma função de desconhecimento: ela vive igualmente fora de si, por identificações ou figuras, numa presença fascinada e sem distância, como o Eu, cativo de uma imagem. Acresce ainda que a consciência, cuja experiência a *Fenomenologia* apenas descreve, é constelação teórico-prática que resiste às rupturas, sempre dramáticas, e evita o caminho da dúvida que desidentifica. Além do mais, sem nenhuma ingerência do observador (aquele que diz *para nós* em aparte), é a própria consciência que examina a si mesma, trazendo consigo a sua medida. Mesmo assim para ela não há progresso, recomeça de zero a cada etapa, pois o seu destino é o esquecimento e a repetição. Sabemos todavia que a alienação tem fim, que algo se acumula às costas da consciência, cujo espírito de qualquer modo se *forma*, como quem se enriquece com as ilusões que perde. Se se pudesse dizer o mesmo da contrapartida lacaniana, a equação por ele mesmo sugerida seria plausível, excluída por certo a hipótese de um "sujeito acabado na sua identidade consigo mesmo", onde afinal se daria a conjunção do simbólico e do real.

Paulo Eduardo Arantes

Psicanálise e experiência dialética

O primeiro Lacan costumava dizer que a psicanálise é uma experiência dialética.[35] Ao que parece, no sentido etimologicamente inespecífico da dimensão dialógica, mencionada acima. Em suma, o dado imediato da experiência analítica é um fato de linguagem articulando fala e escuta, e seu horizonte próximo, mais uma vez, a intersubjetividade. A palavra analítica é assim um pacto intersubjetivo. Com isto Lacan baralha as fronteiras entre sentido e referência.[36] Ou por outra: o referente nunca é primeiro; como dizia em 1946, a linguagem não é um sistema de signos que duplicaria o dos objetos.[37] Nestas condições, a experiência analítica da linguagem já não é mais trivialmente óbvia, a saber, a constatação de que a linguagem, antes de significar qualquer coisa, significa para alguém, de que uma intenção intersubjetiva de significação preside mesmo o discurso que não quer dizer nada ou não tem qualquer sentido.[38] Compreendido a partir da situação analítica, o funcionamento geral da linguagem deixaria ver que o conhecimento do objeto é precedido sempre pelo reconhecimento mútuo dos sujeitos.[39]

Se lembrarmos agora que, entre outras coisas, a linguagem para Hegel era a existência mesma do Espírito, e que este nada mais era do que Eu socializado, compreenderemos um dos curto-circuitos prediletos do fiel Hyppolite (mais uma vez), ao assimilar diálogo e dialética, no intuito de melhor documentar as

---

[35] J. Lacan, *Écrits, op. cit.*, p. 216.

[36] P. Dews, *op. cit.*, p. 60.

[37] J. Lacan, *Écrits, op. cit.*, p. 166.

[38] *Idem, ibidem*, pp. 82-3.

[39] P. Dews, *op. cit.*, p. 60.

Hegel no espelho do Dr. Lacan

alegações hegelianas do Dr. Lacan. Dialética, dizia Hyppolite, evidentemente noutros termos e aplainando o terreno, é antes de tudo ação comunicativa (*avant la lettre*, bem entendido), ela é a regra do "jogo de intercomunicação das consciências", quer dizer, é linguagem e *medium* do reconhecimento. Retrocesso a uma acepção primitiva da noção? Sim e não: deixando de lado o timbre cor-de-rosa do termo "diálogo", é preciso notar que ao definir consciência-de-si por reflexão numa outra consciência, Hegel estava abandonando o terreno cartesiano do confronto representacional entre um sujeito e um objeto, estava subordinando conhecimento a reconhecimento, é certo que para fazer emergir a Teoria de uma etapa ulterior do processo de formação da consciência. Seja como for, quando entramos na esfera da consciência-de-si, a verdade deixa de ser pensada em termos de adequação, a certeza não é mais a do *Cogito* e só se torna verdadeira no movimento de socialização de um *Selbst* recém-entrado em cena. De resto, é preciso ver que na *Fenomenologia* o regime da verdade já não é mais a tradição epistemológica anterior. O ponto de vista da falsa consciência, quer dizer, a percepção da energia produtiva concentrada na alienação, altera as relações entre saber e verdade, tornando a ilusão um momento desta última e a autorreflexão, uma operação constitutiva que modifica a consciência e o seu objeto, pois se trata de uma *Bildung*, de um processo de formação, e não de uma simples coleção de conhecimentos da parte de um sujeito cognitivo.

Alguma coisa desse dispositivo da Formação Lacan deve ter entrevisto, tanto é assim que já em 1960, constatando, não sem tempo, que saber absoluto e psicanálise dificilmente poderiam andar juntos, reconheceu entretanto a novidade daquele discurso e o serviço que esperava dele: o modelo de um "revisionismo permanente", no qual a verdade, em regime de constante "*résorption*" naquilo que apresenta de pertubador, vem a ser o que

Paulo Eduardo Arantes

falta à realização do saber, em suma, para além das antinomias clássicas, a verdade não seria mais do que *"ce dont le savoir ne peut apprendre qu'il le sait qu'à faire agir son ignorance"*.[40] Se entendemos a formulação rebarbativa, não se pode negar que tenha atinado com a novidade da *Fenomenologia*. Resta saber se ela recobre o principal da experiência analítica.

Pelo menos no que concerne à lacaniana, um observador das ideias francesas como Peter Dews acha que sim e, levado pela simetria, chega a dizer que para Lacan também existe uma disjunção de molde hegeliano entre saber e verdade, se especificando nos seguintes termos: o saber exprimiria as relações do Eu com os seus objetos, enquanto a verdade residiria na trama das relações do sujeito com os outros e as formas pregressas do próprio sujeito, nas quais era apanhado e não conseguia reconstituir ao ser arrastado pela inércia de suas identificações imaginárias.[41] Como dizia o Lacan dos anos 1950, a verdade é uma dialética em marcha, e isso depois de lembrar que, ao restaurar o inconsciente reprimido na consciência, a eficácia do tratamento analítico se deve menos ao conteúdo desta revelação do que ao impulso inerente a uma reconquista.[42] Se traduzirmos este movimento em termos de reconstrução e autorreflexão, e esta última como a operação de um sujeito que se *forma* sem estar previamente dado, voltamos a um certo Hegel: curiosamente, o modelo que sustenta a aproximação tentada por Peter Dews já é fruto de uma simbiose, no caso, uma adaptação da "experiência" hegeliana ao domínio da experiência biográfica, ela mesma reinterpretada por Habermas — pois é dele a autoria do mode-

---

[40] J. Lacan, *Écrits, op. cit.*, pp. 797-98.

[41] P. Dews, *op. cit.*, p. 63.

[42] J. Lacan, *Écrits, op. cit.*, p. 144.

lo de que estamos falando — em termos analíticos, porém de orientação "iluminista", de restauração de um encadeamento interrompido pelo ensimesmamento da alienação. O ponto é polêmico e não vem ao caso abordá-lo agora — fica apenas o sal de uma convergência possível sob o patrocínio do primeiro Lacan.[43]

Ocorre ainda que ao identificar psicanálise e experiência dialética, Lacan tomou como uma de suas referências um tratamento célebre, aliás também famoso por ter abortado, o caso Dora, segundo ele exposto por Freud na forma de uma série de *"renversements dialectiques"*.[44] E não se trataria de mero artifício expositivo, mas de uma escansão imanente, uma estruturação de um material não obstante ordenado ao sabor das associações da paciente: isto é, a exposição é idêntica ao progresso do sujeito, que vem a ser a realidade da cura. Ao contrário entretanto do observador fenomenológico, o analista intervém, momento no qual, para Lacan, se configuraria o *renversement* que julga dialético. Em princípio, as "conversões" hegelianas, graças às quais a consciência "experimenta" a nulidade do seu saber, são estritamente autóctones, pois é a consciência examinando-se a si mesma que põe à prova suas certezas. Pouco importa, a analogia — se é que existe — não precisa ser estrita. O fato é que a cada *renversement* o sujeito é desenganado e levado a ver que sempre diz o contrário do que visa. Lacan também não vai mais longe, limitando-se, depois de assinalar três *renversements* (operados por observações de Freud), a multiplicar quando muito o termo

---

[43] Para uma opinião contrária, ver Bento Prado Jr., "Autorreflexão, ou interpretação sem sujeito? Habermas intérprete de Freud", in *Alguns ensaios: filosofia, literatura e psicanálise, op. cit.*, p. 18.

[44] J. Lacan, *Écrits, op. cit.*, p. 218.

"dialética", ora sugerindo que está tentando definir a transferência em termos de pura dialética (diálogo novamente? nó imaginário?), ora atribuindo a interrupção da análise a um momento de "estagnação da dialética" etc. (Já que estamos no plano das analogias e das generalidades, valha a sugestão para explicar a miragem de que foi vítima Lacan: um memorial clínico relatado por Freud é algo mais do que um simples memorial clínico; assim sendo, não seria demais observar que o seu gênero, embora obviamente "científico", é parente próximo da grande literatura realista e que esta, por sua vez, mesclando *Bildung* e desilusão, é o melhor termo de comparação para a exposição fenomenológica, ao seu modo também uma *Darstellung* da realidade, ela mesma presente na forma de representações postas à prova — pelo menos no plano da *forma*, muita matéria para reflexão.) Mas até onde "progride" um tratamento pontuado por tal "dialética"? Se é verdade, como querem os lacanianos, que o tratamento consiste em "fazer o sujeito advir ao reconhecimento do seu desejo por ele mesmo e pelo outro", e que assim mesmo, ou por isso mesmo, não provocaria "nenhuma tomada de consciência, nenhuma recuperação do inconsciente pela consciência ou do *id* pelo *ego*", ao contrário, revela um "processo de descentramento onde o sujeito interroga, através da fala, a perda de seu domínio, isto é, sua posição edipiana"[45] — se assim é, a "dialética" em questão não pode ter fim, sendo então a expressão de uma decepção permanente, induzida e assumida, onde nada se acumula a não ser o negativo, porém sem reviravolta final.

Por tudo isso e muito mais, reconheçamos afinal que a boa comparação entre Hegel e Lacan, ao contrário dos curto-circuitos lacanianos cuja hora especulativa era uma *filosofia negativa*

---

[45] E. Roudinesco, *História da psicanálise na França, op. cit.*, p. 275.

Hegel no espelho do Dr. Lacan

da intersubjetividade, deveria ser feita noutro terreno (que nestas Notas mal ultrapassou o limiar das pressuposições), o de uma história material do Sujeito moderno. Conforme este último definhou, a "experiência" dele, da qual o hegelianismo pretendeu um dia constituir a ciência, foi aos poucos se tornando o apanágio de uma forma social em extinção. Restaria ver o que tem a dizer o lacanismo acerca desse declínio da experiência, que não seja mera fraseologia de fim de linha.

Na antecâmara
da Ideologia Mundial[1]

Giovanni Zanotti

Todo o primeiro aspecto era acabado:
dois e nenhum era a cruel figura,
e tal se foi a passo demorado.

Dante, *Inferno*, XXV,
tradução de Machado de Assis

Outrora, França era um nome de país; vamos ter cuidado
para que, em 1961, não seja um nome de neurose.

Sartre, no prefácio a um livro sobre colônias

1

Os textos reunidos neste volume, escritos entre 1989 e 1995, encerram uma fase do pensamento de Paulo Arantes que

---

[1] As páginas que seguem não existiriam sem anos de conversas com amigos e colegas, às quais nenhuma citação singular pode fazer justiça. Entre eles, desejo mencionar ao menos Bruno Carvalho, Felipe Catalani, Silvio Rosa Filho e Gilberto Tedeia. Agradeço também a Yasmin Afshar, Denilson Cordeiro e Francisco Corrêa pela leitura atenta do texto. No terceiro e no quinto parágrafo, retomo alguns trechos da minha introdução à tradução italiana de "Tentativa de identificação da Ideologia Francesa" ("Paulo Arantes, la dialettica e il problema dell'ideologia francese'", *Dianoia*, ano XXII, nº 24, junho 2017, pp. 187-99).

ele próprio faz remontar ao início dos anos 1970, quando concebeu pela primeira vez, sob o rótulo de "ABC da miséria alemã", um projeto de redescrição da crítica da ideologia pelo filtro da experiência intelectual característica de realidades nacionais periféricas.[2]

Talvez seja bom começar por esclarecer o que esses textos não são — já que o assunto pode acarretar alguns equívocos. Com efeito, todos eles giram, em maior ou menor grau, em torno da hipótese de uma "Ideologia Francesa" no âmbito do pensamento ocidental do pós-guerra: uma criação original de Arantes, embora apoiada em um ou dois antecedentes, cujo significado será preciso investigar com algum detalhe. Limitando-nos, por enquanto, à sua inegável força evocativa, o primeiro mal-entendido seria, então, a expectativa de encontrar aqui um protesto humanista-materialista contra a Destruição parisiense da Razão na temporada pós-sartriana do pensamento francês e, em seguida, franco-americano: algo como uma crítica transcendente da hoje famigerada "esquerda pós-moderna". Nada mais longe das intenções do autor. A reflexão de Arantes possui, de fato, em toda a sua extensão, um núcleo materialista na acepção mais básica e nunca abandonada do termo, visível na busca constante, a contrapelo da tendência socialmente necessária à autonomização das ideias, de "um sistema de mediações historicamente especificadas",[3] e ainda centradas na força de gravidade nega-

---

[2] Paulo E. Arantes, "Conversa com um filósofo zero à esquerda", in *Zero à esquerda*. São Paulo: Conrad, 2004, pp. 270 ss.: tratava-se de "compreender o vínculo entre vida mental e processo social nas situações periféricas" (p. 272).

[3] Paulo E. Arantes, *Sentimento da dialética na experiência intelectual brasileira: dialética e dualidade segundo Antonio Candido e Roberto Schwarz*. São Paulo: Paz e Terra, 1992, p. 53. Aqui a expressão é referida ao programa de crítica literária de Roberto Schwarz.

Posfácio

tiva das relações de produção material. Neste sentido, "o *esclarecimento* dos conflitos reprimidos e escamoteados" continua sendo reivindicado como padrão de crítica em oposição ao "calafrio" estetizante (foucaultiano, no caso) "diante da indiferenciação das formações ideológicas sem avesso".[4] Porém, essa camada elementar é ponto de partida e não de chegada; justamente o *problema* da crítica da ideologia pode ser tomado como um ângulo privilegiado para se reconstruir a trajetória de Arantes, em direção a uma especificação original do seu sentido com base em coordenadas espaciais — deslocamentos periféricos — e temporais — transformações históricas do sistema-mundo. Antecipando: não se trata apenas de objeções clássicas (mas nem sempre absorvidas) ao reducionismo mecânico da determinação economicista da cultura, e sim do questionamento daquele confisco linear-progressista do materialismo histórico que ao próprio mecanicismo, aliás, fora associado desde os tempos da Segunda Internacional, e que constitui, sem dúvida, junto a certas implicações locais, um dos alvos principais da crítica de Arantes — digamos — de 1964 a 2018.

O segundo equívoco diante desses textos seria enrijecê-los prescindindo do contexto em que foram pensados, e desconhecendo, assim, justamente aquela "prosa da história" que representa ao mesmo tempo, no pensamento de Arantes, o objeto primevo e a fibra mais sutil.[5] A posição expressa neles já não coincide inteiramente com a perspectiva atual do autor, em mais de um aspecto. Há, para tanto, motivos contingentes, filológicos e de outro tipo. Por exemplo, no caso de uma peça evidentemen-

---

[4] Paulo E. Arantes, "Tentativa de identificação da Ideologia Francesa: uma introdução", p. 27 deste volume. Grifo meu.

[5] Paulo E. Arantes, *Hegel: a ordem do tempo*. Tradução e prefácio de Rubens Rodrigues Torres Filho. São Paulo: Hucitec/Polis, 2000, 2ª ed., pp. 187 ss.

te central do tabuleiro ideológico em questão como Michel Foucault, a publicação de seus cursos no Collège de France a partir do final dos anos 1990, ao revelar pela primeira vez investigações diretas sobre dispositivos contemporâneos de poder (a biopolítica, o paradigma governamental), úteis para a identificação de uma "racionalidade neoliberal" inclusive em sua implantação brasileira, contribuiu para uma atenuação nítida do juízo anterior; e assim o encontro com jovens pesquisadores e ativistas de formação não-filosófica às voltas, em uma perspectiva análoga, com a "reinvenção brasileira do social".[6] Entretanto, pode existir também uma outra ordem de razões, mais objetiva e ligada em um sentido mais fundamental à transição histórica incipiente. Os protagonistas dos capítulos deste livro — que incluem, além dos franceses, seus adversários e/ou correligionários alemães e norte-americanos — não apenas conhecem, em seguida, uma retificação parcial do juízo a seu respeito, como desaparecem tendencialmente da superfície das sondagens de Arantes em torno da atualidade, sem que seus descendentes passem a ocupar as mesmas posições; e isso poderia depender de nada menos do que uma "mudança estrutural e de função" da ideologia, como um deles teria dito em outros tempos. É notório que a reflexão de Arantes no último quarto de século gravita em torno da ruptura epocal que, ao concluir o ciclo ascendente da modernização

---

[6] Como contado pelo próprio Arantes, não em textos publicados (até onde sei), mas em intervenções públicas como: <https://www.youtube.com/watch?v=-jyQfLkmTLgs&t=11s> (acesso em 11/06/2020). Ao ressaltar, aqui, uma mudança em sua própria atitude diante de Foucault "no início dos anos 1990", é possível que o autor tenha em mente justamente "Tentativa de identificação da Ideologia Francesa" como ponto de transição. Agradeço a Graziano Mazzocchini por ter chamado a minha atenção sobre essa correção de rota e a Mateus Castilha pela indicação do vídeo.

Posfácio

capitalista global, define o colapso do futuro no presente nos termos de uma dupla reabsorção: do "horizonte de expectativas" no "campo de experiência" (Koselleck) e da anomia dual periférica em um centro "brasilianizado".[7] Ora, interpretando livremente: nesse "regime de urgência" constante, em que a política resume-se à "'gestão' da fratura social exposta",[8] é como se o autor sugerisse que as ideias oficiais acabam por fazer o mesmo caminho. Em uma onda de desrecalque repressivo acelerado — cujo marco zero bem poderia ser, logo após a Queda do Muro, a adesão entusiasta dos neoiluministas à primeira Guerra do Golfo — resumem-se, elas também, ao existente, perdem todo resíduo de transcendência, como que engolidas na referida gestão intransitiva, um pouco no sentido da velha tese frankfurtiana segundo a qual o mundo totalmente administrado torna-se ideologia de si mesmo. Se a impressão estiver correta, então o próprio diagnóstico de época sucessivo aos textos aqui tratados condicionaria o eclipse aparente de seu objeto.

Paulo Arantes sempre manteve uma distância calculada em relação às pretensões atuais da filosofia, vendo, em sua refundação epistemológico-profissionalizante kantiana, o início de um processo irrevogável de perda do objeto. Se é tradição firmada, na literatura sobre ele, perguntar sobre o gênero da sua prosa — teoria crítica? Sociologia da cultura? Crítica da ideologia?[9] —, é porque o problema é de conteúdo: faz parte deste último

---

[7] Cf. sobretudo Paulo E. Arantes, *O novo tempo do mundo e outros estudos sobre a era da emergência* (São Paulo: Boitempo, 2014, pp. 27-97 *passim*).

[8] P. E. Arantes, "A fratura brasileira do mundo. Visões do laboratório brasileiro da mundialização", *Zero à esquerda, op. cit.*, p. 55.

[9] Cf., por exemplo, Bento Prado Jr., "O pressentimento de Kojève", in Paulo E. Arantes, *Ressentimento da dialética. Dialética e experiência intelectual em Hegel. Antigos estudos sobre o ABC da miséria alemã* (São Paulo: Paz e Terra, 1996, p.

o veredicto histórico de esgotamento da filosofia enquanto gênero literário, depois do grandioso sobressalto final hegeliano.[10] Mas nessa prosa, a partir da metade dos anos 1990, a filosofia (aparentemente) não é mais nem sujeito, nem objeto. Será bom, então, por um lado, olhar também para os textos imediatamente anteriores à luz retrospectiva das reflexões mais recentes: perguntar-se qual novo tempo os derradeiros espasmos ideológicos propriamente ditos estavam anunciando sem saber. Por outro, esses textos estão entre os últimos exemplares, já raros na época de sua redação, de uma tradição iniciada em 1845. Se toda ideia, tal como a norma de Carl Schmitt, tem um lado de fora, Paulo Arantes dá à filosofia a sua espessura ao falar dela, ao mesmo tempo, de fora e de dentro, como Adorno queria.[11] Esta seria uma razão suficiente para ler os ensaios com atenção, mesmo que seja para concluir, com Wittgenstein, que, se certos problemas filosóficos foram resolvidos "no essencial", a segunda descoberta é, então, "como importa pouco resolver esses problemas".[12]

---

15); Marildo Menegat, "Um intelectual diante da barbárie", in P. E. Arantes, *O novo tempo do mundo, op. cit.*, p. 9.

[10] Cf. Paulo E. Arantes, *O fio da meada: uma conversa e quatro entrevistas sobre filosofia e vida nacional* (Rio de Janeiro: Paz e Terra, 1996). Para uma reconstrução magistral do problema, com conclusões teóricas opostas, cf. Vladimir Safatle, *Dar corpo ao impossível: o sentido da dialética a partir de Theodor Adorno* (São Paulo: Autêntica, 2019, pp. 249 ss.).

[11] Outro exemplo contemporâneo eminente desse tipo muito peculiar de história material das ideias é, não por acaso, o não-filósofo Perry Anderson.

[12] Ludwig Wittgenstein, *Tractatus Logico-Philosophicus*. Tradução de Luiz Henrique Lopes dos Santos. São Paulo: Edusp, 1994, p. 133.

Posfácio

2

Como se sabe, a ideia de pensar juntos Brasil e ideologia tem uma certidão de nascimento precisa: a publicação em 1972, em uma primeira versão francesa, do futuro ensaio de Roberto Schwarz, "As ideias fora do lugar", que iria exercer um impacto fundador em toda a obra de Paulo Arantes.[13] Ao transpor para o plano da crítica literária os argumentos antidualistas sobre a integração funcional de atraso e modernidade, desenvolvidos naqueles anos pela teoria da dependência, Schwarz ressignificava, ao mesmo tempo, a intuição básica das interpretações dualistas do Brasil, apoiando-se em uma descoberta fundamental de Antonio Candido. Este reconhecera, na construção formal de *Memórias de um sargento de milícias*, a estilização da estrutura constitutiva dual da experiência social brasileira no século XIX, aquela "dialética da ordem e da desordem" reconduzida, por sua vez, à posição anômala do homem pobre livre em uma sociedade escravocrata.[14] O passo adiante dado por Schwarz — é bom

---

[13] Conforme mostrado por extenso no notável artigo de Luiz Philipe de Caux e Felipe Catalani, "A passagem do dois ao zero: dualidade e desintegração no pensamento dialético brasileiro (Paulo Arantes, leitor de Roberto Schwarz)", *Revista do Instituto de Estudos Brasileiros*, nº 74, pp. 119-46, dez. 2019, no qual me apoio amplamente, no intuito de glosá-lo sob o ângulo específico da fraseologia filosófica. É de se ressaltar a intensificação recente da discussão sobre a obra de Paulo Arantes, o que não é historicamente casual. Cf. também, entre outros, Pedro Rocha de Oliveira, "Aborted and/or Completed Modernization: Introducing Paulo Arantes", in Beverley Best, Werner Bonefeld e Chris O'Kane (orgs.), *The SAGE Handbook of Frankfurt School Critical Theory* (Londres: Sage, 2018, v. 1, pp. 479-97); Frederico Lyra de Carvalho, "A propos de *Le nouveau temps du monde* de Paulo Arantes", *Jaggernaut*, nº 1, 2019, pp. 408-30.

[14] Antonio Candido, "Dialética da malandragem (caracterização das *Me-*

lembrar: em plena fase do AI-5 — foi reencontrar o mesmo isomorfismo nos romances de maturidade de Machado de Assis, mas transformado agora em princípio crítico. Se os ideais burgueses de liberdade e igualdade importados parecem "fora do lugar" no Brasil, onde não lhes corresponde nem uma aparência socialmente necessária, e tornam-se, assim, "ideologias de segundo grau", justamente a experiência da compossibilidade dos opostos em uma alternância negativa, porém integrada, leva à ironização e inviabilização mútua de ambos os lados e, por fim, do sistema mundial de troca de mercadorias que os produz e reproduz no seu conjunto. Se, portanto, a crítica da ideologia não pode funcionar na periferia nos moldes "clássicos" da negação determinada, por outro lado as desvantagens reais do atraso, "ponto nevrálgico por onde passa e se revela a história mundial", convertem-se em um refletor inédito voltado para o centro.[15] Isso possibilita a formação, por um caminho diferente, de "uma *Ideologiekritik* original",[16] e até mesmo *privilegiada* — já que o ponto de vista da periferia precisa incluir o do centro, mas não vice-versa — e *antecipadora* — por exemplo, das futuras vanguardas europeias na prosa de Machado. A providência inicial de Paulo Arantes, pois, foi a inserção de um terceiro termo entre ideologia e periferia, vislumbrado no ensaio de Candido e parcialmente implícito em Schwarz.

---

mórias de um sargento de milícias)", *Revista do Instituto de Estudos Brasileiros*, nº 8, 1970, pp. 67-89.

[15] Roberto Schwarz, "As ideias fora do lugar", in *Ao vencedor as batatas: forma literária e processo social nos inícios do romance brasileiro*. São Paulo: Duas Cidades/Editora 34, 2012, 6ª ed., p. 29.

[16] P. E. Arantes, *Sentimento da dialética, op. cit.*, p. 89.

Posfácio

Tanto a obra fundamental que reconstrói no detalhe a trajetória apontada acima, quanto o seu contraponto posterior, contêm duas vezes a palavra "dialética", no título e no subtítulo. Na verdade, a primeira, de 1992, é o ponto de chegada da segunda, publicada em 1996 mas redigida na virada dos anos 1970 para 1980. Se, em *Sentimento da dialética*, esta última se diz de duas maneiras, como dialética (clássica) de forma literária e processo social, e como "alternância" (brasileira) "indefinida" e "sem síntese", é *Ressentimento da dialética* a referência imediata para entender tanto as implicações sistêmicas desse achado local quanto as reflexões sobre a Ideologia Francesa — já que, nos ensaios que o compõem, o programa crítico de Roberto Schwarz desembarca na Europa e na história da filosofia. *Ressentimento* é uma ampla história material do ressurgimento moderno da dialética, sob o pano de fundo do nexo social entre intelectuais, formação nacional e modernização capitalista desigual e combinada. A gênese dos intelectuais como classe, responsável por essa novidade filosófica, divide-se em duas fases, um primeiro "ciclo francês" — de Montaigne a 1789 — e um "ciclo alemão" principal — dos primeiros escaldos revolucionários do final do século XVIII até a Segunda Guerra Mundial, com uma atenção especial ao Idealismo, à "fraseologia" dos jovens-hegelianos e à renascença marcescente e sombria desta última no "jargão da autenticidade" do entreguerras. Se a oscilação incessante das razões, pré-história da contradição hegeliana, remete à condição do intelectual suspenso entre as classes fundamentais, é na conversa ilustrada d'*O sobrinho de Rameau* que aparece inicialmente esse movimento de báscula tão familiar ao "sentimento" brasileiro: assim como o iluminismo já está no mito, a dialética já está no iluminismo. Entretanto, os ideais fermentados nos salões parisienses, que já nasceram sublimados, perdem até a aparência de apoio material naquele amálgama de fragmentação política e estreiteza social que é a Alemanha "atrasada" dos jovens idealistas, e ao atravessar o Reno, o *pathos* jacobino já é nostalgia do jacobinismo. A importação de ideias francesas fora do lugar inaugura, assim, por um lado, o ritmo inexorável de ilusão e desilusão, radicalismo e ironia, depressão e exaltação da idiossincrasia nacional, acoplado ao mito onipresente da transposição do "coração" francês para a "cabeça" alemã; por outro, o fenômeno *ideológico* primordial do investimento, ao mesmo tempo compensatório e revelador, no ideal descolado, cujas próprias antinomias são organizadas e positivadas, em uma primeira fase, pelo sistema hegeliano. Mas — esse é o ponto — mesmo no "centro" o ideário burguês é apenas a superfície momentaneamente plausível de uma realidade antagônica estrutural. Por isso a Revolução de Julho é um divisor de águas: depois da monarquia orleanista ter se encarregado de deduzir todas as consequências dos "princípios de 89", a vida ideal alemã também experimenta uma bifurcação — que chegará cem anos depois, respectivamente, na Floresta Negra e em Frankfurt. De um lado, o conteúdo de experiência, ainda liberado a pleno vapor pela *frase* idealista, evapora até reduzir-se ao seu suporte verbal, porém permanecendo no elemento dela, a saber, aquele primado das ideias que, no fundo, não é senão a miragem "racional" de uma reforma sem revolução. Que se trate de inversão (Feuerbach), aniquilação abstrata (Stirner), ou "crítica crítica" com vista à efetivação do ideal na realidade (irmãos Bauer), toda a esquerda hegeliana resume-se a um movimento de *negação fraseológica da frase*, que confirma o negado junto a seu cortejo de fantasias de modernização pelo alto, como atestado pelo reformismo proclamado (e o desfecho conservador pós-1848) de vários de seus representantes.[17] É essa fase, e *não* a anterior, que define, a rigor,

---

[17] Cf. sobretudo "Entre o nome e a frase", in P. E. Arantes, *Ressentimento*

Posfácio

o sentido primário de "ideologia" tal como reinventado por Marx, cuja "mudança de paradigma" — do "consumo improdutivo" da negação abstrata stirneriana ao trabalho cindido como segredo da Cultura — abre justamente o caminho alternativo da crítica, transformando a dialética em confronto permanente entre as ideias e seus pressupostos materiais e restituindo-lhe, assim, o solo de experiência: "tratava-se de resolver praticamente essa fraseologia devolvendo ao seu lugar de origem as ideias que, fora do seu contexto, dele falavam de maneira inadequada, isto é, fraseológica; mas retornam agora acompanhadas do conhecimento da sua relatividade, da sua impropriedade real mas não absoluta".[18] Um movimento para o qual "não seria descabido falar de negação *determinada*".[19]

Eis o complemento essencial trazido por Paulo Arantes à intuição de Roberto Schwarz. Este, ao descobrir na periferia da ex-colônia uma "crítica da ideologia original", atinara ao mesmo tempo com a natureza da crítica da ideologia *original*. A concepção "progressista" de negação determinada, como "tentativa de realizar ideias apenas unilateralmente realizadas", não é o motor inicial da crítica materialista, antes o seu objeto.[20] O modelo "clássico" não é tão clássico assim, ou melhor: a dialética locali-

---

da dialética, op. cit., pp. 387-403. O "movimento contrário à conceptualização" (p. 387) "no entanto integra e consolida a autonomia do 'universo de frases'" (p. 398), de maneira que "a crítica ultranominalista vem a ser fraseológica, vale dizer apologética" (p. 400).

[18] P. E. Arantes, "Ideia e ideologia: a propósito da crítica filosófica nos anos 1840 (alguns esquemas)", in *Ressentimento da dialética, op. cit.*, p. 368. Este ensaio pode ser considerado uma espécie de manifesto programático da reflexão posterior de Arantes até, ao menos, a metade dos anos 1990.

[19] *Idem, ibidem*, p. 369. Grifo do original.

[20] L. P. de Caux e F. Catalani, art. cit., p. 130. Cf. também Luiz Philipe de

zada por Antonio Candido e Roberto Schwarz é, por certo, *sui generis*, mas em relação *à dialética idealista*. A mediação dos opostos sem resto, quintessência da lógica hegeliana, está, por sua vez, "fora do lugar" (embora cheia de conteúdo), não sendo senão a estilização ideal do movimento revolucionário-burguês que, *só por um momento*, pôde atribuir a uma classe social a aparência verossímil de porta-voz dos interesses de todas as outras: afinal, coisa de francês.[21] Por outro lado, a "ideologia" no sentido do primeiro Marx é menos representação legitimadora do que contração da experiência no jargão; sua crítica, menos impulso efetivador do que, propriamente, *crítica da frase*. E justamente na versão terminal desta, Marx encontrará um índice daquela estrutura antinômica que esclarece o conjunto, exceção local e norma, e, por fim, a própria extenuação progressiva do ideal, "como se as ideias fora de foco ganhassem em nitidez, deixando transparecer sua fragilidade ideológica", e pondo assim "a descoberto os primeiros materiais da crítica" (*ibid.*). Ao pressentir, já em 1844, o antagonismo — reafirmado no *Dezoito brumário* à luz da experiência histórica — entre as duas revoluções, "parcial" e "radical", ele identificava, no país da restauração sem revolução, um observatório eminente; no desvio, a antecipação. O que a anomalia da "via prussiana" de modernização interven-

---

Caux, *A imanência da crítica: estudo sobre os sentidos da crítica na tradição frankfurtiana*, Tese de Doutorado (Belo Horizonte: UFMG, 2019, cap. I.5).

[21] "Na Alemanha [...] nenhuma classe pode, no entanto, alimentar a ilusão [...] de representar a sociedade civil no seu todo; nem por isso a filosofia alemã deixará de edificar uma dialética da mediação do particular pelo universal, reduplicando a ilusão, que ganha assim em densidade teórica o que perde em verossimilhança" (P. E. Arantes, "Ideia e ideologia", in *Ressentimento da dialética, op. cit.*, p. 365). Tais "ilusões de segunda potência" (*ibid.*) são o contraponto transparente das "ideologias de segundo grau" de Schwarz.

Posfácio

cionista iria confirmar ao pé da letra, ao reaparecer, a um século
de distância, como verdade do mundo administrado.

3

Chegamos assim ao limiar do novo tempo do mundo. Os
ensaios de crítica da ideologia do pós-guerra pertencem, como
dito, a uma fase intermediária do pensamento de Paulo Arantes
(além de passagem global de época), depois do projeto de ma-
peamento extensivo do "ABC da miséria alemã" já ter sido interrompido em prol de uma investigação direta da experiência
intelectual brasileira, cujo ponto de ataque foram as inquietudes
filosófico-nacionais de João Cruz Costa.[22] Porém, sob um certo
ângulo muito parcial, esses textos podem também ser vistos como continuação de *Ressentimento*, retomando seu fio cronoló-
gico exatamente lá onde fora cortado, naquela "apologia da indigência" a que se resume o desfecho heideggeriano tardio da
ideologia alemã.[23] O que acontece à dialética após o fechamento traumático do longo "ciclo alemão da inteligência europeia"?
Como entender a reabertura de um novo, e declaradamente an-
tidialético, "ciclo francês"? Uma constelação, desta vez, contemporânea, diante da qual, como se verá, trata-se de identificar antes de tudo a posição mais propícia para *opinar*.

Começando pelo fim, a cena se abre com uma curiosa coreografia. O protagonista aparece desde o início em dueto com
seu parceiro estável: "a Ideologia Francesa da Transgressão e as-

---

[22] Cf. P. E. Arantes, "Conversa com um filósofo zero à esquerda", in *Zero
à esquerda, op. cit.*, pp. 272-3.

[23] P. E. Arantes, "Porque permanecemos na província?", in *Ressentimento
da dialética, op. cit.*, p. 358.

semelhados", entre os quais a Desconstrução americana, "regularmente fustigada no seu flanco (direito? esquerdo?) pelo ameno cosmopolitismo ético da Teoria (alemã) da Ação Comunicativa".[24] Os parênteses dizem tudo: nessa "geopolítica das ideias contemporâneas"[25] em que deságua a crítica da ideologia no fim do ciclo mundial de modernização capitalista, as posições respectivas das duas "teorias críticas" no espectro político delineado no início do mesmo ciclo são deixadas em suspenso; e talvez essa indeterminação não possa mesmo ser resolvida, pois pertence ao objeto. De qualquer forma, é somente com a chegada de mais um personagem que o elenco se completa e passa a compor o ritmo que "estas três vias alternativas de ajuste filosófico às exigências da conjuntura mundial [...] costumam executar pelos quatros cantos do *campus* global" nos idos de 1990.[26] Trata-se do pragmatismo pós-analítico e bem falante de Richard Rorty, desenganado sobre a verdade e muito otimista quanto aos pressupostos não-representativos da coesão social nas comunidades nacionais de capitalismo avançado. Aliás, não um suplemento qualquer, já que as duas tradições europeias, depois de décadas de ignorância mútua, encontram-se por fim em território neutro, e é o anfitrião norte-americano quem acaba por arbitrar a gigantomaquia "com a desenvoltura dos vencedores" (*ibid.*), tomando dos dois lados: o desencanto cético de uns, o angelismo ilustrado de outros. Porém, essa mesma síntese sem dialética já é um indício do primeiro aspecto essencial ressaltado por Arantes. Por trás dos bate-bocas, há convergências subterrâneas e até contaminações múltiplas, e a própria controvérsia só é possível,

---

[24] P. E. Arantes, "A transformação da filosofia", p. 131 deste volume.

[25] L. P. de Caux e F. Catalani, *op. cit.*, p. 133.

[26] P. E. Arantes, "A transformação da filosofia", p. 132 deste volume.

Posfácio

na verdade, graças ao pano de fundo comum do novo "paradigma comunicativo" pragmático-linguístico, cuja dissolução do "referente" no "discurso" substitui o datado "paradigma da consciência" ou — confessadamente em Habermas — da produção. De fato um movimento, nos *três* casos, ultrailuminista, a par da racionalização progressiva das sociedades ocidentais pós-Terceira Revolução Industrial. Há um tom inequívoco de *Sagrada família* no sarcasmo com que Arantes dá conta dessa espécie de revolução copernicana repetida como farsa, em que "o Ocidente tremeu nas bases, um abalo que de tão profundamente irreversível quase passou despercebido, deixando tudo na mesma" (*ibid.*, p. 135). E, no entanto, toda a questão aqui é que um abalo realmente aconteceu — só que em outro nível. A disputa, no caso, entre Habermas e Rorty sobre o relativismo, em que cada lado vê no outro o conservador com base em seus próprios pressupostos nacionais (por reatar com o irracionalismo antimoderno alemão ou por permanecer assentado no mito reaganiano da Verdade), é explicada por Arantes como transposição idealista de um problema real de desintegração social no centro do sistema-mundo, devido às transformações estruturais desencadeadas a partir dos anos 1970, mas cujo único acesso à consciência pública, na democracia americana, dá-se, justamente, na esfera simbólica da fragmentação identitária, restringindo as opções à solução "moderada" da negociação ou à "radical" do separatismo. "Tudo, porém, se passa como se [...] o problema seja transferido para o plano cultural, e a questão material ou — como diriam os velhos do século XIX — a base terrestre do problema, é escamoteada. [...] É diante desse [...] idealismo cultural, que surge a questão premente do relativismo cultural."[27]

---

[27] Paulo E. Arantes, "Alta-costura parisiense: nem Apel, nem Rorty", p. 176 deste volume. Cf. também "Providências de um crítico literário na periferia do

Giovanni Zanotti

Um argumento materialista clássico, mas também o ponto exato em que a dimensão da periferia reaparece (no centro), e, com ela, a questão decisiva da *formação*. O fato é que a evaporação filosófica do referente possui uma fisionomia familiar para um intelectual brasileiro. No ensaio "Ideologia francesa, opinião brasileira", são expostas pela primeira vez as linhas de um raciocínio que será retomado, quase literalmente, em várias outras intervenções até *Sentimento da dialética*.[28] A referência é novamente Antonio Candido, desta vez o de *Formação da literatura brasileira*. Em um país socialmente desfibrado, a falta de continuidade nas relações materiais condiciona, na cultura, "a ausência de linhas evolutivas mais ou menos contínuas a que se costuma dar o nome de *formação*",[29] e na filosofia, mais radicalmente ainda, o fenômeno congênito da *falta de assunto*. É justamente a superação desse impasse que Antonio Candido irá reconstruir pelo prisma do conceito da formação progressiva de um "sistema literário" de autores, obras e público: uma acumulação originária de experiência compartilhada, em que o "surgi-

---

capitalismo" sobre "[...] as assim chamadas culturas de resistência, animadas pelos novos movimentos sociais e demais 'vanguardas espirituais', geralmente propensas a encarar a modernização capitalista antes de tudo como um fenômeno cultural de caráter predatório", in Otília B. Fiori Arantes e Paulo E. Arantes, *Sentido da formação: três estudos sobre Antonio Candido, Gilda de Mello e Souza e Lucio Costa*. Rio de Janeiro: Paz e Terra, 1997, p. 49.

[28] Cf. sobretudo "Providências de um crítico literário na periferia do capitalismo", in O. B. F. Arantes e P. E. Arantes, *Sentido da formação, op. cit.*, mas também "Cruz Costa, Bento Prado Jr. e o problema da filosofia no Brasil: uma digressão", in Paulo E. Arantes *et al.* (orgs.), *A filosofia e seu ensino*. São Paulo: EDUC, 1993, pp. 23-65.

[29] Paulo E. Arantes, "Ideologia Francesa, opinião brasileira", p. 70 deste volume. Grifo do original.

Posfácio

mento de uma causalidade ou seriação internas" permite que "o inevitável influxo externo pass[e] a ser incorporado com a devida sobriedade" (*ibid.*). Uma noção descritiva e normativa, temperada, decerto, pela consciência do descompasso entre formação literária exitosa e malformação nacional persistente, "cultura viva" e "país errado",[30] porém não desprovida de um lastro efetivo no âmbito privilegiado das letras. Quanto à filosofia, sua incapacidade intrínseca de *figuração* da realidade — sob pena de recair no dogmatismo pré-crítico — condena-a a um papel subordinado em um contexto sociocultural dominado por urgências formativas, ao menos até um processo análogo acontecer com a formação de um "departamento francês de ultramar", em que a importação da norma europeia converte-se produtivamente em rotina profissional autônoma, espécie de negação determinada (bem-sucedida, por uma vez) da dominação colonial.[31] Mas aqui, justamente, dá-se a inversão. A "falta de nexo social" que fora o ponto de partida — e que nunca desapareceu — é, ao mesmo tempo, o ponto de chegada daquilo que os países do Atlântico Norte passam a experimentar depois de 1973 (e 1968). No importante artigo da década de 2000, "A fratura brasileira do mundo", Arantes perlustra as hipóteses de sociólogos alemães, franceses e norte-americanos acerca da "periferização do Centro" como imposição dualizante de "lógicas de separação [...] que vão enfim naturalizando o princípio regulador da desi-

---

[30] P. E. Arantes, "Providências de um crítico literário na periferia do capitalismo", in O. B. F. Arantes e P. E. Arantes, *Sentido da formação, op. cit.*, p. 13.

[31] Paulo E. Arantes, *Um departamento francês de ultramar: estudos sobre a formação da cultura filosófica uspiana (uma experiência nos anos 60)*. Rio de Janeiro: Paz e Terra, 1994. Veja-se, em particular, o episódio da crítica uspiana de Althusser como ato fundador de "maioridade" filosófica (pp. 46 ss.).

gualdade, desta vez *sans phrase*".[32] A prerrogativa do ponto de vista periférico adquire, assim, uma coloração algo diferente: não mais um mero fato cognitivo, muito menos uma relação estática, e sim o princípio de um processo real de rebarbarização do Ocidente. Com esse retorno do recalcado, realização às avessas da utopia dualista da convergência, a ex-colônia modernizada mas não emancipada (e, na verdade, *moderna* desde o início, isto é, capitalista) reencontra-se, por fim, em uma metrópole transformada no que sempre secretamente fora: "na hora histórica em que o país do futuro parece não ter mais futuro algum, somos apontados, para mal ou para bem, como o futuro do mundo".[33] Se Delos chora, Atenas não ri (o que não impede que Delos continue chorando *mais*).[34]

É notável, pois, que dez anos antes o fenômeno tenha sido captado em termos idênticos na região rarefeita do ideal. Debatendo com Bento Prado Jr., do qual prossegue o raciocínio, Arantes observa que a concepção francesa do Absoluto literário enquanto horizonte abismal de todo pensamento não é, por um lado, senão a verdade da própria filosofia moderna desde o movimento autorreflexivo da Crítica kantiana, "discurso redobrado sobre si mesmo anterior a qualquer discurso possível".[35] Por outro, essa mesma autorreferência, descoberta com a ênfase co-

---

[32] P. E. Arantes, "A fratura brasileira do mundo", in *Zero à esquerda, op. cit.*, p. 51.

[33] *Idem, ibidem*, p. 30.

[34] Nesse sentido, também o interesse de pesquisadores italianos pela tradição crítica brasileira não é sem fundamento histórico específico. Trata-se do desmanche epocal da Era Berlusconi, que "acabou com uma civilização", como Paulo Arantes disse certa vez com propriedade assustadora.

[35] Paulo E. Arantes, "Filosofia francesa e tradição literária no Brasil e nos Estados Unidos", p. 100 deste volume.

Posfácio

nhecida pelo pragmatismo letrado de Rorty (que reatava, por sua vez, com o antigo "paradigma literário" de Coleridge e Carlyle), não é surpresa nenhuma no Brasil, onde a filosofia coincide desde sempre com a interrogação sobre si mesma, sendo a sua a "experiência de uma falta, de uma carência a ser preenchida num futuro próximo", onde se reconhece "o movimento característico das nossas modernizações frustradas": "no Brasil a coruja de Minerva levant[a] voo ao amanhecer, [...] a filosofia da filosofia precede a própria filosofia, portanto na pátria da metafilosofia e outras metas correlatas. Para variar, mais uma vez um país condenado ao moderno, e neste particular já nascido no posto avançado da vanguarda" (*ibid.*). Em suma: o Brasil filosófico como a Alemanha social de Marx, que do progresso conhecera apenas a regressão, mas, por isso mesmo, a par dos novos tempos ideológicos.[36] Os quais, evidentemente, decorrem das mesmas razões objetivas de seu equivalente material: "a lepidez tão brasileira dos ideólogos franceses, sempre dispostos a mudar de cenário e passar do pró ao contra, é a espuma de um lento desmoronamento subterrâneo, colapso das grandes continuidades culturais burguesas, daí o curioso parentesco *crepuscular* com a nossa inconsistência congênita".[37] No crepúsculo, a "falta de

---

[36] Cf. também, sobre a "mania metodológica nacional", "Providências de um crítico literário na periferia do capitalismo", in O. B. F. Arantes e P. E. Arantes, *Sentido da formação, op. cit.*, p. 35.

[37] P. E. Arantes, *O fio da meada, op. cit.*, p. 216. Grifo meu. Cf. também "Ideologia Francesa, opinião brasileira", p. 80 deste volume: "A bancarrota da tradição cultural europeia, em que a continuidade e a consequência social sempre foram a norma [...], acabou trazendo para o primeiro plano, na forma 'barroca' da inconsistência programada depois de se experimentar de 'tudo', a opinião lábil do decalque nacional. Um rebaixamento internacional que nos dará voz no capítulo?".

assunto" torna-se norma universal. À luz dessa brasilianização ideológica do Centro, também o "sentido da formação" nas diferentes áreas da cultura brasileira (filosofia, crítica literária, música, cinema, pintura, historiografia) como que se bifurca, a periferia passando a funcionar como "câmara de decantação" (Marx) em dois sentidos novos e complementares, conforme varia o grau de consciência dos pressupostos do processo. De um lado, a efetivação do "sistema cultural", por não redundar em emancipação geral, intensifica a absorção das novas ideias francesas, cujos efeitos mostra por assim dizer em estado puro, ideias por sua vez nascidas caducas, e aptas, portanto, a legitimar a precariedade nacional: "estávamos todos no mesmo barco da transgressão cultural em permanência".[38] De outro lado, a consistência intelectual coletiva providenciada pela formação, no país em que a dialética é um sentimento, constitui o trampolim para a reflexão mais sensível converter o "comparatismo" imposto em *opinião* plausível sobre as raízes materiais do movimento em falso *do conjunto*. Dito de outro modo: modernismo retardatário, mas trazendo consigo, graças a isso, a explicação reflexiva de sua própria gênese até, no limite, com ela coincidir, e tornar-se, talvez, menos indefeso diante do sucessivo "colapso da modernização".[39] A formação é bem-sucedida e por isso mesmo malograda. Enquanto bem-sucedida, permite opinar; enquanto malograda, permite opinar sobre o malogro geral.[40]

---

[38] P. E. Arantes, "Ideologia Francesa, opinião brasileira", pp. 79-80 deste volume.

[39] Conforme o título de um livro famoso ao qual, não por acaso, Roberto Schwarz assegurou uma recepção privilegiada no Brasil. Cf. Roberto Schwarz, "O livro audacioso de Robert Kurz", in *Sequências brasileiras*. São Paulo: Companhia das Letras, 1999, pp. 182-8; P. E. Arantes, *O fio da meada, op. cit., passim*.

[40] Portanto, a observação segundo a qual a formação acaba ao se dar conta

Posfácio

4

Voltando no tempo, não surpreende, então, que os prolegômenos à identificação da Ideologia Francesa, pensados sob esse ângulo, sigam uma pista à primeira vista excêntrica: a das "aventuras francesas da dialética hegeliana".[41] De fato, um espectro rondando Paris. Na virada de 1920 para 1930, enquanto se firmava — com todo o resto — a derradeira versão da ideologia alemã, Hegel, largamente ignorado na França desde os tempos de Victor Cousin, cruzava novamente o Reno junto a Husserl e Heidegger. A importação ideológica passava, então, a percorrer o caminho inverso: ideias, agora, não apenas fora do lugar, mas também fora do tempo. Ou não?

O Hegel dos célebres seminários de Kojève na École Pratique des Hautes Études, diz Arantes, foi "errado mas vivo": uma expressão originalmente usada por Cruz Costa em referência a Silvio Romero.[42] Se a alusão for mais que uma piada, podemos especular: "vivo" seria, apesar de tudo, o Silvio Romero do jovem Antonio Candido, "substantivo e vulnerável", lamentando e encarnando ao mesmo tempo a famosa "falta de seriação nas ideias", mas sensível aos impasses efetivos da formação nacional;

---

de sua própria irrealidade (cf. L. P. de Caux e F. Catalani, art. cit., pp. 123 e 140) é, além de aguda, exata, mas explicita apenas um dos dois lados. Por certo, o mais premente.

[41] Paulo E. Arantes e Frederico Lyra de Carvalho, "L'autre sens: une Théorie Critique à la périphérie du capitalisme". *Variations*, nº 22, 2019. Disponível em <http://journals.openedition.org/variations/1115>, p. 4. Acesso em 11/06/2020.

[42] "Silvio é o Brasil, atropelado, errado, mas vivo. Farias é o comentário do comentário, uma promessa de filosofia metafísica que não chega a se realizar" (João Cruz Costa, *Contribuição à história das ideias no Brasil*. Rio de Janeiro: Civilização Brasileira, 1967, 2ª ed., p. 302).

porém "errado" — entre outras razões — por transpor esses mesmos impasses nos termos mitológico-idealistas do caráter étnico, de costas para suas raízes históricas de classe, como notado por Roberto Schwarz.[43] Kojève, por sua vez, foi um protagonista decisivo do movimento oposicionista *vers le concret*, reação extrauniversitária ao otimismo espiritualista, bergsoniano ou neokantiano, da "República dos Professores"; com ele, Hegel torna-se um filósofo da atualidade vivida e, mais exatamente, da modernidade, sob a espécie da dialética do trabalho e do "Estado Universal". Ao mesmo tempo, a leitura kojèviana não erraria apenas por privilegiar a *Fenomenologia do espírito* em detrimento da *Lógica* e, no interior da primeira, as figuras do afrontamento dual das consciências em detrimento do desfecho "aristotélico", sintético e contemplativo — além de inúmeros outros disparates hermenêuticos.[44] É que — interpretamos — o vanguardismo ativista de Kojève desconsidera as implicações locais e conjunturais do conceito hegeliano de formação, por ele retomado em uma configuração histórica diferente. Ignora, pois, que o equilíbrio peculiar entre destruição e estabilização, em que Gérard Lebrun identificaria mais tarde o "avesso" niilista da dialética, e ao qual as próprias vanguardas artísticas inverteriam o sinal, remete, em Hegel, ao ideal espiritual-nacional de *Bildung* como resposta à modernização capitalista em uma fase específica as-

---

[43] Cf. Antonio Candido, *O método crítico de Silvio Romero*. São Paulo: Edusp, 1988, citado e discutido em P. E. Arantes, "Providências de um crítico literário na periferia do capitalismo", in O. B. F. Arantes e P. E. Arantes, *Sentido da formação, op. cit.*, pp. 17 ss.; Roberto Schwarz, "Nacional por subtração", in *Que horas são?* São Paulo: Companhia das Letras, 1987, pp. 39 ss.

[44] B. Prado Jr., "O pressentimento de Kojève", in P. E. Arantes, *Ressentimento da dialética, op. cit.*, p. 11.

Posfácio

cendente, possibilitando, por sua vez, aquele mesmo primado do sistema e da teoria. Afinal, o ativismo moderno é, antes de tudo, ativismo do capital e de suas várias aspirações, mais ou menos verossímeis, à *auto*rreforma. Obliterada a hora histórica do Espírito hegeliano (e com ela, a do presente), a própria história, em que Kojève ainda se assentara firmemente, já começa a se ontologizar nas suas mãos, um pouco como acontecera com Bruno Bauer (não por acaso, outro grande cantor da "consciência de si"), e as categorias da modernidade tendem a se transformar em outros tantos *existentialia*: Tempo, Ação, Desejo, Reconhecimento, Luta. Conforme o argumento de Adorno contra Heidegger, a historicidade ainda não é a história. Por outro lado, a irrupção de Hegel na vida intelectual parisiense pré-Vichy também não é casual: justamente a crise incipiente da *nation* faz surgir, pela primeira vez depois de Diderot, um "sentimento da dialética" na França. Mas, diante da encruzilhada-Kojève, o caminho da abstração progressiva está traçado. O lastro material das perlustrações kojèvianas no interior da história universal moderna, tipificado na relação de Dominação e Servidão, é descartado pelos ouvintes do seminário em prol da "dialética circular do desejo e do seu reconhecimento": "É que o Existencialismo madrugava e preferia a descrição de situações-limite à narração de desilusões cumulativas".[45]

A partir daqui, a literatura francesa das ideias divide-se em duas fases sucessivas e largamente contrapostas, os "dois ramos antagônicos em que se bifurcaria o modernismo teórico francês" (*ibid.*, p. 235). Contudo — esse é o ponto de Arantes — a influência subterrânea do Hegel de Kojève é comum a *ambos*, Existencialismo (Sartre, Merleau-Ponty) e Ideologia Francesa

---

[45] P. E. Arantes, "Um Hegel errado mas vivo: notícias sobre o Seminário de Kojève", p. 230 deste volume.

(Bataille, Klossowski): ao mesmo tempo origem incontornável e problema recalcado de um pensamento que, em seu desfecho deleuziano, acabará por tornar o anti-hegelianismo a sua bandeira. Trata-se, por certo, de um Hegel exânime, cada vez mais errado e menos vivo, aliás, não por falta de talento individual, mas por razões objetivas: "o progresso unidimensional da reificação"[46] — faltando porém, justamente, a autorreflexão do fim de linha. No limite, haveria mesmo uma dialética na França? Jacques Lacan é um elo-chave dessa trajetória, a meio caminho entre Existência e Transgressão, *Temps Modernes* e *Critique*, a alienação nas aporias da "segunda consciência" e o gesto satânico da profanação vanguardista. Alinhando-se à primeira versão estruturalista da Ideologia Francesa, Lacan funde as duas fases no termo médio de "uma mesma polêmica com o sujeito" (*ibid.*, p. 256). Ao jovem psiquiatra em ascensão nos anos 1930, pois, as aulas de Kojève sobre a *Fenomenologia* confirmam as suas intuições primordiais acerca do caráter, contemporaneamente, não-cognitivo e não-instintual da estrutura fundamental da existência humana, fornecendo-lhe um esquema filosófico para a desnaturalização da crítica freudiana da consciência, que irá desenvolver-se, com a mediação do hegelianismo existencialista de Hyppolite, até as formulações maduras do "estágio do espelho". O núcleo primitivo dessa lógica do Outro, a função estruturante da duplicidade na relação conflitante das consciências, passa, assim, por um duplo deslocamento, tornando-se, primeiro, "impasse existencial" em Kojève, e assumindo depois, em Lacan, uma feição imagética: a transcendência *interna* ao sujeito finito enquanto "autoafecção constitutiva". O que é hegeliano, então, nessa postulada "constituição" originária? Tudo menos a cons-

---

[46] P. E. Arantes, "Hegel no espelho do Dr. Lacan", p. 256 deste volume.

Posfácio

tituição e o originário, já que em Hegel "nada é de nascença", e a própria consciência de si é fluidificada na *história* de um movimento, "ou melhor, nela se exprime uma *experiência* que a rigor não é mais do que uma história" (*ibid.*, p. 258, grifo meu). O *Konstitutionsproblem* transcendental, que reaparece no falso movimento lacaniano, já fora "substituído em Hegel por um problema de *formação*, onde não há mais lugar para qualquer instância originária: estamos desde o início no terreno da mediação [...]. A dialética simplesmente desconhece qualquer configuração primeira e irredutível, como parece ser o drama da alienação refletido no espelho de Lacan" (*ibid.*, p. 254; grifo do original). Assim, o kojèviano — e inexistente em Hegel — "desejo do desejo do Outro" cristaliza-se, para Lacan, no Desejo como substância negativa do ser, enquanto, na *Fenomenologia*, o desejo é etapa inicial que diz respeito ao objeto *natural* e não é nem mesmo o protagonista da célebre "luta por reconhecimento". Nessa última, o Outro — que é real, e não imaginário — é, ao mesmo tempo, *abstração* real; indesejável, portanto, por não ser valor de uso, e sim o indivíduo-concorrente cuja idade é a do mundo *moderno*, ainda aberto, para Hegel, à reconciliação de "simbólico" e "real" no desenlace do processo formativo. Mais uma vez, o jargão da incompletude é certamente expressão de um conteúdo histórico de experiência: a saber, a paralisia contemporânea da dialética. Mas, no motor imóvel em que se enrijece a Pulsão lacaniana (no singular), a própria experiência é que evapora: seu "declínio" socialmente necessário é reencenado ao invés de refletido. A dialética como "história material do Sujeito moderno" dá lugar a uma "*filosofia negativa da intersubjetividade*" (*ibid.*, p. 276), e a consciência hegeliana, revestida da roupa solene do irredimível, já está arrumada para se transformar na Literatura — autorreferencial, porém cindida — dos novos Ideólogos Franceses.

Os últimos prolegômenos detêm-se nas oscilações hegelianas do aluno de Foucault, e mestre uspiano, Gérard Lebrun, fechando assim o círculo. Entre os dois livros de Lebrun sobre Hegel há, pelo menos em aparência, uma surpreendente inversão de sinal, sabidamente planejada, mas não imune a alguns curto-circuitos. Se, na tese publicada em 1970 (*Kant e o fim da metafísica*), a substituição kantiana da Teoria pela Crítica — ou pela Reflexão — tornara-se a marca de origem da "intransitividade" moderna (e francesa) da linguagem, dois anos depois, em *A paciência do conceito*, é a dialética hegeliana, dessistematizada e reduzida a "maneira de falar", a radicalização máxima do movimento iluminista de aniquilação das determinações finitas, "referenciais" e "representativas", antecipando a dissolução vanguardista do "discurso sobre" no "vir-a-ser do sentido em pessoa".[47] Ao repetir — não por acaso — o expediente jovem-hegeliano da dissociação entre método e sistema, Lebrun alinhava Hegel e si mesmo à "revolução discursiva" da derradeira Ideologia (porém sem jargão), a graça consistindo, justamente, em uma "reabilitação" do autor maldito que desafiava e secundava ao mesmo tempo a tendência dominante (*ibid.*, p. 216). Em 1988, entretanto, *O avesso da dialética* virava o argumento de ponta-cabeça. Com o retorno do sistema anteriormente recalcado, o próprio "niilismo" do procedimento dialético, glorificado em 1972 como máquina de guerra antidogmática, tornava-se, com intensidade especular, *nadificador* no sentido nietzschiano do "niilismo passivo": esterilização "cristã" da vida, em aliança oculta com a "vontade de segurança" e de sentido, ponto de honra da cruzada "anti-ideológica" de Lebrun. Ora, nota Arantes, por trás dessa inversão enigmática está a dialética objetiva de

---

[47] P. E. Arantes, "Hegel, frente e verso: nota sobre achados e perdidos em História da Filosofia", p. 209 deste volume.

Posfácio

um processo que tem uma idade histórica precisa, e que necessariamente escapa à "alta-costura" de uma aplicação desinibida do método estrutural francês: em Hegel, como já lembrado, a "destruição criadora" do capitalismo culmina na *Bildung* de um Estado ético. Lebrun pressente algo disso ao reconhecer o estigma do *moderno* no arcano hegeliano de uma produção (teórica) do sistema pela dialética e de uma realização (prática) da História Universal pelo Espírito-do-Mundo, que "produz um sentido superior acumulando escombros" (*ibid.*, p. 219). Suas críticas ao niilismo hegeliano vão além do anacronismo das sombras teológicas sobre o devir inocente — não são (inteiramente) deleuzianas. Mas lá onde ele termina, seria preciso começar. Ponto de fuga é, novamente, a "história material do Sujeito moderno", isto é, do capital: ele, não Deus, é quem aniquila com método. Ao invés disso, a aplicação abstrata de "analisadores" fora do tempo (Nietzsche contra Hegel), "caixa de ferramentas sem data de fabricação nem prazo de validade", redunda em "falta de atmosfera", "sensação de fantasmagoria entre quatro paredes", "de costas para o fuso histórico das formas e seu lastro material".[48] A dialética do iluminismo, que Lebrun repercorre sem notá-la, vinga-se ao inverter-lhe o perspectivismo esclarecido em elogio do "mercado" das ideias na época da indústria cultural, "cinicamente moderno, embora postiço como o brilho de uma estrela extinta há muito tempo" (*ibid.*, p. 200). A conclusão é a mesma do ensaio sobre Lacan: *"ideias ao léu de um lado, mosaico ideológico do outro"* (*ibid.*, p. 201). A "nadificação" do referente (histórico) é parte do mesmo processo contra o qual é voltada, e quem não assume a história (material) das ideias está conde-

---

[48] P. E. Arantes, "Ideias ao léu: uma digressão a propósito de *O avesso da dialética*", p. 186 deste volume. É possível que esse ensaio de 1989 contenha a primeira ocorrência da expressão "Ideologia Francesa" na obra de Arantes.

nado a repeti-la. Eis o veredicto provisório que Arantes extrai desses acertos de contas em vista dos novos tempos: a dialética pode não resolver todo problema, *mas sua superação seria buscada em vão na linha de Kojève*.[49] Em contrapartida, a diferença específica do Hegel alemão em relação ao francês coincide também com o lugar natural da reflexão de Arantes, para o qual seria difícil encontrar uma descrição mais exata do que a formulada, em outro contexto, por Roberto Schwarz: a experiência da história como "chão prioritário de tudo, sobre o qual se deva interpretar inclusive o que lhe pretenda escapar".[50]

Um poeta italiano, interrogado certa vez sobre a Revolução de Outubro, respondeu: "Se a pergunta for: o que você pensa de um movimento que, desde então, envolveu meio mundo, ou seja, o mundo inteiro, agradeço; mas não penso nada. São aquele movimento e aquele mundo, agora, que pensam em mim".[51] Projeções políticas à parte, é na distância precisa entre uma resposta como esta e o lacaniano *je suis parlé par le langage* que seria possível, talvez, encontrar alguma chave para as incursões de Paulo Arantes na árvore genealógica de nossas fantasias.

---

[49] Sobre o diagnóstico de envelhecimento da dialética *tout court* na obra recente de Arantes, cf. P. R. de Oliveira, "Aborted and/or Completed Modernization: Introducing Paulo Arantes", in B. Best, W. Bonefeld e C. O'Kane (orgs.), *The SAGE Handbook of Frankfurt School Critical Theory, op. cit.*, p. 491; L. P. de Caux e F. Catalani, art. cit., pp. 131, 133-4.

[50] R. Schwarz, "Pressupostos, salvo engano, de 'Dialética da malandragem'", in *Que horas são?, op. cit.*, p. 151.

[51] Franco Fortini, *Un dialogo ininterrotto. Interviste 1952-1994*. Turim: Bollati Boringhieri, 2003, p. 485.

Posfácio

5

O que seria, então, a Ideologia Francesa?

No ensaio principal deste livro, "Tentativa de identificação da Ideologia Francesa", a expressão remete a uma sugestão de Cornelius Castoriadis acerca do mesmo assunto.[52] Aqui ela se torna, antes de tudo, uma hipótese de periodização. No pensamento francês do pós-guerra, seria possível circunscrever uma fase globalmente unitária — mais ou menos as três décadas de 1960 a 1990 — subdividida, por sua vez, entre o "capítulo inicial" do estruturalismo, o "capítulo central" do assim chamado pós-estruturalismo (posterior à "falsa brecha de 68") e sua (aparente) dispersão final. Justamente esta última é o ponto de partida da peça de bravura polêmica que abre o ensaio. Há alguns anos — em 1990 — observa-se uma mudança profunda na inteligência francesa: mais exatamente, um "realinhamento ideológico geral".[53] A crítica do existente dá lugar a uma nova chamada à ordem pela ortodoxia liberal-democrata, ou seja, à reconciliação com a apologia da modernidade ocidental. Trata-se, evidentemente, dos *nouveaux philosophes* (Bernard-Henri Lévy, André Glucksmann) e, em geral, dos críticos de direita do "Pensamento 68", como os multicitados Luc Ferry e Alain Renaut,

---

[52] Salvo engano, Arantes nunca discute o livro com o mesmo título de Bernard-Henri Lévy, objeto de uma ampla controvérsia na época de sua publicação (*L'Idéologie Française*. Paris: Grasset, 1981). No entanto, Lévy — aliás, exponente ilustre dos "novos filósofos" visados no início do ensaio — utiliza o termo "ideologia" em um sentido diferente, liberal-positivista; portanto, com outra periodização e outro alvo, a saber, o pensamento "totalitário" (de direita e de esquerda) de matriz nacional.

[53] P. E. Arantes, "Tentativa de identificação da Ideologia Francesa: uma introdução", p. 10 deste volume.

aliás, singularmente alinhados à campanha neoiluminista da "nova teoria crítica" de ultra-Reno: "na batida alemã do pêndulo se encontra o breviário da nova geração francesa" (*ibid.*, p. 32).[54] Diante de uma tal reviravolta, o período entre 1930 e 1980 poderia aparecer como uma fase homogênea, marcada pela hegemonia do "pensamento oposicionista". Entretanto, essa "ilusão ótica" esconderia o essencial, isto é, a ruptura igualmente radical entre a "Era Sartre" e os "Anos Foucault", e, antes, exatamente uma perda de voltagem intelectual tão abrupta diz bastante sobre a fase imediatamente anterior. A tentativa é de reconhecer a Ideologia Francesa no instante de sua queda, onde ela revela algo de sua verdade ao se converter em reação manifesta. Sob esse ângulo retrospectivo é que Arantes investiga-lhe gênese e traços fisionômicos, entre os quais destaca o mais notável: seu caráter *artificial*, o que significa, ao mesmo tempo, acadêmico e extemporâneo. Abstração coletiva que pressupõe, por sua vez, uma conjuntura nacional peculiar de *rebaixamento* e *modernização*.

O ato de nascimento da Ideologia Francesa, a polêmica estruturalista contra a experiência vivida, consiste em uma dupla

---

[54] Também em outro contexto, essa circunstância, aparentemente limitada ao florescente mundo intelectual parisiense, não escapara. Um documento da CIA de 1985, tornado público em 2011, registra com satisfação a passagem gradual da opinião pública francesa para posições antissocialistas, atribuindo o mérito, em particular, aos intelectuais contrapostos de diferentes formas ao materialismo teórico e prático, entre os quais, além dos "novos filósofos", Lévi-Strauss e Foucault ("France: Defection of the Leftist Intellectuals". Disponível em <https://www.cia.gov/library/readingroom/docs/CIA-RDP86S00588R000300380001-5.PDF>. Cf. também Gabriel Rockhill. "The CIA Reads French Theory". Disponível em <http://thephilosophicalsalon.com/the-cia-reads-french-theory-on-the-intellectual-labor-of-dismantling-the-cultural-left/>. Acesso em 11/06/2020). Curiosamente, as primeiras linhas da reportagem lembram de perto as do ensaio de Arantes: "Há um novo clima de opinião intelectual na França...".

Posfácio

transição. Por um lado, com a "Era Rive Gauche" acaba a "idade de ouro da consciência histórica" (nas palavras do próprio Lévi-Strauss), consumando-se o triunfo de *estruturas* menos incertas, porém mais abstratas, sobre a história como "chão prioritário de tudo". A segunda contração, condição e resultado da primeira, é a reprofissionalização do pensamento com sua volta à universidade e concomitante fragmentação disciplinar, a nova fase reatando, assim, com a tradição acadêmica oficial pré-1930, fato óbvio para alguém escolado na disciplina francesa do "método estrutural". A contrainsurgência estruturalista, pois, é também uma vitória tardia sobre o protagonista da fase intermediária: a "substituição do escritor-filosofante, porta-voz da consciência do mundo, pelos professores, mais exatamente, pelos especialistas em 'ciências humanas'" (*ibid.*, p. 16). Ambos os aspectos revelam claramente a afinidade eletiva com os futuros adversários pós-frankfurtianos. O combate destes (depois de 1968) contra o suposto niilismo aporético dos pais fundadores, em nome de um otimismo comunicativo funcionalmente racionado como em um eficiente Estado de Bem-Estar Social, também compartilha tanto a tranquilidade institucional de uma restaurada divisão do trabalho intelectual quanto a satisfação por estar, de novo, nadando com a corrente: o sentimento de alívio em constatar que "a história *finalmente* evaporara" (*ibid.*, grifo meu). Ao mesmo tempo, o fenômeno francês não deixa de remeter a condições específicas. O efeito global da nova fase, de fato, é o de um certo estreitamento "paroquial": depois do internacionalismo de Sartre, a "perspectiva encurtada" de um "confinamento doméstico" (*ibid.*), plausível à luz das mudanças sociais da Quinta República e do redimensionamento das relações de poder internacionais; e, antes de passar ao "capítulo central", vale a pena insistir em um aspecto que Arantes menciona de passagem. No plano dos pressupostos objetivos, se a ruptura decisiva é certamente o malogro de Maio de 1968 (que abre a fase propriamente fraseológica), não é menos verdade que um outro abalo notável na história francesa o precedera em dez anos — à altura, justamente, dos primórdios da nova ideologia. Esta foi, antes de tudo, uma reação a Sartre e, indiretamente, em medida razoável, à hegemonia cultural do Partido Comunista Francês; não é impensável, portanto, que sua aceleração possa ter sido impulsionada pela catástrofe moral que decorreu do mais abominável posicionamento político na história da esquerda francesa — apesar, é verdade, do próprio Sartre. Ao pressentir, em um texto célebre de 1961, a transformação da França em um "nome de neurose", ele falava do colapso civilizacional trazido à tona pela Guerra da Argélia, cujo antídoto sangrento Sartre buscava ainda na perspectiva desvelada pelo futuro manifesto da luta anticolonial: *Os condenados da terra*, de Fanon.[55] Com o óbvio cuidado quanto aos riscos de psicologismo, pode-se, no entanto, especular, já que a expressão não é desprovida de toda relação com o fenômeno da *perda de objeto*, em que identificamos o mecanismo peculiar da Ideologia. Afinal, a paralisia da experiência não é a definição mesma de recalque, e a "fobia de contato", a neurose por antonomásia? Além do mais, o próprio Sartre falaria mais tarde, em *O idiota da família*, de "neurose objetiva" a propósito da situação do intelectual depois de 1848: desta vez, portanto, no *fim* do período dourado (alemão) da fraseologia.[56] Em todo caso, parece que um dos traumas inaugurais

---

[55] Jean-Paul Sartre, "Prefácio à edição de 1961", in Frantz Fanon, *Os condenados da terra*. Tradução de Enilce Albergaria Rocha e Lucy Magalhães. Juiz de Fora: Editora UFJF, 2005, p. 48.

[56] Como lembrado por Roberto Schwarz em "Complexo, moderno, nacional, e negativo", in *Que horas são?*, *op. cit.*, p. 125.

Posfácio

da Ideologia Francesa poderia coincidir com um capítulo da história colonial.

Com a passagem de década, a ideologia em questão passa também para o outro lado do Atlântico, e o paradoxo está montado: pois justamente no momento de seu máximo fechamento provinciano, o pensamento francês se internacionaliza; a França socialmente americanizada conquista a alta cultura americana e, consequentemente, mundial.[57] Em certo sentido, todo o ensaio gira em torno dessa estranheza. Passada a temporada lógico-positivista (e macarthista), os *campi* se dispõem a absorver as novas ideias desconstrucionistas, que transformam, no entanto, em algo diferente: *French Theory*, ou seja, aquele fenômeno primariamente "textual", crítico-literário, que assumiria em seguida o papel famigerado de "teoria do pós-modernismo" (*ibid.*, p. 41). Deslocamento relevante, e nem sempre lembrado, em relação à primitiva fisionomia gauchista (e filosófica) dos protagonistas dessa expugnação, uma fisionomia cujo ar de família inconfundível permite a qualificação de "Ideologia Francesa" ir muito além da vaga analogia.[58] Nesta fase reencontramos, de fato, com uma nitidez quem sabe inédita na Europa desde 1848, *ambos* os aspectos característicos do precursor alemão tal como identifi-

---

[57] Uma migração reconstruída posteriormente por François Cusset em *French Theory: Foucault, Derrida, Deleuze & Cie. et les mutations de la vie intellectuelle aux États-Unis* (Paris: La Découverte, 2003).

[58] A exposição de Arantes, concebida como sondagem preliminar, não se detém nas diferenças, sem dúvida essenciais, entre os vários autores. O foco "americano" da análise confere um destaque particular a Derrida e, sobretudo, Foucault, enquanto Bataille e Blanchot são indicados como "antecessores próximos" e Lyotard, ao contrário, como protagonista da fase tardia (e mais abertamente apologética) de reimportação da Ideologia em sua nova roupagem "pós-moderna". Mais raras são as referências a Lacan, Deleuze e Guattari. Aqui também permane-

cado por Marx. Por um lado, o falso antagonismo. "Ideologia" não é, aqui, uma representação falsa ou parcial da realidade, muito menos um pensamento abertamente conservador, e sim, pelo contrário, "o diagrama variável de uma pseudoalternativa de subversão global", cuja função apologética objetiva consistiria, essencialmente, em um movimento complementar de *desvio*: "abort[ar] a gestação de ideias pertinentes sobre questões pertinentes" (*ibid.*, pp. 12-3). Por outro lado, esse conformismo diversionista expressa-se, mais uma vez, na intransitividade do jargão. O protesto contra a totalidade torna-se ideológico ao migrar da apreensão conceitual da história para o Conceito e, daí, para o fetiche nominalista da palavra. A dialética congelada em paradoxo converte a crítica materialista da reificação em encenação reificada da Transgressão, onde, como outrora, "o inacabado do fragmento torna-se a cifra de um ludismo em efígie".[59] Ali, "*Diapsalmata, Parerga, Paralipomena, Teses Provisórias, Ditirambos*" (*ibid.*); aqui, "discursos", "gramáticas", "saberes", "rizomas", "diferenças", "Literatura". Os dois traços — fraseologia e pseudodissidência — se implicam mutuamente. O mesmo horizonte histórico rebaixado evoca um oposicionismo de princípio e o contrai, contemporaneamente, na imitação da *postura* da crítica, parodiando-lhe assim o resultado: ao invés do movimento da contradição, a autofagia da frase, verdadeira reencarnação do "consumo improdutivo" stirneriano. E nessa gesticulação

---

cemos no plano geral; ressalte-se apenas, como apontado no início, a posição algo paradoxal de Foucault, figura, ao mesmo tempo, estratégica e excedente em relação ao fenômeno ideológico em sentido estrito.

[59] P. E. Arantes, "Entre o nome e a frase", in *Ressentimento da dialética, op. cit.*, p. 399.

Posfácio

compulsiva, "celebração *pop*" da derrota,[60] reaparece também a fixação da fórmula ritual que diz "*Om, Om, Om*", ou não diz nada, zombada por Hegel na loquacidade inconclusiva dos românticos e reencontrada por Adorno em um antecessor mais recente do novo jargão, "a invocação do Ser em sua rigidez obsessiva" soando, ao seu ouvido sabidamente fino, "como uma matraca contínua da roda de oração".[61]

Por esse caminho, de fato, é que se explica também o disparate supremo da Ideologia Francesa, "a aberrante transplantação gauchista de Heidegger".[62] Pois a trajetória da frase não é sem reviravoltas, e os traços variados do letrado revolucionário-burguês, fustigados pela tradição conservadora desde Tocqueville (fanatismo, distanciamento irônico, marginalidade heroica), acabam por animar, na República de Weimar em modernização acelerada, precisamente o obscurantismo antiliterário "jovem-conservador". Como, no entanto, é a essa linha fraseológica que "o abandono ostensivo da ideia materialista de Crítica" (*ibid.*, p. 27) remete os inimigos franceses da Consciência, não surpreendem as afinidades de fundo — politicamente esdrúxulas à primeira vista — entre o derradeiro ideólogo alemão e o mais ilustre ideólogo francês, "ontologia existencial" e "estética da existência": vitalismo, decisionismo, evocação. "No limite, dois casos de sobrevida ideológica" (*ibid.*, p. 38), cada um amparado em sua própria tradição local — respectivamente, romantismo

---

[60] P. E. Arantes e F. L. de Carvalho, "L'autre sens: une Théorie Critique à la périphérie du capitalisme", *Variations*, entrevista cit., p. 4.

[61] Theodor W. Adorno, *Três estudos sobre Hegel*. Tradução de Ulisses R. Vaccari. São Paulo: Editora da Unesp, 2013, p. 111.

[62] P. E. Arantes, "Tentativa de identificação da Ideologia Francesa: uma introdução", p. 36 deste volume.

e surrealismo. Com este último indício, chegamos também à inversão final, que marca propriamente a diferença entre a crítica de Arantes e uma indignação ilustrada unidimensional no estilo do último Lukács (ou de Habermas). Tal como Adorno, na "angústia" heideggeriana diante do incomensurável, desvendava a abstração reflexiva do *conceito* de Ser, da mesma maneira, as profanações francesas do Sujeito com seu cortejo de universais atiram com a tecnologia mais avançada do cálculo subjetivo — uma dialética involuntária que irá surpreender Foucault em sua fase tardia. Salvo engano, é este o ponto da insistência de Arantes no verdadeiro centro de gravidade da análise: o problema da raiz estética do jargão. A Ideologia Francesa seria, antes de tudo, um fenômeno de *retomada intempestiva* da atitude de vanguardas há muito tempo envelhecidas; não "pós-moderno", portanto, e sim a recapitulação póstuma, na forma de discurso teórico, de um modernismo estético já exangue: "ainda estamos diante de relíquias do vanguardismo moderno, por certo nascidas caducas, como toda transgressão planejada em comitês de redação" (*ibid.*, p. 40). Mais uma afinidade — decisiva — com a contraparte alemã. Em um estudo do mesmo período, escrito com Otília Fiori Arantes, um argumento análogo é empregado acerca da redescoberta habermasiana da Arquitetura Nova, em que o "projeto moderno" pós-frankfurtiano revelaria seu "ponto cego" por não poder prescindir, apesar da distinção entre uma modernidade "monológica" e uma "comunicativa", do impulso ao planejamento total de fato inseparável da intenção modernista originária.[63] Nos franceses, a experiência das vanguardas (artís-

---

[63] Otília B. Fiori Arantes e Paulo E. Arantes, *Um ponto cego no projeto moderno de Jürgen Habermas: arquitetura e dimensão estética depois das vanguardas.* São Paulo: Brasiliense, 1992. Dessa maneira, poderíamos acrescentar, também o racionalismo de Habermas se converte, simetricamente, em seu contrário.

Posfácio

ticas *e* políticas) do início do século XX, que ainda podiam esperar transformar as armas da modernidade em contraveneno para o resgate do não-idêntico, perde sua ambivalência produtiva ao ser ressuscitada em uma configuração histórica que já sepultara o lastro material daquela miragem, conforme demonstra a ampla absorção de seus procedimentos técnicos pela indústria cultural, o efeito apologético consistindo no caráter, agora, *duplamente* artificial da transgressão.[64] Aí, entre outras coisas, a incongruência da representação, já comum na época, de uma proximidade entre o pós-estruturalismo e a primeira geração frankfurtiana. Com efeito, o vínculo com as vanguardas é inverso nos dois casos, antecipador e fundador em Adorno e Benjamin, retardatário nos "epígonos" franceses, e o duplo ponto de partida comum — o modernismo artístico, a análise weberiana dos processos de racionalização — suscita em Foucault, além do recalque da centralidade das relações de produção, também a guinada afirmativa da evasão *à froid*. Mas justamente essa *frieza* coloca a Ideologia Francesa no seu devido, e inesperado, lugar histórico-filosófico, o que também constitui (em aparência) a última palavra de Arantes sobre o assunto. Os cantores da opa-

---

[64] No que ressoa provavelmente, mais uma vez, a reflexão de Roberto Schwarz em torno do equivalente brasileiro desse processo, a saber, o descompasso entre a carga utópica — ainda que ambígua — do modernismo de um Oswald de Andrade nos anos 1920 e sua retomada subsequente, em plena modernização conservadora, pelo tropicalismo e pós-tropicalismo ("Nacional por subtração", in *Que horas são?*, *op. cit.*, pp. 37-9). No mesmo ensaio, Schwarz também menciona a fortuna brasileira da revogação — ideal — da hierarquia de original e cópia pela "filosofia francesa recente", em particular Foucault e Derrida (p. 35), restando ver "se o rompimento conceitual com o primado da origem leva a equacionar ou combater relações de subordinação efetiva" (p. 36). Cf. também Roberto Schwarz, "Cultura e política, 1964-1969: alguns esquemas", in *O pai de família e outros estudos*. São Paulo: Companhia das Letras, 2008, 3ª ed., pp. 86 ss.

cidade não são (apenas) "os campeões da contrailustração"; pelo contrário, desde o seu início estruturalista, "a Ideologia Francesa nasceu, cresceu e prosperou à sombra do Iluminismo" (*ibid.*, p. 59). Iluminista por excelência é, de fato, o "desencanto cínico" que vai do extermínio científico das vivências à produção estetizante de "calafrios *in vitro*". E todavia, como se sabe, o próprio Iluminismo não é senão o "movimento de báscula no seu contrário" (*ibid.*). Um movimento que se estende, por fim, ao conjunto das forças em campo. Os polos do "pêndulo", francês e alemão, disputando em terra estrangeira, revelam-se como faces de uma mesma moeda: não iluministas contra anti-iluministas, e sim as duas pontas complementares de um capítulo a mais da dialética do esclarecimento. Ao imitar nas ideias a racionalização crescente das sociedades de capitalismo avançado, os dois contendores, de costas para a dialética histórica e para a sua própria, acabam por apagar o impulso crítico que motivara a *ambos* no começo, definhando juntos, por volta de 1990, na grande normalização do Último Homem.

6

Uma conclusão como esta alinharia a análise à melhor tradição materialista, claro que heterodoxa; mas não responderia ainda à pergunta inicial, que Arantes parece, de fato, deixar em aberto. Para o leitor de Antonio Candido e Roberto Schwarz, não admira que um rebaixamento nacional de horizonte, como foi o apequenamento relativo da França gaullista (embora modernizada), redunde em fraseologia. O "quebra-cabeça", no entanto, era outro: como pôde uma reedição extemporânea do vanguardismo europeu fornecer, na metrópole americana do Ocidente do pós-guerra, "a matéria-prima de que careciam os

Posfácio

ideólogos de uma nova etapa do capitalismo multinacional" (*ibid.*, p. 23)? Mas esse é justamente o ponto: o mundo em que os desajustes de uma (semi)periferia convertem-se em figura adequada do centro *já não é o mesmo mundo*.

Para arriscar uma hipótese, convém voltar por um momento à idiossincrasia da Alemanha oitocentista tal como descrita em *Ressentimento da dialética*. Conhecemos os dois lados do problema: hipertrofia das ideias e posição em falso do intelectual. Mas uma vez mais, nas páginas finais do livro, surge um terceiro termo. Já Tocqueville havia diagnosticado a exuberância política dos intelectuais na França antes e durante a Revolução como um sintoma de atraso. Curiosa inversão à luz da projeção posterior de Gramsci, cujo olhar periférico verá, no mesmo protagonismo jacobino, o modelo "clássico" e bem-sucedido de um projeto nacional-popular.[65] Uma oscilação que, descontada a discrepância política óbvia, pode dizer respeito também à peculiar posição liminar que caracterizaria a França desde então, por assim dizer entre centro e periferia (da Europa). Sem dúvida, do ponto de vista do modelo anglo-saxônico — suspiro dos conservadores continentais de Tocqueville a Raymond Aron — a anomalia francesa é gritante. Os dois países hegemônicos na expansão planetária do capitalismo moderno representam, ao mesmo tempo, o grau zero da intelectualidade no sentido específico de *Ressentimento*: neles, desde cedo, o intelectual "negativo" dera lugar ao *expert* integrado, ou seja, orgânico à classe dominante. Ora, para Tocqueville, a razão do desvio está na edificação absolutista do *Estado moderno*. A redução "da vida pública à vida do Estado" (*ibid.*, p. 341), isto é, a substituição do poder difuso do Antigo Regime por uma máquina política independente, opaca e im-

---

[65] P. E. Arantes, "Uma reforma intelectual e moral: Gramsci e as origens do idealismo alemão", in *Ressentimento da dialética, op. cit.*, pp. 293-345.

permeável à sabedoria milenar das verdadeiras camadas dirigentes, teria deixado um espaço vazio a ser ocupado pela "política abstrata e literária" dos "que falam sem saber nada", na origem, justamente, da catástrofe democrático-burguesa. Perfila-se, assim, uma estrutura constante, que toma sua feição paradigmática na Alemanha, onde ao intelectual burguês, elevado o suficiente para atingir um ponto de vista "universal", falta, porém, qualquer possibilidade de realizá-lo enquanto *socialmente* orgânico à sua própria classe: na medida em que a modernização capitalista desvia do seu modelo "normal" (inglês), cresce a importância do Estado como corpo separado e, paralelamente, a autoconsagração de uma classe particular. O binômio torna-se um triângulo. A debilidade da burguesia que marginaliza o *intelectual*, gerando a ilusão compensatória de uma "inteligência livremente oscilante" e, com ela, a aparência de autonomia das *ideias*, confere também ao *Estado*, sucedâneo da revolução ausente, o papel (até certo ponto) plausível de árbitro entre as classes, e proporciona, assim, um chão material àquela mesma identificação com o universal: "primado da Teoria e centralidade do Estado andam juntos".[66] Essa centralidade, no entanto, é *real*. Aqui a reviravolta: ao escarnecer, nos ideólogos alemães, a tenuidade do fraseado, Marx não teria visto que as veleidades de transformação social pela "atividade cerebral" de um "pequeno número de indivíduos" não eram sem todo fundamento. O radicalismo oposicionista da teoria alemã, antiburguês à sua maneira, é, ao mesmo tempo, ideologia da efetivação da Razão burguesa pelo Estado, e 1848, em certo sentido, ao abrir espaço para a modernização bonapartista, é a vitória da "crítica crítica" contra seu crítico. E todavia, o Estado finalmente "racional", as-

---

[66] P. E. Arantes, "O partido da inteligência", in *Ressentimento da dialética*, *op. cit.*, p. 406.

Posfácio

sentado sobre si mesmo desde a contrarrevolução, dispensa o jargão no próprio instante em que o confirma, afastando os ideólogos que o tinham antecipado na fantasia, e dos quais já não precisa: "o partido da inteligência nadava a favor da corrente e no entanto o 'fiasco da fraseologia' eclipsou-o" (*ibid.*, p. 412). O que justamente *não* acontecerá, um século e meio depois, aos ideólogos franceses, cujos *discours* continuarão se impondo mundialmente, verdade que alterados, à medida que empalidecem na pátria. Em sua "geopolítica das ideias" — e não apenas das ideias — Arantes nunca deixou de ressaltar, com Giovanni Arrighi, a centralidade da dimensão estatal-espacial na modernidade, contra o "fatal desconhecimento da territorialidade do poder capitalista pelo argumento materialista clássico", uma vez que a acumulação livre persiste em pressupor "uma multiplicidade hierarquizada de jurisdições políticas".[67] Seria esse também um dos segredos da Ideologia Francesa?

Sem precisarmos remontar até Polanyi, o próprio Foucault e alguns de seus melhores discípulos demonstraram a falácia da tese segundo a qual o liberalismo passaria ao largo do Estado.[68] Além do mais, a centralidade do Estado como fenômeno hegemônico do sistema-mundo tem uma idade específica: desde ao menos o conhecido diagnóstico dos primeiros frankfurtianos

---

[67] P. E. Arantes, "A fratura brasileira do mundo", in *Zero à esquerda, op. cit.*, p. 36. Cf. também P. R. de Oliveira, "Aborted and/or Completed Modernization: Introducing Paulo Arantes", in B. Best, W. Bonefeld e C. O'Kane (orgs.), *The SAGE Handbook of Frankfurt School Critical Theory, op. cit.*, pp. 480 ss.

[68] Cf. sobretudo Michel Foucault, *Nascimento da biopolítica. Curso dado no Collège de France (1978-1979)*. Tradução de Eduardo Brandão. São Paulo: Martins Fontes, 2008; Pierre Dardot e Christian Laval. *A nova razão do mundo: ensaio sobre a sociedade neoliberal*. Tradução de Mariana Echalar. São Paulo: Boitempo, 2016.

Giovanni Zanotti

(por mais controverso que seja), ela coincide com a inversão global assinalada acima, em que a "exceção" intervencionista torna-se norma, e a "normalidade" da concorrência liberal, anomalia efêmera.[69] E todavia, com a crise de acumulação do novo tempo, que veio para ficar, algo muda de fato, possibilitando inclusive a aparência socialmente funcional do "Estado mínimo". Ao se transformar, de avalista ostensivo da trégua entre as classes, em ator pressuposto de uma remercantilização de fim de linha — por assim dizer: de Providência em força demoníaca —, o Estado ocidental sai do proscênio: menos uma redução do que uma retração, agora que o Espírito do Mundo, do qual continua sendo a máscara universal, avança produzindo *apenas* escombros. A aclimatação americana do jargão francês é contemporânea dessa transição, o que talvez permita formular, com boa dose de especulação, uma conjectura sumária e meramente preliminar. A "apologia indireta" da Ideologia Francesa, e sobretudo de seus herdeiros globalizados, acompanharia o movimento do Estado burguês na fase *em que sua função já não é óbvia*. Ao fechar o seu longo ciclo ascendente, o Estado intervencionista convoca novamente os ideólogos que deixara para trás no início: só que agora a "crítica crítica" não tem mais nenhuma Razão a efetivar, pois não há mais nada a *formar*, e o formado passa a se *desconstruir* a si próprio, como um manto de Penélope automatizado. Mas, justamente por isso, a "frase revolucionária", liquidada ao completar-se da revolução passiva, volta, então, como complemento incessante de um mundo incessantemente revolucionado: a função, propedêutica, de liberar o chão dos resíduos feudais em vista do "positivo-racional" dá lugar à função,

---

[69] Cf. Friedrich Pollock, *Crise e transformação estrutural do capitalismo: artigos na Revista do Instituto de Pesquisa Social, 1932-1941*. Org. Amaro Fleck e Luiz Philipe de Caux. Florianópolis: NEFIPO, 2019.

Posfácio

intransitiva, de encenar ao infinito uma negação *abstrata* já firmemente estabelecida como realidade material. A autofagia da frase é figura e instrumento da autofagia do capital, a legitimação do Estado capitalista resumindo-se, agora, à repetição de seu *gesto*. Afinal, como se viu, o primado das ideias — ou da linguagem — em relação ao "referente" reproduz pela sua mera forma, junto com a divisão social do trabalho, o movimento imperioso da intervenção de cima, no mesmo passo em que a crítica imaginária do universal acaba reforçando o universal real (a liquefação foucaultiana do poder em um tecido de "práticas" e "discursos", embora complexa, é paradigmática: pois esconde a diferença *qualitativa* da instância capaz de tornar os discursos e as práticas especialmente persuasivos). Uma polêmica consolidada vê no "pós-modernismo" a glorificação da existência flexível; e com base nessas análises, muito sérias na origem,[70] uma certa vulgarização posterior, devotada a dicotomias antigas, passou a acusar os ideólogos franceses de cumplicidade com o neoliberalismo, por defenderem o indivíduo contra as virtudes progressistas da Esfera Pública. Pelo que estamos vendo, o mesmo alinhamento poderia ter se dado pela razão exatamente oposta. A Ideologia Francesa não seria a ideologia da destituição do Estado, mas, por assim dizer, do *Estado destituinte*. Daí a importância decisiva do caráter ainda *moderno* do seu fraseado. No estudo sobre Habermas e a arquitetura, a lacônica legenda "mudança de paradigma" acompanha duas imagens mostrando a demoli-

---

[70] Cf. Fredric Jameson, *Pós-modernismo: a lógica cultural do capitalismo tardio*. Tradução de Maria E. Cevasco. São Paulo: Ática, 1996; David Harvey, *A condição pós-moderna*. Tradução de Adail U. Sobral e Maria S. Gonçalvez. São Paulo: Loyola, 1992. Para um balanço recente sobre Foucault e o neoliberalismo, cf. Serge Audier, *Penser le "néoliberalisme": le moment néoliberal, Foucault, et la crise du socialisme* (Lormont: Le Bord de l'Eau, 2015).

ção de bairros inteiros de estilo modernista em cidades francesas e americanas.[71] Assim mudam os paradigmas. A profanação soberana aludiria sem querer à profanação pelo poder soberano, e o bombardeio indiscriminado do sentido aparece menos inócuo à luz de outras bombas, mais ou menos inteligentes. Livre das complicações bisonhas da idiossincrasia retroversa alemã, cabe agora ao desencanto francês jogar "a luz branca do ultramoderno"[72] sobre a *ideologia objetiva* da realidade por vir. Em Arantes, se não nos enganamos, o ponto de todo o resgate do processo formativo, na esteira de Antonio Candido, seria algo do tipo: negação determinada, só mesmo na cultura, e não na esfera político-material; a salvo, portanto, de qualquer tentação compatibilizadora, embora "sem ilusões [...] quanto ao poder resolutivo da mera *Aufklärung*" (as armas da crítica).[73] Na Ideologia Francesa, acontece como que o contrário: negação indeterminada dos conceitos, confirmação da totalidade negativa existente. No interregno entre as duas brechas de 1968 e 1989, o jargão atinge seu ápice e é consumado logo depois, tendo cumprido, de alguma forma, a sua função local; mas só para explodir, diferentemente de 1848, no mundo do presente universal em que "as ideias estão fora do lugar *em todos os lugares*",[74] passando a san-

---

[71] O. B. F. Arantes e P. E. Arantes, *Um ponto cego no projeto moderno de Jürgen Habermas, op. cit.*, p. 77.

[72] R. Schwarz, "Cultura e política, 1964-1969", in *O pai de família e outros estudos, op. cit.*, p. 87. A expressão é referida em P. E. Arantes, *Sentimento da dialética, op. cit.*, p. 32.

[73] "Providências de um crítico literário na periferia do capitalismo", in O. B. F. Arantes e P. E. Arantes, *Sentido da formação, op. cit.*, p. 60. Marildo Menegat parece sugerir algo na mesma direção. Cf. "Um intelectual diante da barbárie", in P. E. Arantes, *O novo tempo do mundo, op. cit.*, pp. 19 ss.

[74] L. P. de Caux e F. Catalani, art. cit., p. 121n. Grifo do original.

Posfácio

cionar sem horizonte nem prazo o novo estado de desconstrução permanente. Ao que parece, justamente a dominação *sans phrase* é que, mais do que nunca, continua carecendo de frases.

7

A história ideológica dos Anos Žižek ainda não foi escrita, e não cabe aqui nem tentar uma esquematização. Arantes, como dito no início, escolheu um caminho parcialmente distinto. Em seus escritos mais recentes, os três protagonistas da coreografia filosófica de outrora retornam de maneira esporádica e em configurações mudadas: como reação consternada ao colapso do sonho pragmatista-democrático de solidariedade diante da desintegração da comunidade nacional americana;[75] como ferramenta conceitual aproveitável para se pensar, com base nas análises francesas do biopoder (e assemelhados italianos), as políticas de gestão da vida no estado de emergência e suas saídas possíveis;[76] e — o que mais espanta — como transfiguração abrupta do morno melhorismo neoiluminista alemão em consagração da nova "guerra cosmopolita".[77] Aliás, a própria ideia de se deter um pouco mais nas regiões siderais da frase ilustrada poderia parecer extemporânea, quando não compensatória, à luz das monstruosidades sobrevindas — no plano ideal e material — no meio-tempo. Seja como for: se o referido acima faz sentido, "crí-

---

[75] P. E. Arantes, "A fratura brasileira do mundo", in *Zero à esquerda, op. cit.*, p. 33.

[76] P. E. Arantes, *O novo tempo do mundo, op. cit., passim*, sobretudo pp. 101-278, 353-460.

[77] Paulo E. Arantes, *Extinção*. São Paulo: Boitempo, 2007, pp. 31 ss.

tica da ideologia" pareceria querer dizer, ainda e antes de tudo, crítica da ideologia *de esquerda*.

A normalização pós-1989 foi, com efeito, a idade de ouro das *Critical Theories*. O que, por um lado, simplesmente prolonga algumas das tendências diagnosticadas por Arantes na fase anterior: aclimatação planetária da Ideologia Francesa em sua versão americanizada; culturalismo; academização; verdadeira explosão, desta vez, "dos pequenos paradigmas concorrentes n[o] *campus* global",[78] cada um com sua página *Wikipedia*, na qual se esgota, de maneira cada vez mais exaustiva, o próprio conteúdo da respectiva teoria.[79] Por outro lado, a quantidade converte-se em qualidade, e a impressão é que a gigantomaquia acabou mesmo, ficando apenas, em muitos casos, a rotinização sem restos de uma desconstrução pacificada e rebaixada. De fato: menos que nada.[80] Se Adorno comparou as teorias dedutivas a sistemas de crédito, em que cada parte deve às outras e a conta nunca fecha, a economia financeirizada dos anos 1990 inclui também uma espécie de *debt-driven philosophy*, cujos conceitos e modelos em disputa remetem um ao outro de forma largamente independente de qualquer referência final a um valor de uso. Não havendo nenhuma produção nova a levar a cabo, resta o

---

[78] "Filosofia francesa e tradição literária no Brasil e nos Estados Unidos", p. 119 deste volume.

[79] Devo essa ideia e muitas das que seguem, bem como outras ao longo do presente ensaio e, mais geralmente, a perspectiva que o anima, a conversas com Manfred Posani em torno da hipótese de "tempos mortos" (a expressão é dele) que caracterizariam o passado ideológico recente. Conforme a conjectura, tanto o duplo achatamento, jornalístico e universitário, quanto o fenômeno específico do drástico recalque da dialética, aproximar-nos-iam, desde o final dos anos 1980, da paisagem intelectual europeia *depois* de 1848.

[80] Conforme uma sugestão do próprio Paulo Arantes.

Posfácio

"dinheiro sem valor" desses derivados ideológicos no círculo fechado — e convencionalizado — de variações infinitas sobre o tema, conforme demonstra, por exemplo, a retração da teoria crítica frankfurtiana de última geração em uma abstrata "teoria da crítica"[81] — uma hipertrofia metodológica que o intelectual periférico associará facilmente à paralisia familiar em que "nada leva a nada".[82] Enfim, um "verdadeiro sistema internacional que parece reinar por toda parte, porém morto".[83] Daí o outro efeito notável, nesse mesmo plano de abstração tendencial da realidade histórica: o de uma progressiva confluência de horizontes, sobretudo entre os dois polos clássicos do "pêndulo" franco-alemão. Na dança imóvel dos *papers* e congressos internacionais, o antagonismo dá lugar à convergência, e as duas partes se aproximam gradualmente até quase se fundirem em um estranho corpo proteiforme, *mudando e transmudando*, no qual intersubjetividade e biopolítica, pulsão de morte e comunicação, disseminação e reconstrução normativa passam constantemente uma na outra, e já não saberíamos quem é quem. O movimento é simétrico: à inegável institucionalização dos franceses corresponde, com força ao menos análoga, a abertura dos alemães à diferença, pois, afinal, o sotaque continua francês, embora empalidecido, e a *Critical Theory* unificada não faz senão repetir ao infinito a mesma coisa que a ideologia diz há décadas — a saber, a importância do Novo. É que — e é o terceiro aspecto — essa história poderia ser contada também como uma sucessão de *formações de compromisso* em sentido estrito, o peso do desmoronamento histórico geral forçando o acesso à fachada sob a forma da nega-

---

[81] L. P. de Caux, *A imanência da crítica*, op. cit., *passim.*

[82] P. E. Arantes, *Sentimento da dialética*, op. cit., p. 33.

[83] "Ideologia Francesa, opinião brasileira", p. 80 deste volume.

tividade redescoberta (sobretudo depois de 2001), porém com limites intransponíveis e atentamente vigiados pela censura. Assim, no plano propriamente filosófico, um dos eventos mais característicos dessa fase é a aparição simultânea, dos *três* lados (pós-frankfurtiano, pós-francês, norte-americano), de um mesmo Hegel errado e ressuscitado, *linguístico* e *pós-sistemático*.[84] O próprio capitalismo volta à cena, mas como "forma de vida", reexumando-se, mais uma vez, a tese periodicamente apresentada como intuição fulgurante há cento e cinquenta anos, isto é, a centralidade da superestrutura — enquanto um dos pais fundadores aos quais se faz apelo insista que, embora o capital chegue até o íntimo da subjetividade, o sal da teoria crítica consiste justamente em reconhecer que o capitalismo e derivados (como o fascismo) *não* são, primariamente, fenômenos subjetivos.[85] Para não falar do onipresente "reconhecimento", cujo teor ideológico revela-se, ainda mais que em seu próprio conceito, na contraparte que lhe é atribuída de antemão, já recortada para nele se integrar com maior ou menor êxito — lutas *redistributivas*, a saber: bem longe da esfera da produção. E assim por diante.

Em suma: uma *fase nova*, ainda a ser identificada. Ideologia Mundial? Decerto, toda qualificação nacional — incluindo os Estados Unidos — teria, hoje, um som levemente anacrônico (daí a referência ao "museu" no subtítulo deste livro). Por outro lado, a fórmula não seria imune a equívocos enquanto conceito

---

[84] Sobre a perda de força crítica ligada ao processo, aliás, historicamente irreversível, de dispersão do elemento sistemático, cf. "Nota sobre a crítica da filosofia da história", in P. E. Arantes, *Ressentimento da dialética*, *op. cit.*, pp. 371-86.

[85] Theodor W. Adorno, *Ensaios sobre psicologia social e psicanálise*. Tradução de Verlaine Freitas. São Paulo: Editora da Unesp, 2015, *passim*, sobretudo pp. 185 ss.

Posfácio

polêmico, e teria que ser manejada com algum cuidado, à luz do fogo de barragem "antiglobalista" aparecendo repetidamente na cena político-ideológica internacional. Mas aqui, justamente, a novidade: a *Critical Theory* já não está sozinha. Desde algum tempo, o monopólio de seu *trust* recém-agregado no mercado crítico global está sendo atacado no flanco (esquerdo? direito?) por uma série de vozes dissonantes, por enquanto *outsiders*, que, embora mantendo relações nem sempre transparentes com a novíssima obscuridade política, apelam a um impulso, ao menos em parte, emancipatório, ao declararem assumir a palavra silenciada dos "deploráveis" de uma "classe média ocidental" proletarizada (*debout, les damnés de la France!*), em cujo nome chega-se expressamente a "reclamar o Estado" (nacional), enquanto arena mais propícia para a vida democrática e para a própria luta de classes.[86] Estaríamos, então, novamente no fim de um ciclo. Um esforço de periodização da fase mais recente poderia quem sabe distinguir, nela também, um capítulo inicial, ainda preliminar, e o capítulo central da fusão monopolista propriamente dita, fungindo como divisor de águas plausível 11 de setembro e, simetricamente, o manifesto europeísta conjunto de Habermas e Derrida.[87] Quanto ao ponto final, não deixa de impressionar — seja dito com a incerteza dos contemporâneos — um episódio cujo significado, talvez, possa ir algo além da conjuntura: a saber, a queda repentina das ações de um mestre cos-

---

[86] Christophe Guilluy, *No Society: la fin de la classe moyenne occidentale*. Paris: Flammarion, 2018; Thomas Fazi e William Mitchell, *Reclaiming the State: A Progressive Vision of Sovereignty for a Post-Neoliberal World*. Londres: Pluto Press, 2017.

[87] Jacques Derrida e Jürgen Habermas, "February 15, or What Binds Europeans Together: A Plea for a Common Foreign Policy, Beginning in the Core of Europe". *Constellations*, vol. 10, nº 3, 2003, pp. 291-7.

mopolita como Agamben em todas as bolsas do mundo, no primeiro ato da nova fase pandêmica do capitalismo global, por crime de convergência objetiva com o negacionismo conspiracionista dos famigerados *rossobruni*.[88] Por isso seria bom adiantar, e começar a buscar desde já, na nova polarização que está se preparando, as metamorfoses e conversões ocultas por trás do "pêndulo", quiçá responsáveis também pelo curto-circuito referido: na elegia das coletividades brancas infelizes, o individualismo proprietário; na negação abstrata do poder soberano, o estatismo negativo que absolutiza a transcendência política ao tomá-la como uma origem perdida no fim dos tempos, fora de seus pressupostos (naturais e sociais) — de costas, pois, para os conflitos na esfera produtiva e, mais abaixo e mais crucialmente ainda, para a objetividade social do capital.

"Novas coisas ruins" estão no horizonte, e a direção da transição está incerta. A destruição transfigurada na ideologia foi, até aqui, desconstrução *ilustrada*, sob a espécie da gestão racional do cataclismo; ela entra em crise, junto com seu avesso discursivo, ao revelar a verdade de seu movimento no cinismo fanático do cataclismo proclamado, que não é exatamente ideologia nem seu contrário. O Estado torna-se, agora, agente abertamente revolucionário, mas de uma revolução conservadora sem modernização, o "país do futuro" voltando a ser imagem do futuro do mundo, desta vez "demoníaca".[89] Como em 1990, o nosso olhar só pode ser retrospectivo, voltado para as ruínas do

---

[88] A saber, no debate italiano, a extrema direita revestida de jargão marxista, à maneira da *Nouvelle Droite* de Alain de Benoist (ou, em sentido mais amplo, todo estatismo "de esquerda" corporativista e anti-imigração).

[89] Felipe Catalani, "Aspectos ideológicos do bolsonarismo". Disponível em <https://blogdaboitempo.com.br/2018/10/31/aspectos-ideologicos-do-bolsonarismo/#_ftn4>. Acesso em 11/06/2020.

Posfácio

processo que nos trouxe até aqui, e que poderia estar acabando. O roteiro de Arantes facilita como poucos essa anamnese: a identificação do grande vazio loquaz cujos reflexos induzidos nos ofuscam a *todos*, ainda hoje, a visão do novo tempo, contribuindo quem sabe para desativá-los — a viagem, por certo inconclusa, no caráter e destino de uma neurose brasileira do mundo.

Sobre os textos

"Tentativa de identificação da Ideologia Francesa: uma introdução" foi publicado em *Novos Estudos CEBRAP*, nº 28, outubro de 1990.

"Ideologia Francesa, opinião brasileira: um esquema" foi publicado em *Novos Estudos CEBRAP*, nº 30, julho de 1991.

"Filosofia francesa e tradição literária no Brasil e nos Estados Unidos" foi redigido a pedido de Hamilton Santos e Carlos Graieb, organizadores de um debate com Alexander Nehamas e Bento Prado Jr., promovido pelo jornal *O Estado de S. Paulo* em junho de 1993 no auditório do Museu de Arte de São Paulo (MASP). Publicado em *Novos Estudos CEBRAP*, nº 40, novembro de 1994.

"A transformação da filosofia" foi publicado em *Jornal de Resenhas*, suplemento da *Folha de S. Paulo*, 1º de janeiro de 1995.

"O relativismo como contraponto" foi apresentado por Bento Prado Jr. no seminário internacional "O relativismo enquanto visão do mundo", parte do ciclo *Banco Nacional de Ideias*, coordenado por Antônio Cícero e Waly Salomão em maio de 1994. Publicado em *O relativismo enquanto visão do mundo*, Rio de Janeiro, Francisco Alves, 1994, e reunido posteriormente em Bento Prado Jr., *Erro, ilusão, loucura: ensaios*, São Paulo, Editora 34, 2004.

"Alta-costura parisiense: nem Appel nem Rorty" é a transcrição do comentário ao texto de Bento Prado Jr. no seminário internacional "O relativismo enquanto visão do mundo", parte do ciclo *Banco Nacional de Ideias*, coordenado por Antônio Cícero e Waly Salomão em maio de 1994. Publicado em

Sobre os textos

O relativismo enquanto visão do mundo, Rio de Janeiro, Francisco Alves, 1994, e reunido posteriormente em Bento Prado Jr., *Erro, ilusão, loucura: ensaios*, São Paulo, Editora 34, 2004.

"Ideias ao léu: uma digressão a propósito de *O avesso da dialética*" foi publicado em *Novos Estudos CEBRAP*, nº 25, outubro de 1989.

"Hegel, frente e verso: nota sobre achados e perdidos em História da Filosofia" foi publicado em *Discurso*, nº 22, 1993.

"Um Hegel errado mas vivo: notícia sobre o Seminário de Kojève" foi publicado em *Ide*, nº 21, 1991.

"Hegel no espelho do Dr. Lacan" foi publicado em *Ide*, nº 22, 1992, e em *Psicologia USP*, vol. 6, nº 2, 1995.

Sobre o autor

Paulo Eduardo Arantes nasceu em São Paulo, em 1942. Durante o ano de 1962, cursou Física na Universidade de São Paulo ao mesmo tempo em que se dedicou intensamente ao movimento estudantil. Entre 1965 e 1967, cursou Filosofia na FFLCH-USP, onde teve aulas com Bento Prado Jr., Ruy Fausto e José Arthur Giannotti. Doutorou-se pela Universidade de Paris IV em 1973 sob a orientação de Jean Toussaint Desanti. De 1974 a 1998 foi professor no Departamento de Filosofia da mesma faculdade e nele dirigiu a revista *Discurso* entre 1976 e 1991. Dirigiu na editora Vozes a coleção Zero à Esquerda entre 1997 e 2001, que reuniu livros de, entre outros, José Luís Fiori, Giovanni Arrighi, Francisco de Oliveira, Paul Singer, Maria da Conceição Tavares, Herbert Marcuse e Fredric Jameson. Dirige atualmente a coleção Estado de Sítio na editora Boitempo.

Livros

Hegel: a ordem do tempo. Tradução de Rubens Rodrigues Torres Filho. São Paulo: Polis, 1981; 2ª edição, São Paulo: Hucitec, 2000. Edição francesa, *L'ordre du temps: essai sur le problème du temps chez Hegel.* Paris: L'Harmattan, 2000.

Um ponto cego no projeto moderno de Jürgen Habermas: arquitetura e dimensão estética depois das vanguardas (com Otília B. F. Arantes). São Paulo: Brasiliense, 1992.

Sentimento da dialética na experiência intelectual brasileira: dialética e dualidade segundo Antonio Candido e Roberto Schwarz. São Paulo: Paz e Terra, 1992.

Um departamento francês de ultramar: estudos sobre a formação da cultura filosófica uspiana (uma experiência nos anos 60). São Paulo: Paz e Terra, 1994.

Sobre o autor

Sentido da formação: três estudos sobre Antonio Candido, Gilda de Mello e Souza e Lucio Costa (com Otília B. F. Arantes). São Paulo: Paz e Terra, 1997.

Ressentimento da dialética. Dialética e experiência intelectual em Hegel. Antigos estudos sobre o ABC da miséria alemã. São Paulo: Paz e Terra, 1996.

O fio da meada: uma conversa e quatro entrevistas sobre filosofia e vida nacional. São Paulo: Paz e Terra, 1996.

Diccionário de bolso do Almanaque Philosophico Zero à Esquerda. Coleção Zero à Esquerda. Petrópolis/São Paulo: Vozes, 1997.

Zero à esquerda. Coleção Baderna. São Paulo: Conrad, 2004.

Extinção. Coleção Estado de Sítio. São Paulo: Boitempo, 2007.

O novo tempo do mundo e outros estudos sobre a era da emergência. Coleção Estado de Sítio. São Paulo: Boitempo, 2014.

A fratura brasileira do mundo. Lisboa: OCA, 2019.

Obras sobre o autor

Pedro Rocha de Oliveira, "Aborted and/or Completed Modernization: Introducing Paulo Arantes". In: Beverley Best, Werner Bonefeld e Chris O'Kane (orgs.), *The SAGE Handbook of Frankfurt School Critical Theory*, 3 vols., Los Angeles: Sage, 2018.

Este livro foi composto
em Adobe Garamond pela
Franciosi & Malta,
com CTP da New Print
e impressão da Graphium
em papel Pólen Soft
80 g/m^2 da Cia. Suzano de
Papel e Celulose para a
Duas Cidades/Editora 34,
em fevereiro de 2021.